Kommunale Unternehmen im Spannungsfeld von Daseinsvorsorge
und europäischem Wettbewerbsrecht

Schriften zum Europa- und Völkerrecht und zur Rechtsvergleichung

Herausgegeben von Manfred Zuleeg

Band 16

PETER LANG
Frankfurt am Main · Berlin · Bern · Bruxelles · New York · Oxford · Wien

Tina Sandmann

Kommunale Unternehmen im Spannungsfeld von Daseinsvorsorge und europäischem Wettbewerbsrecht

PETER LANG
Europäischer Verlag der Wissenschaften

Bibliografische Information Der Deutschen Bibliothek
Die Deutsche Bibliothek verzeichnet diese Publikation in der
Deutschen Nationalbibliografie; detaillierte bibliografische
Daten sind im Internet über <http://dnb.ddb.de> abrufbar.

Zugl.: Frankfurt (Main), Univ., Diss., 2004

Gedruckt auf alterungsbeständigem,
säurefreiem Papier.

D 30
ISSN 1436-2007
ISBN 3-631-53248-2

© Peter Lang GmbH
Europäischer Verlag der Wissenschaften
Frankfurt am Main 2005
Alle Rechte vorbehalten.

Das Werk einschließlich aller seiner Teile ist urheberrechtlich
geschützt. Jede Verwertung außerhalb der engen Grenzen des
Urheberrechtsgesetzes ist ohne Zustimmung des Verlages
unzulässig und strafbar. Das gilt insbesondere für
Vervielfältigungen, Übersetzungen, Mikroverfilmungen und die
Einspeicherung und Verarbeitung in elektronischen Systemen.

Printed in Germany 1 2 3 4 5 7

www.peterlang.de

MEINEN ELTERN

VORWORT

Die vorliegende Arbeit wurde im Sommersemester 2004 von der Rechtswissenschaftlichen Fakultät der Johann Wolfgang von Goethe-Universität in Frankfurt/Main als Dissertation angenommen. Rechtsprechung und Literatur konnten bis April 2004 berücksichtigt werden.

Mein erster Dank gilt meinem Doktorvater, Herrn Prof. Dr. Dr. h.c. Manfred Zuleeg. Er hat bei der Betreuung der Arbeit in bewundernswerter Weise stets die Balance gehalten zwischen der Einräumung des nötigen Freiraums einerseits und der engagierten Unterstützung durch ständige Bereitschaft zu fachlichen Diskussionen mit vielen wertvollen Ratschlägen und konstruktiven Anregungen andererseits. Ferner bin ich ihm für die rasche Begutachtung dieser Arbeit und ihre Aufnahme in seine Schriftenreihe sehr zu Dank verpflichtet. Herrn Prof. Dr. Günter Frankenberg danke ich herzlich für seine zügige Erstellung des Zweitgutachtens.

Einige weitere Personen haben dazu beigetragen, dass diese Arbeit entstehen und veröffentlicht werden konnte. So möchte ich Herrn Dr. Andreas Möhlenkamp für seine spontane Diskussionsbereitschaft in der Anfangsphase der Arbeit danken. Weiterhin danke ich meinen Freundinnen Dorothea Germann und Patrizia Prokopp dafür, dass sie sich die notwendige Zeit genommen haben, meine Arbeit Korrektur zu lesen. Und nicht zuletzt danke ich meinen Eltern und meiner Großmutter für ihre finanzielle Unterstützung bei der Erstellung der Dissertation und ihrer Veröffentlichung.

Dieses Buch ist meinen Eltern gewidmet, ohne deren uneingeschränkte Unterstützung es nie entstanden wäre.

Frankfurt, im November 2004

Tina Sandmann

INHALTSVERZEICHNIS

LITERATURVERZEICHNIS 14

A. EINLEITUNG UND GANG DER UNTERSUCHUNG 45

B. EINZELNE KONFLIKTE IM SPANNUNGSFELD UND
   NACHWEIS DER AKTUALITÄT 47
   I. DROHUNG DER BUNDESLÄNGER 47
   II. 64. DEUTSCHER JURISTENTAG 48
   III. EXKURS: DER FALL „WESTDEUTSCHE LANDESBANK" 49

C. DIE WAHRNEHMUNG DER DASEINSVORSORGE DURCH
   KOMMUNALE UNTERNEHMEN 51
   I. DASEINSVORGE 51
      1. Definition der Daseinsvorsorge 51
         a) Die Konzeption Forsthoffs 51
         b) Kritik am Fortshoff'schen Konzept der Daseinsvorsorge 53
         c) Heutiges Begriffsverständnis 54
            aa) Erbringung oder Gewährleistung durch die Kommunen ... 56
            bb) Flächendeckende Erbringung 57
            cc) Kontinuität und Versorgungssicherheit 58
            dd) Sicherstellung einer bestimmten Qualität 58
            ee) Leistungserbringung zu erschwinglichen Preisen 59
            ff) Berücksichtigung sonstiger Belange 59
      2. Begründung der Daseinsvorsorge als kommunale Aufgabe 59
         a) Historischer Hintergrund 60
         b) Verfassungsrechtliche Grundlage 61
         c) Schutz der wirtschaftlichen Betätigung im Rahmen der
            Daseinsvorsorge 64
            aa) Schutzrichtung von Art. 28 Abs. 2 GG 64
            bb) Art. 28 Abs. 2 GG und Gemeinschaftsrecht 64
      3. Gemeinschaftsrechtlicher Daseinsvorsorgebegriff bzw.
         „gemeinwohlorientierte Leistungen" 65
      4. Abgrenzung „Daseinsvorsorge" zu „Dienstleistungen" bzw.
         „Dienste von allgemeinem (wirtschaftlichen) Interesse" 68
         a) „Daseinsvorsorge" – „Dienstleistungen" bzw. „Dienste von
            allgemeinem wirtschaftlichen Interesse" 68
         b) Daseinsvorsorge – Dienste von allgemeinem Interesse 71

II. BEGRIFFSBESTIMMUNG DES KOMMUNALEN UNTERNEHMENS ... 72
1. Unternehmen ... 72
2. Das Merkmal "kommunal" ... 74
3. Zusammenschluss mehrerer Kommunen ... 80
III. BEDEUTUNG DIESER UNTERNEHMEN ... 82
D. DIE SITUATION DER KOMMUNALEN UNTERNEHMEN ZWISCHEN NATIONALEM UND GEMEINSCHAFTRECHT ... 85
I. DIE SITUATION DER KOMMUNALEN UNTERNEHMEN IM NATIONALEN RECHT ... 85
1. Restriktionen kommunalen Wirtschaftens ... 85
   a) Beschränkung kommunaler Unternehmen durch Art. 28 Abs. 2 S. 1 GG? ... 85
      aa) Keine Beschränkung durch Art. 28 Abs. 2 S. 1 GG ... 86
      bb) Räumliche Beschränkung des Tätigwerdens kommunaler Unternehmen durch den Örtlichkeitsgrundsatz des Art. 28 Abs. 2 S. 1 GG ... 86
   b) Gemeinderechtliche Restriktionen ... 89
      aa) Öffentlicher Zweck ... 91
      bb) Subsidiaritätsklausel bzw. Funktionssperre ... 93
      cc) Leistungsfähigkeit und Bedarf der Kommune ... 95
   c) Beschränkungen durch das Wettbewerbs- und Kartellrecht ... 95
2. Resümee der nationalen Situation der kommunalen Unternehmen ... 96
II. DIE ANWENDBARKEIT DES GEMEINSCHAFTSRECHTS AUF KOMMUNALE UNTERNEHMEN ... 97
1. Gemeinschaftsweite Dimension ... 97
2. Anwendbarkeit der Vertragsvorschriften auf kommunale Unternehmen, Art. 86 Abs. 2 EG ... 98
   a) Sinn und Zweck der Vorschrift ... 100
   b) Voraussetzungen der Befreiung von den Vertragsvorschriften 102
      aa) Unternehmen ... 102
      bb) Betrauung durch Hoheitsakt ... 102
      cc) Aufgabe: Erbringung von Dienstleistungen von allgemeinem wirtschaftlichen Interesse ... 104
      dd) Rechtliche oder tatsächliche Verhinderung der Aufgabenerfüllung bei Anwendung der Gemeinschaftsregeln ... 104
         (1) Frühere Rechtsprechung. ... 104
         (2) Heutige Rechtsprechung ... 105

  α) Corbeau 105
  β) Almelo 107
  χ) Ein- und Ausfuhrmonopole für Strom und
   Gas 107
  δ) Zusammenfassung 107
 (3) Ausmaß der Befreiung von den
   Vertragsvorschriften 108
 (4) Kein Ausgleich pauschaler Nachteile 109
 (5) Beweislastverteilung 110
 (6) Kritik an dieser Rechtsprechung und
   Stellungnahme 110
 ee) Verhältnismäßigkeit 111
 ff) Keine Beeinträchtigung des Handelsverkehrs in einem
  Ausmaß, das dem Interesse der Gemeinschaft
  zuwiderläuft 112
3. Anwendbarkeit der Beihilferegeln 112
 a) Die Rechtslage vor dem Ferring-Urteil 113
 b) Das Ferring-Urteil 114
  aa) Sachverhalt 115
  bb) Entscheidung 115
 c) Bewertung 115
  aa) Vermischung der Qualifizierung einer staatlichen
   Maßnahme als Beihilfe und ihrer Rechtfertigung 116
  bb) Widerspruch zur Systematik der Beihilfebestimmungen 117
  cc) Aushebelung von Art. 86 Abs. 2 EG 118
  dd) Bedeutung der Rechtsprechungsänderung für die
   Überprüfbarkeit staatlich gewährter finanzieller Vorteile 119
  ee) Verschiebung der Beweislast 121
  ff) Stellungnahme 122
 d) Das Urteil in der Rechtssache Altmark 122
 e) Bewertung 123
 f) Quersubventionierung 126

**III. RESÜMEE DER RECHTLICHEN SITUATION DER
KOMMUNALEN UNTERNEHMEN 128**

IV. ENTSTEHUNG DES SPANNUNGSFELDES 128
 4. Gegensätzlichkeit von wettbewerblicher Grundausrichtung des
  Gemeinschaftsrechts und Marktabschottung der Daseinsvorsorge .. 129
 5. Kompetenzkonflikt 131
 6. Verstärkte Einführung von Wettbewerb im Bereich der
  Daseinsvorsorge 132

E. GEBIETET DAS GEMEINSCHAFTSRECHT EINE VERÄNDERUNG DER NATIONALEN SITUATION DER KOMMUNALEN UNTERNEHMEN? ... 137

I. VON KOMMUNALER SEITE GEFORDERTE ÄNDERUNGEN 139

1. Bereichsausnahme für die Daseinsvorsorge ... 141
   a) Gebotensein durch das Gemeinschaftsrecht, Art. 16 EG ... 143
      aa) Entstehungsgeschichte von Art. 16 EG ... 144
      bb) Bedeutung von Art. 16 EG ... 145
         (1) Marginale Bedeutung der Einführung von Art. 16 EG ... 145
         (2) Stärkung der Dienstleistungen von allgemeinem wirtschaftlichen Interesse durch die Einführung von Art. 16 EG ... 146
         (3) Stellungnahme ... 147
      cc) Bedeutung der Stärkung der Daseinsvorsorge: Veränderung des grundlegenden Verhältnisses zwischen Daseinsvorsorge und Wettbewerb? ... 148
         (1) Veränderung des grundlegenden Verhältnisses zwischen Wettbewerb und Daseinsvorsorge durch Einführung von Art. 16 EG ... 148
         (2) Keine Veränderung des grundlegenden Verhältnisses zwischen Wettbewerb und Daseinsvorsorge durch Einführung von Art. 16 EG ... 152
         (3) Bewertung ... 156
   b) Exkurs: Kein Ausschluss der Wettbewerbsregeln im Bereich der Daseinsvorsorge durch Art. 28 Abs. 2 GG ... 162
2. Forderung nach klarer Aufgabenteilung ... 163
3. Forderung nach Abschaffung der nationalen Restriktionen, Gleichstellung mit den privaten Unternehmen ... 165
   a) Art. 86 EG ... 169
      aa) Art. 86 Abs. 1 EG ... 171
      bb) Gleichbehandlungsgebot des Art. 86 Abs. 1 EG ... 172
      cc) Absolutes Gleichbehandlungsgebot? ... 173
   b) Art. 16 EGV ... 175
   c) Unmöglichkeit der Abschaffung nationaler Restriktionen für kommunale Unternehmen durch Gemeinschaftsrecht wegen Art. 295 EG ... 176
   d) Art. 36 EU-Grundrechts-Charta ... 179
   e) Problem der umgekehrten bzw. Inländerdiskriminierung ... 179
4. Ergebnis ... 181

II. VON SEITEN DER PRIVATWIRTSCHAFT GEFORDERTE ÄNDERUNGEN ... 183

1. Ausschluss kommunaler Unternehmen von der Erbringung der Daseinsvorsorge – wird der Staat vom Erbringer zum Gewährleister? ... 188
   a) Begriff der Privatisierung ... 190
   b) Privatisierungsgebot des Gemeinschaftsrechts? ... 191
      aa) Gebot einer formellen Privatisierung ... 191
      bb) Gebot einer materiellen Privatisierung ... 192
   c) Zwischenergebnis ... 198
2. Erfordert das Gemeinschaftsrecht, dass die kommunalen Unternehmen an die nationalen Restriktionen gebunden bleiben? ... 199
3. Beschränkt das Gemeinschaftsrecht kommunale Unternehmen auf Leistungen der Daseinsvorsorge? ... 200
   a) Eine Auffassung: Beschränkung kommunaler Unternehmen auf Leistungen der Daseinsvorsorge ... 200
   b) Andere Auffassung: Keine Beschränkung kommunaler Unternehmen auf Leistungen der Daseinsvorsorge ... 201
   c) Stellungnahme ... 202
4. Ergebnis ... 202

F. DASEINSVORSORGE IM WETTBEWERB ... 205

I. GRUNDREGEL: ERBRINGUNG DER LEISTUNGEN DER DASEINSVORSORGE IM WETTBEWERB ... 205

II. MASSSTAB FÜR DIE ERBRINGUNG VON DASEINSVORSORGE IM WETTBEWERB: ART. 86 ABS. 2 EG ... 208

1. Neutralität ... 209
2. Gestaltungsfreiheit: Kompetenz der Kommunen, den Inhalt der Daseinsvorsorge zu bestimmen ... 210
3. Verhältnismäßigkeit: Marktkonformität der eingesetzten Mittel ... 212
   a) Regulierung ... 215
   b) Betrauung ... 216
   c) Verhältnismäßigkeit des Wettbewerbsausschlusses bei defizitären Leistungen ... 217

III. UNBEGRÜNDETHEIT DER SORGE UM DEN BESTAND DER KOMMUNALEN DASEINSVORSORGE ... 221

G. ZUSAMMENFASSUNG DER ERGEBNISSE UND KERNPUNKTE ... 227

LITERATURVERZEICHNIS

Alber, Siegbert	Unternehmen der Daseinsvorsorge im europäischen Wettbewerbsrecht, in: Schwarze, Jürgen (Hrsg.), Daseinsvorsorge im Lichte des Wettbewerbsrechts, Baden-Baden 2001, S. 73ff.
Ambrosius, Gerold	Kommunale Selbstverwaltung im Zeichen des Subsidiaritätsprinzips in Europa, in: Brede, Helmut (Hrsg.), Wettbewerb in Europa und die Erfüllung öffentlicher Aufgaben, Baden-Baden 2000/2001, S. 55ff.
von Ameln, Ralf	Auswirkungen des Europäischen Binnenmarktes auf Kommunalpolitik und Kommunalrecht der EG-Mitgliedsstaaten, in: DVBl. 1992, S. 477ff.
Badura, Peter	Die Daseinsvorsorge als Verwaltungszweck der Leistungsverwaltung und der soziale Rechtsstaat, in: DÖV 1966, S. 624ff.
Ders.	Wirtschaftliche Betätigung der öffentlichen Hand zur Gewährleistung der Daseinsvorsorge, in: Schwarze, Jürgen (Hrsg.), Daseinsvorsorge im Lichte des Wettbewerbsrechts, Baden-Baden 2001, S. 25ff.
Ders.	Wirtschaftliche Betätigung der Gemeinde zur Erledigung von Angelegenheiten der örtlichen Gemeinschaft im Rahmen der Gesetze, in: DÖV 1998, S. 818ff.
Bala, Andreas	Art. 90 Abs. 2 EGV im System unverfälschten Wettbewerbs, Münster 1997
Basedow, Jürgen	Zielkonflikte und Zielhierarchien im Vertrag über die Europäische Gemeinschaft, in: Due, Ole; Lutter, Markus; Schwarze, Jürgen (Hrsg.), Festschrift für Ulrich Everling, Baden-Baden 1995, S. 49ff.

Bartosch, Andreas	Neue Transparenzpflichten – eine kritische Analyse des Kommissionsentwurfs einer neuen Transparenzrichtlinie in: EuZW 2000, S. 333ff.
Ders.	Vergabefremde Kriterien und Art. 87 I EGV: Sitzt das öffentliche Beschaffungswesen in Europa auf einem Pulverfaß?, in: EuZW 2001, S. 229ff.
Ders.	Der EuGH zieht der EG-Beihilfenkontrolle engere Schranken – das Urteil in der Rechtssache Ferring/ACOSS, in: NVwZ 2002, S. 174ff.
Beck, Birgit E.	Kommunale Unternehmen zwischen Selbstverwaltungsgarantie und Europarecht: gemeindliche Unternehmen Bayerns zwischen Selbstverwaltungsgarantie des Grundgesetzes und Wettbewerblichkeit des Gemeinschaftsrechts, Frankfurt/Main 2001
Becker, Jürgen	Öffentliche Unternehmen als Gegenstand des Wirtschaftsverwaltungsrechts, in: DÖV 1984, S. 313ff.
Becker, Peter	Der Ausschuß der Regionen als dritte Ebene-Zusammenfassung der Diskussion, in: Tomuschat, Christian (Hrsg.), Mitsprache der dritten Ebene in der europäischen Integration: Der Ausschuß der Regionen, Bonn 1995, S. 117ff.
Bell, Albrecht Rehak, Heinrich	Vergaberecht und kommunale Privatisierung der Abfallentsorgung, in: LKV 2001, S. 185ff.
Bethge, Herbert	Grundrechtsträgerschaft juristischer Personen, Zur Rechtsprechung des Bundesverfassungsgerichts, in: AöR 104 (1979), S. 265ff.
Blair, Phillip	Die Gestaltung der kommunalen Selbstverwaltung in den europäischen Staaten, in: DÖV 1988, S. 1002ff.
Blankart, Charles	Modelle der Daseinsvorsorge aus EG-rechtlicher und ökonomischer Sicht, in: WuW 2002, S. 340ff.

Blanke, Hermann-Josef	Die kommunale Selbstverwaltung im Zuge fortschreitender Integration – Aspekte nationaler und supranationaler Verfassungsentwicklung, in: DVBl 1993, S. 819ff.
Bleckmann, Albert	Die kommunale Leistungsverwaltung, insbesondere die Subventionsvergabe im europäischen Binnenmarkt in Hoppe, Werner/Schink, Alexander (Hrsg.), Kommunale Selbstverwaltung und europäische Integration, Köln 1990, S. 105ff.
Ders.	Der Vertrag über die Europäische Union – Eine Einführung, in: DVBl. 1992, S. 335ff.
Ders.	Europarecht – Das Recht der Europäischen Union und der Europäischen Gemeinschaften, 6. Auflage, Köln 1997
Bleicher, Ralf	Kreislaufwirtschafts- und Abfallgesetz mit dem Abfallrecht der Europäischen Union vereinbar?, in: der städtetag 1995, S. 519ff.
Bocklet, Reinhold	Leistungen der Daseinsvorsorge im Konflikt mit EU-Wettbewerbsrecht, in: Schader-Stiftung (Hrsg.), Die Zukunft der Daseinsvorsorge – Öffentliche Unternehmen im Wettbewerb, Darmstadt 2001, S. 11ff.
Börner, Achim-Rüdiger	Wettbewerbsrelevante Rechtssprechung des Europäischen Gerichtshofs zur Energiewirtschaft, in: Brede, Helmut (Hrsg.), Wettbewerb in Europa und die Erfüllung öffentlicher Aufgabe, Baden-Baden 2000/2001, S. 101ff.
Ders.	Service public und öffentliche Dienstleistungen in Europa, in: ZögU 2002, S. 189ff.
Bognetti, Giuseppe	Europäische Netze und öffentliche Versorgungsunternehmen, in: Cox, Helmut (Hrsg.), Öffentliche Dienstleistungen in der Europäischen Union, Baden-Baden 1996, S.61ff.

Bolsenkötter, Heinz	Transparenz bei öffentlichen Dienstleistungen durch Segmentierung von Rechnungswesen und Rechnungslegung, insbesondere nach den Energiebinnenmarkt-Richtlinien, in: Cox, Helmut (Hrsg.), Daseinsvorsorge und öffentliche Dienstleistungen in der Europäischen Union, Zum Widerstreit zwischen freiem Wettbewerb und Allgemeininteresse, Baden-Baden 2000, S. 159ff.
Borchardt, Klaus-Dieter	Empfiehlt es sich, das Recht der öffentlichen Unternehmen im Spannungsfeld von öffentlichem Auftrag und Wettbewerb national und gemeinschaftsrechtlich neu zu regeln?, in: Verhandlungen des 64. Deutschen Juristentages, Berlin 2002, Band II/1 Sitzungsberichte (Referate und Beschlüsse), München 2002, S. O 9ff.
Brede, Helmut	Der Zusammenhang zwischen öffentlichen Aufgaben und Wettbewerb auf europäischer Ebene, in: Brede, Helmut (Hrsg.), Wettbewerb in Europa und die Erfüllung öffentlicher Aufgaben, Baden-Baden 2000/2001, S. 17ff.
Ders.	In der Zange: Unternehmen der öffentlichen Hand unter dem Druck von Subsidiaritätsprinzip und Marktöffnung in Deutschland, in: ZögU 2003, S. 176ff.
Britz, Gabriele	Funktion und Funktionsweise öffentlicher Unternehmen im Wandel: Zu den jüngsten Entwicklungen der kommunalen Wirtschaftsunternehmen, in: NVwZ 2001, S. 380ff.
Dies.	Staatliche Förderung gemeinwirtschaftlicher Dienstleistungen in liberalisierten Märkten und Europäisches Wettbewerbsrecht, in: DVBl. 2000, S. 1641ff.
Dies.	Örtliche Energieversorgung nach nationalem und europäischem Recht – Unter besonderer Berücksichtigung kommunaler Gestaltungsmöglichkeiten, Baden-Baden 1994

Brohm, Winfried	Wirtschaftstätigkeit der öffentlichen Hand und Wettbewerb, in: NJW 1994, S. 281ff.
Budäus, Torsten Schiller, Thomas	Der Amsterdamer Vertrag: Wegbereiter eines europäischen öffentlichen Dienstes?, in: ZögU 2000, S. 94ff.
Bundesverband der Deutschen Industrie e.V.	Deckmantel Daseinsvorsorge, Vorfahrt für die Privatwirtschaft – Vorteil für die Verbraucher, Berlin 2000
Ders.	Konkurrent Staat – Privatwirtschaft in Bedrängnis, Berlin 1999
Bundesvereinigung der kommunalen Spitzenverbände	Stellungnahme zur Daseinsvorsorge in Europa v. 26.2.2001, in: Informationen Hessischer Städtetag 2001, S. 47ff.
Burgi, Martin	Die öffentlichen Unternehmen im Gefüge des primären Gemeinschaftsrechts, in: EuR 1997, S. 261 ff.
Ders.	Verwalten durch öffentliche Unternehmen im europäischen Institutionenwettbewerb, in: VerwArch 2002, S. 255ff.
Ders.	Vertikale Kompetenzabgrenzung in der EU und materiellrechtliche Kompetenzausübungsschranken nationaler Daseinsvorsorge, in: Henneke, Hans-Günter (Hrsg.), Verantwortungsteilung zwischen Kommunen, Ländern, Bund und Europäischer Union, Stuttgart 2001, S. 90ff.
Burmeister, Joachim	Selbstverwaltungsgarantie und wirtschaftliche Betätigung der Kommunen, in: Püttner, Günter (Hrsg.) Handbuch der kommunalen Wissenschaft und Praxis, Bd. 5, 2. Auflage, Berlin 1984, S. 3ff.

Ders.	Verfassungsrechtliche Grundfragen der kommunalen Wirtschaftbetätigung, in: von Mutius, Albert (Hrsg.), Selbstverwaltung im Staat der Industriegesellschaft, Festgabe zum 70. Geburtstag von Christoph von Unruh, Heidelberg 1983, S. 623ff.
Callies, Christian Ruffert, Matthias (Hrsg.)	Kommentar des Vertrages über die Europäische Union und des Vertrages zur Gründung der Europäischen Gemeinschaft, 2. Auflage, Neuwied, Kriftel 2002
Cathalky-Stelkens, Anne	Kommunale Selbstverwaltung und Ingerenz des Gemeinschaftsrechts, Baden-Baden, 1996
Centre Europeen des Entreprises à participation Publique et des entreprises D'interêt économique General (CEEP)	Öffentliche kommunale Dienstleistungen und die Öffnung der Märkte: Die Rolle der öffentlichen kommunalen Unternehmen – Eine erneuerte Plattform der CEEP-Kommission „Kommunale Unternehmen" v. 12.9.2000, CEEP.00/EL.02-3
Ders.	Europa, Wettbewerb und öffentliche Dienstleistungen - Vorschläge des CEEP zur Änderung des EG-Vertrages und für eine Europäische Charta, ZögU 18 (1995), S. 455ff.
Clement, Wolfgang	Der Ausschuß der Regionen, Kritik und Ausblick – eine politische Bewertung, in: Tomuschat, Christian (Hrsg.), Mitsprache der dritten Ebene in der europäischen Integration: Der Ausschuß der Regionen, Bonn 1995, S. 97ff.
Cosson, Rainer	Empfiehlt es sich, das Recht der öffentlichen Unternehmen im Spannungsfeld von öffentlichem Auftrag und Wettbewerb national und gemeinschaftsrechtlich neu zu regeln?, in: Verhandlungen des 64. Deutschen Juristentages, Berlin 2002, Band II/1 Sitzungsberichte (Referate und Beschlüsse), München 2002, S. O 37ff.

Cox, Helmut	Das Angebot von Universaldienstleistungen und Probleme ihrer Vergabe im öffentlichen Bieterwettbewerb, in: Cox, Helmut (Hrsg.), Daseinsvorsorge und öffentliche Dienstleistungen in der Europäischen Union, Zum Widerstreit zwischen freiem Wettbewerb und Allgemeininteresse, Baden-Baden 2000, S. 73 ff.
Ders.	Entscheidungskriterien und Prinzipien für öffentliche Dienste, Thesen zur Zukunft der öffentlichen Dienstleistungen in Europa, in: Cox, Helmut (Hrsg.), Öffentliche Dienstleistungen in der Europäischen Union, Baden-Baden 1996, S. 13 ff.
Ders.	Öffentliche Unternehmen und Europäischer Binnenmarkt – Kommt es zu einem Paradigmenwechsel in der öffentlichen Wirtschaft?, in: Forschungsgruppe Öffentliche Wirtschaft (Hrsg.), Öffentliche Unternehmen und Europäischer Binnenmarkt – Kommt es zu einem Paradigmenwechsel in der öffentlichen Wirtschaft?, Nr.45, S. 1 ff.
Ders.	Dienstleistungen von allgemeinem wirtschaftlichen Interesse in Europa, in: ZögU 2002, S. 331 ff.
Ders.	Zur Organisation der Daseinsvorsorge in Deutschland, in: Schader-Stiftung (Hrsg.), Die Zukunft der Daseinsvorsorge – Öffentliche Unternehmen im Wettbewerb, Darmstadt 2001, S. 25 ff.
Cromme, Franz	Verankerung der Grundvoraussetzungen kommunaler Selbstverwaltung in einer europäischen Verfassung, in: Knemeyer, Franz-Ludwig (Hrsg.), Die Europäische Charta der kommunalen Selbstverwaltung: Entstehung und Bedeutung; Länderberichte und Analysen, Baden-Baden 1989, S. 223 ff.
Cronauge, Ulrich	Kommunale Unternehmen, Eigenbetriebe – Kapitalgesellschaften – Zweckverbände, 3. Auflage, Berlin 1997

Ders.	Privatisierung aus der Sicht der kommunalen Unternehmen, in: Oldiges, Martin (Hrsg.), Daseinsvorsorge durch Privatisierung – Wettbewerb oder staatliche Gewährleistung , Dokumentation des 6. Leipziger Umweltrechts-Symposions des Instituts für Umwelt- und Planungsrecht der Universität Leipzig am 5. und 6. April 2001, Baden-Baden 2001, S. 161ff.
Cronauge, Ulrich Gruneberg, Ralf	Abfallwirtschaft in der Europäischen Union – Zwischen Markt und Daseinsvorsorge, in: Brede, Helmut (Hrsg.), Wettbewerb in Europa und die Erfüllung öffentlicher Aufgaben, Baden-Baden 2000/2001, S. 145ff.
Damm, Reinhard	Verfassungsrechtliche und kartellrechtliche Aspekte kommunaler Energiepolitik, in: JZ 1988, S. 840ff.
Decker, Heinrich	Die Organisation des Energiebinnenmarktes – Auswirkungen auf die kommunale Versorgungswirtschaft –, in: Cox, Helmut (Hrsg.), Perspektiven öffentlicher Unternehmen in der Wirtschafts- und Rechtsordnung der Europäischen Union, Baden-Baden 1996, S. 11ff.
Dietlein, Max	Zur Problematik der Föderativstruktur eines geeinten Deutschlands in der Europäischen Gemeinschaft, in: NWVBl. 1990, S. 253ff.
Dohms, Rüdiger	Die Vorstellungen der Kommission zur Daseinsvorsorge, in: Schwarze, Jürgen (Hrsg.), Daseinsvorsorge im Lichte des Wettbewerbsrechts, Baden-Baden 2001, S. 41ff.
Dolzer, Rudolf Vogel, Klaus Graßhof, Karin	Bonner Kommentar zum Grundgesetz, Loseblattsammlung, Heidelberg, Stand: Mai 2004
Drügemöller, Albert	Vergaberecht und Rechtsschutz: der inter- und supranationale Rahmen und seine Ausgestaltung in Deutschland, Berlin, Heidelberg 1999

Ehlers, Dirk	Steuerung kommunaler Aufgabenerfüllung durch das Gemeinschaftsrecht, in: Erichsen, Hans-Uwe (Hrsg.), Kommunale Verwaltung im Wandel, Köln 1999, S. 21 ff.
Ders.	Empfiehlt es sich, das Recht der öffentlichen Unternehmen im Spannungsfeld von öffentlichem Auftrag und Wettbewerb national und gemeinschaftsrechtlich neu zu regeln?, in: Ständige Deputation das Deutschen Juristentages (Hrsg.), Verhandlungen des 64. Deutschen Juristentages, Berlin 2002, München 2002, S. E 1 ff.
Ders.	Die Einwirkungen des Rechts der Europäischen Gemeinschaften auf das Verwaltungsrecht, in: DVBl 1991, S. 605 ff.
Ders.	Rechtsprobleme der kommunalen Wirtschaft – Statement zum Podium Kommunale Wirtschaft zwischen Daseinsvorsorge und Ertragsstreben, in: Erichsen, Hans-Uwe (Hrsg.), Kommunalverfassung heute und morgen – Bilanz und Ausblick, Köln 1989, S. 101 ff.
Ehricke, Ulrich	Zur Konzeption von Art 37 I und Art. 90 II EGV, in: EuZW 1998, S. 741 ff.
Eichhorn, Peter	Marktnahe und marktferne Erfüllung öffentlicher Aufgaben, in: Brede, Helmut (Hrsg.), Wettbewerb in Europa und die Erfüllung öffentlicher Aufgaben, Baden-Baden 2000/2001, S. 83 ff.
Ders.	Führungskonzeptionen für kommunale Unternehmen, in: Erichsen, Hans-Uwe (Hrsg.), Kommunalverfassung heute und morgen – Bilanz und Ausblick, Köln 1989, S. 108 ff.

Els, Michael	Die Anwendung des EG-Kartell- und Beihilfenrechts auf universaldienstverpflichtete Unternehmen am Beispiel der Deutschen Post AG, in: Brede, Helmut (Hrsg.), Wettbewerb in Europa und die Erfüllung öffentlicher Aufgaben, Baden-Baden 2000/2001, S. 117ff.
Emmerich, Volker	Die deutsche Versorgungswirtschaft in der Wettbewerbsordnung der Europäischen Gemeinschaft, in: Erdmann, Willi u.a. (Hrsg.), Festschrift für v. Gamm, Köln 1990, S. 581ff.
Epiney, Astrid	Umgekehrte Diskriminierungen, Köln 1995
Erhart, Michael	Das Recht gegen Wettbewerbsbeschränkungen und die Wettbewerbspolitik, in: Röttinger, Moritz/ Weyringer, Claudia (Hrsg.), Handbuch der europäischen Integration, 2. Auflage, Wien 1996, S. 673ff.
Ders.	Öffentliches Auftragswesen, in: Röttinger, Moritz/ Weyringer, Claudia (Hrsg.), Handbuch der europäischen Integration, 2. Auflage, Wien 1996, S. 731ff.
Erichsen, Hans-Uwe	Kommunalrecht des Landes Nordrhein-Westfalen, 2. Auflage, Siegburg 1997
Ders.	Gemeinde und Private im wirtschaftlichen Wettbewerb, Heidelberg 1987
Faber, Angela	Europarechtliche Grenzen kommunaler Wirtschaftsförderung, Köln 1992
Dies.	Die Zukunft kommunaler Selbstverwaltung und der Gedanke der Subsidiarität in den Europäischen Gemeinschaften, in: DVBl 1991, S. 1126ff.
Dies.	Die Relevanz der Art. 92 – 94 EWGV für die kommunale Wirtschaftsförderung in: DVBl 1992, S. 1346ff.
Fastenrath, Ulrich	Inländerdiskriminierung, in: JZ 1987, S. 170ff.

Fehling, Michael	Zu Möglichkeiten und Grenzen identischer Wettbewerbsbedingungen für öffentliche Unternehmen der Daseinsvorsorge und private Konkurrenten, in: Schwarze, Jürgen (Hrsg.), Daseinsvorsorge im Lichte des Wettbewerbsrechts, Baden-Baden 2001, S. 195 ff.
Fischer, Martin Zwetkow, Katrin	Systematisierung der derzeitigen Privatisierungsmöglichkeiten auf dem deutschen Wassermarkt – Trennung von Netz und Betrieb als zusätzliche Option?, in: NVwZ 2003, S. 281 ff.
Fischerhoff, Hans	„Daseinsvorsorge" und wirtschaftliche Betätigung der Gemeinden, in: DÖV 1960, S. 41 ff.
Forsthoff, Ernst	Die Verwaltung als Leistungsträger, Stuttgart, Berlin 1938
Ders.	Lehrbuch des Verwaltungsrechts, Erster Band, Allgemeiner Teil, 10. Auflage, München 1973
Ders.	Die Daseinsvorsorge und die Kommunen, Köln 1958
Ders.	Rechtsfragen der leistenden Verwaltung, Stuttgart 1959
Frenz, Walter	Der Schutz der kommunalen Organisationshoheit, in: VerwArch 1995, S. 378 ff.
Ders.	Kommunale Selbstverwaltung und europäische Integration, in: Hoffmann, Markus u.a. (Hrsg.), Kommunale Selbstverwaltung im Spiegel von Verfassungsrecht und Verwaltungsrecht, Stuttgart 1996, S. 9 ff.
Fuest, Winfried Kroker, Rolf Schatz, Klaus-Werner	Die wirtschaftliche Betätigung der Kommunen und die Daseinsvorsorge, Köln 2002

Gern, Alfons	Wirtschaftliche Betätigung der Gemeinden außerhalb des Gemeindegebiets, in: NJW 2002, S. 2593ff.
Gersdorf, Hubertus	Öffentliche Unternehmen im Spannungsfeld zwischen Demokratie- und Wirtschaftlichkeitsprinzip – Eine Studie zur verfassungsrechtlichen Legitimation der wirtschaftlichen Betätigung der öffentlichen Hand, Berlin 2000
Götz, Volkmar	Die Öffnung der Märkte für Leistungen der öffentlichen Versorgung in der Rechtssprechung des Europäischen Gerichtshofs, in: Brede, Helmut (Hrsg.), Wettbewerb in Europa und die Erfüllung öffentlicher Aufgaben, Baden-Baden 2000/2001, S. 189ff.
Grabbe, Jürgen	Verfassungsrechtliche Grenzen der Privatisierung kommunaler Aufgaben, Köln 1979
Grabitz, Eberhard Hilf, Meinhard	Das Recht der Europäischen Union – Kommentar, Loseblattsammlung, Stand: 18. Ergänzungslieferung, München Mai 2001
von der Groeben, Hans Thiesing, Jochen Ehlermann, Claus-Dieter	Kommentar zum EU-/EG-Vertrag, 5. Auflage, Baden-Baden 1999
Grosse Hüttmann, Martin	Das Subsidiaritätsprinzip in der EU – eine Dokumentation mit einer Einführung zum Bedeutungsgehalt und zur Rezeption dieses Prinzips, Europäisches Zentrum für Föderalismus-Forschung (Hrsg.), Tübingen 1996
Grunwald, Jürgen	Energiepolitik, in: Röttinger, Moritz/Weyringer, Claudia (Hrsg.), Handbuch der europäischen Integration, 2. Auflage, Wien 1996, S. 941ff.
Gundel, Jörg	Staatliche Ausgleichszahlungen für Dienstleistungen von allgemeinem wirtschaftlichen Interesse: Zum Verhältnis zwischen Art. 86 Abs. 2 EGV und dem EG-Beihilfenrecht, in: RIW 2002, S. 222ff.

Hailbronner, Kay	Öffentliche Unternehmen im Binnenmarkt – Dienstleistungsmonopole und Gemeinschaftsrecht, in: NJW 1991, S. 593ff.
Harms, Jens	Daseinsvorsorge im Wettbewerb. Zur Abgrenzung von allgemeinem wirtschaftlichen Interesse im Sinne der Art. 16 und 86 EGV, in: Brede, Helmut (Hrsg.), Wettbewerb in Europa und die Erfüllung öffentlicher Aufgaben, Baden-Baden 2000/2001, S. 25ff.
Held, Friedrich Wilhelm	Die Neufassung des NRW-Gemeindewirtschaftsrechts, Ziele und Wege, in: NWVBl. 1995, S. 325ff.
Hellermann, Johannes	Örtliche Daseinsvorsorge und gemeindliche Selbstverwaltung – Zum kommunalen Betätigungs- und Gestaltungsspielraum unter den Bedingungen europäischer und staatlicher Privatisierungs- und Deregulierungspolitik, Tübingen 2000
Ders.	Daseinsvorsorge im europäischen Vergleich, Zur Eigenart des bundesdeutschen Systems gemeinwohlorientierter Dienstleistungen im Vergleich mit den Strukturen in anderen europäischen Staaten und unter den Vorgaben des europäischen Gemeinschaftsrechts, in: Schader-Stiftung (Hrsg.), Die Zukunft der Daseinsvorsorge – Öffentliche Unternehmen im Wettbewerb, Darmstadt 2001, S. 78ff.
Herdegen, Matthias	Europäisches Gemeinschaftsrecht und die Bindung deutscher Verfassungsorgane an das Grundgesetz, in: EuGRZ 1989, S. 909ff.
Ders.	Europarecht, 5. Auflage, München 2003
Hermes, Georg	Staatliche Infrastrukturverantwortung, Tübingen 1998

Ders.	Kommunale Energieversorgung zwischen hoheitlicher Aufgabenwahrnehmung und wirtschaftlicher Betätigung Privater, in: Der Staat, 31 (1992), S. 281ff.
Hill, Hermann	In welchen Grenzen ist kommunalwirtschaftliche Betätigung Daseinsvorsorge?, in: BB 1997, S. 425ff.
Hobe, Stephan Biehl, Dirk Schroeter, Nicolai	Der Einfluß des Rechts der Europäischen Gemeinschaften/Europäischen Union auf die Struktur der kommunalen Selbstverwaltung, in: DÖV 2003, S. 803ff.
Hoesch, Ulrich	Die kommunale Wirtschaftstätigkeit: Teilnahme am wirtschaftlichen Wettbewerb oder Daseinsvorsorge, Tübingen 2000
Hoffschulte, Heinrich	Kommunale und regionale Selbstverwaltung im Europa der Regionen – Zur Rolle der vierten Ebene in der Europäischen Union, in: Knemeyer, Franz-Ludwig (Hrsg.), Europa der Regionen – Europa der Kommunen, Wissenschaftliche und politische Bestandsaufnahme und Perspektive, Baden-Baden 1994, S. 135ff.
Hofmann, Josef	Verankerung der Grundvoraussetzungen kommunaler Selbstverwaltung in einer europäischen Verfassung, in: Knemeyer, Franz-Ludwig (Hrsg.), Die Europäische Charta der kommunalen Selbstverwaltung: Entstehung und Bedeutung; Länderberichte und Analysen, Baden-Baden 1989, S. 211ff.
Hoppe, Werner	Probleme des verfassungsgerichtlichen Rechtsschutzes der kommunalen Selbstverwaltung, in: Grupp, Klaus/Ronellenfitsch, Michael (Hrsg.), Kommunale Selbstverwaltung in Deutschland und Europa – Symposium zum 65. Geburtstag von Prof. Dr. Willi Blümel, Berlin 1995, S. 67ff.

Ipsen, Hans-Peter	Als Bundesstaat in der Gemeinschaft, in: v. Caemmerer, Ernst u.a. (Hrsg.), Probleme des Europäischen Rechts, Festschrift für Walter Hallstein, Frankfurt/Main 1966, S. 248ff.
Jaeger, Wolfgang	Kommunen und Wettbewerbsrecht – Erfahrungen aus der Praxis, in: Schwarze, Jürgen (Hrsg.), Daseinsvorsorge im Lichte des Wettbewerbsrechts, Baden-Baden 2001, S. 165ff.
Janson, Bernd	Rechtsformen öffentlicher Unternehmen in der Europäischen Gemeinschaft, Baden-Baden 1980
Jarras, Hans D.	Kommunale Wirtschaftsunternehmen und Verfassungsrecht, in: DÖV 2002, S. 489ff.
Kämmerer, Jörn Axel	Daseinsvorsorge als Gemeinschaftsziel oder: Europas „soziales Gewissen", in: NVwZ 2002, S. 1041ff.
Kaltenborn, Jens	Der Schutz der kommunalen Selbstverwaltung im Recht der Europäischen Union, Baden-Baden 1996
Klein, Hans	Die Teilnahme des Staates am wirtschaftlichen Wettbewerb, Stuttgart 1968
Kluth, Winfried	Grenzen kommunaler Wettbewerbsteilnahme, Köln 1988
Knauff, Matthias	Das Grünbuch der Kommission über Dienstleistungen von allgemeinem Interesse, in: EuZW 2003, S. 453ff.
Knemeyer, Franz-Ludwig	Die Europäische Charta der kommunalen Selbstverwaltung: Entstehung und Bedeutung; Länderberichte und Analysen, Vorwort des Herausgebers, Baden-Baden 1989, S. 7ff.
Ders.	Notwendigkeiten und Möglichkeiten einer übergemeindlichen kommunalen Strukturpolitik, in: Der Landkreis 1990, S. 108ff.

Ders.	Subsidiarität – Föderalismus, Dezentralisation – Initiative zu einem „Europa der Regionen", in: DVBl 1990, S. 449ff.
Ders.	Die Europäische Charta der kommunalen Selbstverwaltung, in: DÖV 1988, S. 997ff.
Ders.	Subsidiarität – Föderalismus – Regionalismus, Dezentralisation, kommunale Selbstverwaltung, in: Knemeyer, Franz-Ludwig (Hrsg.), Europa der Regionen – Europa der Kommunen, Wissenschaftliche und politische Bestandsaufnahme und Perspektive, Baden-Baden 1994, S. 37ff.
Knopf, Peter	Europarecht und kommunale Selbstverwaltung, in: DVBl 1980, S. 106ff.
Koenig, Christian	Daseinsvorsorge durch Wettbewerb! In EuZW 2001, S. 481
Koenig, Christian Haratsch, Andreas	Europarecht, 3. Auflage, Tübingen 2000
König, Klaus Benz, Angelika	Zusammenhänge von Privatisierung und Regulierung, in: König, Klaus/Benz, Angelika (Hrsg.), Privatisierung und staatliche Regulierung; Bahn, Post und Telekommunikation, Rundfunk, Baden-Baden 1997, S. 11ff.
Kommission der Europäischen Gemeinschaften	Grünbuch zu Dienstleistungen von allgemeinem Interesse vom 21.05.2003, KOM (2003) 270 endgültig
Dies.	Bericht für den Europäischen Rat in Laeken: Leistungen der Daseinsvorsorge, vom 17. Oktober 2001, KOM (2001) 598 endgültig, AB1EG 2001 Nr. C 17
Dies.	Mitteilung der Kommission – Leistungen der Daseinsvorsorge in Europa, vom 20.09.2000, KOM (2000) 580 endgültig, AB1EG 2001 Nr. C 17, S. 4ff.

Dies.	Mitteilung der Kommission – Leistungen der Daseinsvorsorge in Europa vom 29. Juni 1996, KOM (1996) 443 endgültig, ABlEG 1996 Nr. C 281, S. 3ff.
Konow, Gerhard	Überlegungen zum Ausschuss der Regionen, in: Tomuschat, Christian (Hrsg.), Mitsprache der dritten Ebene in der europäischen Integration: Der Ausschuss der Regionen, Bonn 1995, S. 79ff.
Kovar, Roman	La Cour de justice et les entreprises chargées de la gestion d'un service d'intérêt économique général. Un pas dans le bon sens vers une dérégulation réglée (2ème partie), in: Europe 1994, S. 2ff.
Kreiner, Wilhelm	Europarecht und Selbstverwaltungsrecht der Gemeinden, in: RiA 1989, S. 141ff.
Kruse, Eberhard	Kommunale Sparkassen im Blickfeld des europäischen Beihilfenrechts – Beihilfenrechtliche Erwägungen im Anschluss an die gegenwärtig geführte Diskussion zu den Landesbanken, in: NVwZ 2000, S. 721ff.
Ders.	Gemeinschaftsrechtliche Kontrolle staatlicher Beihilfen und kommunalwirtschaftliche Betätigung – Anmerkungen zu Art. 92 Abs. 1 EGV, insbesondere zum Begriff der Beihilfe – in: Henneke, Hans-Günter (Hrsg.), Kommunen und Europa – Herausforderungen und Chancen - , Stuttgart 1999, S. 77ff.
Kühling, Jürgen	Verfassungs- und kommunalrechtliche Probleme grenzüberschreitender Wirtschaftsbetätigung der Gemeinden, in: NJW 2001, S. 177ff.
Kuhnt, Dietmar	Das Schicksal der Konzessionsverträge über leitungsgebundene Einrichtungen im europäischen Binnenmarkt, in: Hoppe, Werner/Schink, Alexander (Hrsg.), Kommunale Selbstverwaltung und europäische Integration, Köln 1990, S. 111ff.

Langer, Stefan	Subsidiarität und Anerkennungsprinzip – Zur Operationalisierung des Subsidiaritätsprinzips im europäischen Gemeinschaftsrecht, in: ZG 1993, S. 193ff.
Lecheler, Helmut	Die Fortentwicklung des Rechts der Europäischen Union durch den Amsterdamer Vertrag, in: NJW 1998, S. 392ff.
Lenz, Carl-Otto (Hrsg.)	EG-Vertrag: Kommentar zu dem Vertrag zur Gründung der Europäischen Gemeinschaften, 2. Auflage, Köln, Basel, Wien 1999
Löwenberg, Fabian	Service public und öffentliche Dienstleistungen in Europa – Ein Beitrag zu Art. 16 des EG-Vertrages, Berliner Juristische Universitätsschriften, Öffentliches Recht, Band 18, Berlin 2001
Löwer, Wolfgang	Energieversorgung zwischen Staat, Gemeinde und Wirtschaft, Köln 1989
Magiera, Siegfried	Kommunale Selbstverwaltung in der Europäischen Union, in: Grupp, Klaus/Ronellenfitsch, Michael (Hrsg.), Kommunale Selbstverwaltung in Deutschland und Europa – Symposium zum 65. Geburtstag von Prof. Dr. Willi Blümel, Berlin 1995, S. 13ff.
Mandelartz, Herbert	Europäische Integration: Gefährdungen und Chancen für die kommunale Selbstverwaltung, in: Grawert, Rolf u.a (Hrsg.), Offene Staatlichkeit, Festschrift für Böckenförde, Berlin 1995, S. 163ff.
von Mangoldt, Hermann Klein, Friedrich Starck, Christian	Das Bonner Grundgesetz: Kommentar, Band 2, 4. Auflage, München 2000
Mann, Thomas	Öffentliche Unternehmen im Spannungsfeld von öffentlichem Auftrag und Wettbewerb, in: JZ 2002, S. 819ff.

Martini, Alexander	Gemeinden in Europa – Kommunale Selbstverwaltung und Gemeinschaftsrecht – Einwirken der Europäischen Gemeinschaft auf die deutschen Gemeinden und Schutz der kommunalen Selbstverwaltung im Gemeinschaftsrecht, Schriften zur Öffentlichen Verwaltung, Hrsg. Knemeyer, Franz-Ludwig, Band 39, Würzburg 1992
Martini, Alexander Müller, Wolfgang	Der Schutz der kommunalen Selbstverwaltung in der europäischen Integration durch nationales Verfassungsrecht und gemeinschaftsrechtliche allgemeine Rechtsgrundsätze, in: BayVBl. 1993, S. 161ff.
Maunz, Theodor Dürig, Günter	GG-Kommentar, 35. Auflage, München 1998
Mestmäcker, Ernst-Joachim	Offene Märkte im System unverfälschten Wettbewerbs in der Europäischen Wirtschaftsgemeinschaft, in: Coing, Helmut (Hrsg.), Wirtschaftsordnung und Rechtsordnung - Festschrift für Böhm, Karlsruhe 1965, S. 345ff
van Miert, Karel	La Conférence Intergouvernementale et la politique communautaire de concurrence, in: Competition Policy Newsletter 1997, N°2, S. 1ff.
Möhlenkamp, Andreas	Daseinsvorsorge zwischen Wettbewerb und kommunaler Wirtschaftsexpansion, in: Oldiges, Martin (Hrsg.), Daseinsvorsorge durch Privatisierung – Wettbewerb oder staatliche Gewährleistung, Dokumentation des 6. Leipziger Umweltrechts-Symposions des Instituts für Umwelt- und Planungsrecht der Universität Leipzig am 5. und 6. April 2001, Baden-Baden 2001, S. 155ff.
Möschel, Wernhard	Service public und europäischer Binnenmarkt, in: JZ 2003, S. 1021ff.

Mombaur, Peter Michael	Daseinsvorsorge in Gemeinden und Kreisen, in: v. Mutius, Albert (Hrsg.) Selbstverwaltung im Staat der Industriegesellschaft, Festgabe für v. Unruh, Heidelberg 1983, S. 503ff.
Ders.	Städte und Gemeinden auf dem Weg zum Europäischen Binnenmarkt – Die wirtschaftsverwaltungs- und umweltrechtliche Perspektive, in: WUR 1990, S. 7ff.
Mombaur, Peter Michael v. Lennep, Hans Gerd	Europarecht und deutsche kommunale Selbstverwaltung, in: Kommunale Selbstverwaltung in Europa!, Deutscher Städte- und Gemeindebund (Hrsg.), Göttingen 1988, S. 11ff.
Monnier, Lionel	Die Zukunft der öffentlichen Dienstleistungen in der Europäischen Union, in: Cox, Helmut (Hrsg.), Öffentliche Dienstleistungen in der Europäischen Union, Baden-Baden 1996, S. 41ff.
Monti, Mario	Services of General Interest in Europe, in: EuZW 2001, S. 161
Müller Greff, Peter-Christian	Die wettbewerbsverfasste Marktwirtschaft als gemeineuropäisches Verfassungsprinzip?, in: EuR 1997, S. 433ff.
von Münch, Ingo Kunig, Philip	Grundgesetz-Kommentar, 5. Auflage, München 2001
von Mutius, Albert	Örtliche Aufgabenerfüllung - Traditionelles, funktionales oder neues Selbstverwaltungsverständnis, in: v. Mutius, Albert (Hrsg.) Selbstverwaltung im Staate der Industriegesellschaft, Festgabe für v. Unruh, Heidelberg 1983, S. 227ff.
Ders.	Ein Sieg für die gemeindliche Selbstverwaltung?, in: StuGB 1989, S. 299ff.
Nagel, Bernhard	Gemeindeordnung als Hürde?, Baden-Baden 1999

Ders.	Norm und Markt bei den kommunalen Stromversorgern, in: NVwZ 2000, S. 758ff.
Nettesheim, Martin	Mitgliedstaatliche Daseinsvorsorge im Spannungsfeld zwischen Wettbewerbskonformität und Gemeinwohlverantwortung, in: Hrbek, Rudolf/Nettesheim, Martin (Hrsg.), Europäische Union und mitgliedstaatliche Daseinsvorsorge, Baden-Baden 2002, S. 39ff.
Ders.	Europäische Beihilfenaufsicht und mitgliedstaatliche Daseinsvorsorge, in: EWS 2002, S. 253ff.
Oettle, Karl	Beeinflusst die europäische Wettbewerbsordnung die Erfüllung öffentlicher Sach- und Dienstleistungsaufgaben?, in: Brede, Helmut (Hrsg.), Wettbewerb in Europa und die Erfüllung öffentlicher Aufgaben, Baden-Baden 2000/2001, S. 35ff.
Ders.	Lücken, Widersprüche und andere logische Mängel in dem richtungsweisenden EU-Kommissionsdokument „Leistungen der Daseinsvorsorge in Europa" in: Cox, Helmut (Hrsg.), Daseinsvorsorge und öffentliche Dienstleistungen in der Europäischen Union, Zum Widerstreit zwischen freiem Wettbewerb und Allgemeininteresse, S. 57ff.
Oppermann, Thomas	Europarecht, 2. Auflage, München 1999
Ossenbühl, Fritz	Daseinsvorsorge und Verwaltungsprivatrecht, in: DÖV 1971, S. 513ff.
Ders.	Rechtliche Aspekte der Stromversorgung in den neuen Bundesländern, in: DÖV 1992, S. 1ff.
Osterloh, Lerke	Privatisierung von Verwaltungsaufgaben, in: VVDStRL 54 (1995), S. 204ff.
Otto, Hans- Michael	Auswirkungen des Rechts der EWG auf die Bundesrepublik Deutschland, besonders die öffentlichen Unternehmen, dargestellt am Beispiel der Transparenzrichtlinie, Kiel 1989

Paulweber, Michael Weinand, Armin	Europäische Wettbewerbspolitik und liberalisierte Märkte, in: EuZW 2001, S.232ff
Püttner, Günter	Die Relevanz des europarechtlichen Subsidiaritätsprinzips für die Erfüllung öffentlicher Aufgaben in: Brede, Helmut (Hrsg.), Wettbewerb in Europa und die Erfüllung öffentlicher Aufgaben, Baden-Baden 2000/2001, S. 47ff.
Ders.	Neue Regelungen für öffentliche Unternehmen?, in: DÖV 2002, S. 731ff.
Ders.	Das Recht der kommunalen Energieversorgung, Stuttgart 1967
Ders.	Das grundlegende Konzept der Daseinsvorsorge, Kommunale Daseinsvorsorge – Begriff, Geschichte, Inhalte, in: Hrbek, Rudolf/Nettesheim, Martin (Hrsg.), Europäische Union und mitgliedstaatliche Daseinsvorsorge, Baden-Baden 2002, S. 32ff.
Ders.	Die Aufwertung der Daseinsvorsorge in Europa, in: ZögU 2000, S. 373ff.
Ders.	Die öffentlichen Unternehmen, 2. Auflage, Stuttgart 1985
Raich, Silvia	Kommunen auf dem Weg nach Europa, in: Integration 1993, S. 179ff.
Rehak, Heinrich	Vergaberecht und kommunale Privatisierung der Abfallentsorgung, in: LKV 2001, S. 185ff.
Rengeling, Hans-Werner	Die Garantie der kommunalen Selbstverwaltung im Zeichen der europäischen Integration, in: Hoppe, Werner/Schink, Alexander (Hrsg.), Kommunale Selbstverwaltung und europäische Integration, Köln 1990, S. 25ff.
Ders.	Rechtsetzung der Europäischen Gemeinschaft und Kommunen, in: ZG 1994, S. 277ff.

Rindtorff, Ermbrecht	Wettbewerbsrechtliche Grenzen der erwerbswirtschaftlichen Betätigung der öffentlichen Hand am Beispiel der Abfallentsorgung in: Schertz, Christian/Omsels, Hermann-Josef (Hrsg.), Festschrift für Paul W. Hertin zum 60. Geburtstag am 15. November 2000, München 2000, S. 427ff.
Ruffert, Matthias	Kommunalwirtschaft und Landes-Wirtschaftsverfassung, in: NVwZ 2000, S. 763ff.
Ruge, Reinhard	Anmerkung zum „Ferring"-Urteil des EuGH, in: EuZW 2002, S. 50ff.
Ders.	Die Gewährleistungsverantwortung des Staates und der Regulatory State: zur veränderten Rolle des Staates nach der Deregulierung der Stromwirtschaft in Deutschland, Großbritannien und der EU, Berlin 2004
Schäfer, Thomas	Die deutsche kommunale Selbstverwaltung in der Europäischen Union, Stuttgart 1998
Scheidemann, Dieter	Der Begriff Daseinsvorsorge - Ursprung, Funktion und Wandlungen der Konzeption Ernst Forsthoffs -, Göttingen 1991
Schink, Alexander	Wirtschaftliche Betätigung kommunaler Unternehmen, in: Eildienst Landkreistag NRW 2001, S. 185ff.
Schmahl, Stefanie	Europäisierung der kommunalen Selbstverwaltung, in: DÖV 1999, S. 852ff.
Schmidhuber, Peter	Das Subsidiaritätsprinzip im Vertrag von Maastricht, in: DVBl 1993, S. 417ff.
Ders.	Die Bedeutung der Europäischen Gemeinschaften für die Kommunen, in: Knemeyer, Franz-Ludwig (Hrsg.), Die Europäische Charta der kommunalen Selbstverwaltung: Entstehung und Bedeutung; Länderberichte und Analysen, Baden-Baden 1989, S. 25ff.

Schmidt, Klaus	Bericht – Symposium zur Europäischen Charta der Kommunalen Selbstverwaltung, in: DÖV 1988, S. 1011ff.
Schmidt-Aßmann, Eberhard	Besonderes Verwaltungsrecht, 12. Auflage 2002
Schmidt-Bleibtreu, Bruno Klein, Franz	Kommentar zum Grundgesetz, 9. Auflage, Neuwied, Kriftel 1999
Schöneich, Michael	Empfiehlt es sich, das Recht der öffentlichen Unternehmen im Spannungsfeld von öffentlichem Auftrag und Wettbewerb national und gemeinschaftsrechtlich neu zu regeln?, in: Verhandlungen des 64. Deutschen Juristentages, Berlin 2002, Band II/1 Sitzungsberichte (Referate und Beschlüsse), München 2002, S. O 53ff.
Ders.	Das Beispiel der Wasserversorgung in der Diskussion um die Daseinsvorsorge, in: Schader-Stiftung (Hrsg.), Die Zukunft der Daseinsvorsorge – Öffentliche Unternehmen im Wettbewerb, Darmstadt 2001, S. 143ff.
Scholz, Rupert	Neue Entwicklungen im Gemeindewirtschaftsrecht – Strukturfragen und Verfassungskritik, in: DÖV 1976, S. 441ff.
Schricker, Helmut	Wirtschaftliche Tätigkeit der öffentlichen Hand und unlauterer Wettbewerb, 2. Auflage, Köln 1987
Schulte-Beckhausen, Sabine	Energieversorgung als öffentliche Aufgabe im europäischen Ordnungsrahmen in: Brede, Helmut (Hrsg.), Wettbewerb in Europa und die Erfüllung öffentlicher Aufgaben, Baden-Baden 2000/2001, S. 111ff.
Dies.	Daseinsvorsorge im Europäischen Binnenmarkt, in: der städtetag 1996, S. 761ff.
Schwarze, Jürgen (Hrsg.)	EU-Kommentar, Baden-Baden 2000

Ders.	Daseinsvorsorge im Lichte des europäischen Wettbewerbsrechts, in: EuZW 2001, S. 334ff.
Ders.	Einführung: Daseinsvorsorge im Lichte des Wettbewerbsrechts, in: Schwarze, Jürgen (Hrsg.), Daseinsvorsorge im Lichte des Wettbewerbsrechts, Baden-Baden 2001, S. 9ff.
Schweitzer, Heike	Daseinsvorsorge, „service public", Universaldienst – Abs. 86 Abs. 2 EG-Vertrag und die Liberalisierung in den Sektoren Telekommunikation, Energie und Post, Baden-Baden 2001/2002
Schwintowski, Hans-Peter	Corporate Governance im öffentlichen Unternehmen, in: NVwZ 2001, S. 607ff.
Ders.	Gemeinwohl, öffentliche Daseinsvorsorge und Funktionen öffentlicher Unternehmen im europäischen Binnenmarkt, in: ZögU 2003, S. 283ff.
Seele, Günter	Der Kreis aus europäischer Sicht: Die übergemeindliche Kommunalverwaltung im Spiegel der nationalstaatlichen Verwaltungsstrukturen und der europäischen Gemeinschaftspolitik, Kommunalwissenschaftliche Schriften des deutschen Landkreistages, Bd.8, Köln 1991
von Seelen, Udo Cahn	Aktuelle Situation der regionalen Energieversorgung, in: ET 1996, S. 428ff.
Seidel, Martin	Service Public im europäischen Energierecht – zur Problematik des Art. 90 Abs. 2 EG-Vertrag, in: Bauer, Jürgen F. (Hrsg.), Energiewirtschaft zwischen Wettbewerb und öffentlichen Aufgaben, Baden-Baden 1997, S. 73ff.
Ders.	Grundfragen des Beihilfenaufsichtsrechts der Europäischen Gemeinschaften, in: Börner, Bodo/ Neundörfer, Konrad (Hrsg.), Recht und Praxis der Beihilfen im Gemeinsamen Markt, Köln 1984, S. 55ff.

Siedentopf, Heinrich	Europäische Gemeinschaft und kommunale Beteiligung, in: DÖV 1988, S. 981ff.
Ders.	Grenzen und Bindungen der Kommunalwirtschaft, Stuttgart 1963
Soukup, Karl	Transparenzrichtlinie und die Erfüllung öffentlicher Aufgaben, in: Brede, Helmut (Hrsg.), Wettbewerb in Europa und die Erfüllung öffentlicher Aufgaben, Baden-Baden 2000/2001, S. 93ff.
Ders.	Auswirkungen der neuen Transparenz-Richtlinie auf öffentliche Unternehmen, in: ZögU 2001, S. 86ff.
Spautz, Jean	Die Stellung der Kommunen im europäischen Einigungswerk, in: Knemeyer, Franz-Ludwig (Hrsg.), Die Europäische Charta der kommunalen Selbstverwaltung: Entstehung und Bedeutung; Länderberichte und Analysen, Baden-Baden 1989, S.11ff
Steckert, Uwe	Neue Aufgaben für die Kommunalwirtschaft – Im Würgegriff von Privatisierung, Wettbewerb, Staatsaufsicht und öffentlicher Meinung, in: der städtetag 1996, S. 281ff.
Ders.	Kommunale Energieversorgungsunternehmen, Daseinsvorsorge und Wettbewerb in Europa, in: Baur, Jürgen F. (Hrsg.), Energiewirtschaft zwischen Wettbewerb und öffentlichen Aufgaben, Baden-Baden 1997, S. 51ff.
Ders.	Liberalisierung, Wettbewerb und Sinnkrise in der Kommunalwirtschaft, in: DfK 2002, S. 61ff.
Steindorff, Ernst	Mehr staatliche Identität, Bürgernähe und Subsidiarität in Europa?, in: ZHR 163 (1999), S. 395ff.

Stern, Klaus	Das Staatsrecht in der Bundesrepublik Deutschland, Band I, Grundbegriffe und Grundlagen des Staatsrechts, Strukturprinzipien der Verfassung, 2. Auflage, München 1984
Stewing, Clemens	Kommunale Unternehmen und fairer Wettbewerb – Die Quadratur des Kreises, in: Vieweg, Klaus/ Haarmann Wilhelm (Hrsg.), Beiträge zum Wirtschafts-, Europa- und Technikrecht; Festgabe für Rudolf Lukes zum 75. Geburtstag, Köln 2000, S. 189ff.
Stober, Rolf	Die wirtschaftliche Betätigung der öffentlichen Hand im Fadenkreuz der Kritik, in: Stober, Rolf/ Vogel, Hanspeter (Hrsg.), Wirtschaftliche Betätigung der öffentlichen Hand – Staat und Kommunen als Konkurrent der Privatwirtschaft, Köln 2000, S. 1ff.
Ders.	Neuregelung des Rechts der öffentlichen Unternehmen, in: NJW 2002, S. 2357ff.
Stöß, Angela	Europäische Union und kommunale Selbstverwaltung: die Handlungsspielräume deutscher Kommunen unter Einwirkung der Europäischen Union aus ökonomischer Perspektive, Frankfurt/Main 2000
Storr, Stefan	Der Staat als Unternehmer: Öffentliche Unternehmen in der Freiheits- und Gleichheitsdogmatik des nationalen Rechts und des Gemeinschaftsrechts, Tübingen 2001
Ders.	Zwischen überkommener Daseinsvorsorge und Diensten von allgemeinem wirtschaftlichem Interesse – Mitgliedstaatliche und europäische Kompetenzen im Recht der öffentlichen Dienste -, in: DÖV 2002, S. 357ff.
Streinz, Rudolf	EUV/EGV Vertrag über die Europäische Union und Vertrag zur Gründung der Europäischen Gemeinschaft, München, 2003

Ders.	Die Stellung des Ausschusses der Regionen im institutionellen Gefüge der EU – eine europarechtliche Bewertung, in: Tomuschat, Christian (Hrsg.), Mitsprache der dritten Ebene in der europäischen Integration: Der Ausschuß der Regionen, Bonner Schriften zur Integration Europas, Band 2, Bonn 1995, S. 55ff.
Ders.	Bundesverfassungsgerichtlicher Grundrechtsschutz und Europäisches Gemeinschaftsrecht: die Überprüfung grundrechtsbeschränkender deutscher Begründungs- und Vollzugsakte von Europäischem Gemeinschaftsrecht durch das Bundesverfassungsgericht, Baden-Baden 1989
Ders.	Europarecht, 5. Auflage, Heidelberg 2001
Tettinger, Peter J.	Dienstleistungen von allgemeinem wirtschaftlichen Interesse in der öffentlichen Versorgungswirtschaft. Entwicklungslinien im primären Gemeinschaftsrecht, in: Cox, Helmut (Hrsg.), Daseinsvorsorge und öffentliche Dienstleistungen in der Europäischen Union, Zum Widerstreit zwischen freiem Wettbewerb und Allgemeininteresse, Baden-Baden 2000 S. 97ff.
Ders.	Rechtliche Markierungen für die kommunale Energiepolitik – Zur Situation auf kommunaler Ebene, in: NWVBl. 1989, S. 1ff.
Ders.	Rechtsschutz gegen kommunale Wettbewerbsteilnahme, in: NJW 1998, S. 3473ff.
Thies, Martin	Zur Situation der gemeindlichen Selbstverwaltung im europäischen Einigungsprozeß – Unter besonderer Berücksichtigung der Vorschriften des EG-Vertrages über staatliche Beihilfen und der EG-Umweltpolitik – Schriften zum internationalen und zum öffentlichen Recht, Hrsg. Gornig, Gilbert, Band 8, Frankfurt/Main 1995

Thun-Hohenstein, Christian	Der Vertrag von Amsterdam – Die neue Verfassung der EU, Wien 1997
Timm, Jörn	Daseinsvorsorge im Wettbewerb, in: EU-Magazin 11/2000, S. 26ff.
Tomuschat, Christian	Der Ausschuß der Regionen als Verfassungsorgan der Europäischen Gemeinschaft, in: Tomuschat, Christian (Hrsg.), Mitsprache der dritten Ebene in der europäischen Integration: Der Ausschuß der Regionen, Bonn 1995, S. 9ff.
Weiß, Wolfgang	Öffentliche Unternehmen und EGV, in: EuR 2003, S. 165ff.
Ders.	Europarecht und Privatisierung, in AöR 2003, S. 91ff.
Werner, Michael Jürgen Köster, Thomas	Anmerkung zum Altmark-Urteil des EuGH, in: EuZW 2003, S. 503f.
Wernicke, Stephan	Die Wirtschaftverfassung der Gemeinschaft zwischen gemeinwirtschaftlichen Diensten und Wettbewerb, oder: Wer hat Angst vor Art. 86 II EG?, in: EuZW 2003, S. 481ff.
Wieland, Joachim	Der Wandel von Verwaltungsaufgaben als Folge der Postprivatisierung, in: DV 28 (1995), S. 315ff.
Wieland, Joachim Hellermann, Johannes	Das Verbot ausschließlicher Konzessionsverträge und die kommunale Selbstverwaltung, in: DVBl 1996, S. 401ff.
Dies.	Der Schutz des Selbstverwaltungsrechts der Kommunen gegenüber Einschränkungen ihrer wirtschaftlichen Betätigung im nationalen und europäischen Recht, Verband kommunaler Unternehmen, Beiträge zur kommunalen Versorgungswirtschaft Heft 85, Köln 1995

von Wilmowski, Peter	Mit besonderen Aufgaben betraute Unternehmen unter dem EWG-Vertrag, in: ZHR 155 (1991), S. 545ff.
Wilms, Günter	Das Europäische Gemeinschaftsrecht und die öffentlichen Unternehmen, Berlin 1996
Wissenschaftlicher Beirat beim Bundesministerium für Wirtschaft und Technologie	„Daseinsvorsorge" im europäischen Binnenmarkt, BMWI-Dokumentation, Nr. 503 vom 12.01.2002, Berlin 2002
Zimmermann, Uwe	Ratsgipfel in Barcelona – Kommunale Nachlese, in: informationen hessischer städtetag 2002, S. 91f.
Ders.	Der EU-Konvent – Kommunale Zukunft in Europa? Die Reform der Europäischen Union, in: informationen hessischer städtetag 2003, S. 95f.
Zuleeg, Manfred	Die Stellung der Länder und Regionen im europäischen Integrationsprozeß, in: DVBl 1992, S.1329
Ders.	Selbstverwaltung und Europäisches Gemeinschaftsrecht in: von Mutius, Albert (Hrsg.), Selbstverwaltung im Staat der Industriegesellschaft, Festgabe zum 70. Geburtstag von Christoph von Unruh, Heidelberg 1983, S.91ff
Ders.	Öffentliches Recht und Privatrecht im Europarecht, in: ZEuP 2001, S. 533ff.

A. EINLEITUNG UND GANG DER UNTERSUCHUNG

„Rechtsfragen der kommunalen wirtschaftlichen Betätigung haben Konjunktur."[1] Diese Aussage beschreibt zutreffend die seit einiger Zeit intensiv geführte Diskussion um die Stellung der kommunalen Unternehmen zwischen Wettbewerb und Daseinsvorsorge. Ausgebrochen ist diese Diskussion vor folgendem Hintergrund:
Kommunale Unternehmen erbringen in einem großen Umfang Leistungen für die Bürgerinnen und Bürger der jeweiligen Kommune. So versorgen sie die Bevölkerung in einem erheblichen Ausmaß mit Strom, Gas, Wärme und Wasser, befassen sich mit der Abwasserbeseitigung und der Abfallwirtschaft, treten als Verkehrsunternehmen in Erscheinung, oder nehmen in Gestalt der Sparkassen eine führende Rolle bei der geld- und kreditwirtschaftlichen Versorgung der Bevölkerung wahr. Der europäische Zusammenschluss öffentlicher kommunaler Unternehmen, kurz CEEP[2], erklärt dazu, dass diese Leistungserbringung auf lokaler Ebene „einer der bedeutendsten Faktoren zur Verbesserung der wirtschaftlichen Leistung der Regionen und Gemeinden" ist.[3] Bei dieser Betätigung, die dem noch näher zu bestimmenden Begriff der Daseinsvorsorge zugeordnet wird, hat sich die Situation der kommunalen Unternehmen in den letzten Jahren sehr verändert.

Ursprünglich waren die kommunalen Unternehmen in diesem Bereich die einzigen Unternehmen, die tätig waren. In den letzten Jahren hat die Europäische Gemeinschaft dann in Verfolgung ihres Ziels der wirtschaftlichen Integration diese Teile des Marktes mehr und mehr für den Wettbewerb geöffnet. Dadurch betätigen sich dort zunehmend auch private Unternehmen.[4] Dies führt dazu, dass die kommunalen Unternehmen in eine Konkurrenzsituation zu anderen Anbietern geraten sind.
Was sich im Gegensatz zur tatsächlichen Situation nicht geändert hat, ist die rechtliche Situation. In der durch die Zunahme von Wettbewerb und Konkurrenz veränderten Marktsituation sind die kommunalen Unternehmen nach wie vor an dieselben Regeln des nationalen Rechts gebunden, wie vor Entstehung des Wettbewerbs auf ihren üblichen Tätigkeitsfeldern.

Angesichts dieser Situation, die durch einen zunehmenden Wettbewerb im Bereich der Daseinsvorsorge gekennzeichnet ist, werden verschiedene Forderungen

---

[1] Schink, in: Eildienst LKT NRW 2001, S. 187.

[2] Centre Europeen des Entreprises á Participation publique et des entreprises d'intérêt économique général (CEEP).

[3] CEEP, Die Rolle der öffentlichen kommunalen Unternehmen, S.1.

[4] So wurde z.B. der Energiesektor dem Wettbewerb geöffnet, vgl. zur Zielsetzung der Gemeinschaft: Kommission der Europäischen Gemeinschaften, Grünbuch zu Dienstleistungen von allgemeinem Interesse der Kommission vom 21.05.2003, KOM (2003), 270 endg., Rz. 5.

hinsichtlich einer Änderung der rechtlichen Situation der kommunalen Unternehmen gestellt. Es stellt sich die Frage, ob der veränderten tatsächlichen Situation der kommunalen Unternehmen auch eine Veränderung in rechtlicher Hinsicht folgen muss. So beschäftigte sich auch der Deutsche Juristentag, auf seiner Tagung im September 2002, in der Abteilung Öffentliches Recht, mit dem Thema: „Empfiehlt es sich, das Recht der öffentlichen Unternehmen im Spannungsfeld von öffentlichem Auftrag und Wettbewerb national und gemeinschaftsrechtlich neu zu regeln?"

Die verschiedenen, teilweise sogar gegensätzlichen Forderungen, die in Bezug auf die Veränderung der rechtlichen Situation der kommunalen Unternehmen gestellt werden, werden zum großen Teil argumentativ auf Gemeinschaftsrecht gestützt.

Diese Arbeit soll eine Antwort auf die Frage geben, welche Änderungen der rechtlichen Situation der kommunalen Unternehmen im nationalen Recht durch das Gemeinschaftsrecht geboten sind im Spannungsfeld von Daseinsvorsorge und Wettbewerb. Dazu soll nach der Einleitung (Teil A) und dem Nachweis der Aktualität des Themas (Teil B) in einem nächsten Teil (C) erarbeitet werden, welche Leistungen die kommunalen Unternehmen erbringen (Stichwort Daseinsvorsorge). Daran anschließen soll sich in einem weiteren Teil (D) die Ausarbeitung, welchen Bindungen die kommunalen Unternehmen unterliegen – im nationalen und im Gemeinschaftsrecht - und wie dies die kommunalen Unternehmen in ein Spannungsfeld aus Daseinsvorsorge und Wettbewerb bringen konnte. In diesem Zusammenhang wird auch insbesondere auf die Rechtsprechung zu den staatlichen Beihilfen als Ausgleich für Defizite durch Gemeinwohlverpflichtungen eingegangen, bei der sich in der letzten Zeit höchst interessante Änderungen ergeben haben.

In einem anschließenden Teil (E) wird dann geprüft werden, inwieweit Forderungen bezüglich der Änderung der rechtlichen Situation der kommunalen Unternehmen durch das Gemeinschaftsrecht tatsächlich geboten sind. Dabei werden sowohl die Änderungen geprüft, die von Seiten der kommunalen Unternehmen für ihre eigene Situation geltend gemacht werden, als auch die Forderungen, die von Seiten der Privatwirtschaft gestellt werden.

In einem letzten Teil (F) wird dann erarbeitet, wie Leistungen der Daseinsvorsorge im Wettbewerb erbracht werden können und nach welchen Prinzipien sich diese Erbringung bestimmt.

Die Arbeit schließt dann (Teil G) mit einer Zusammenfassung der Ergebnisse und Kernpunkte.

B. EINZELNE KONFLIKTE IM SPANNUNGSFELD UND NACHWEIS DER AKTUALITÄT

In den letzten Jahren hat es zunehmend Diskussionen und Konflikte über die Stellung der kommunalen Unternehmen zwischen Daseinsvorsorge und Wettbewerb gegeben. Diese spielen sich sowohl auf der nationalen als auch auf der Gemeinschaftsebene, aber auch zwischen beiden Ebenen ab. Dies zeigt einerseits, dass die Durchdringung des nationalen Rechtsraums mit Gemeinschaftsrecht immer fühlbarer wird und dadurch auch die nationale Daseinsvorsorge immer mehr in den Fokus des gemeinschaftsrechtlichen Wettbewerbsrechts rückt. Andererseits zeigt dies aber auch die zunehmende Aktualität dieses Problems.

Die Kommission formuliert dies in ihrem im Mai 2003 erschienenen Grünbuch wie folgt: „Die Dienstleistungen von allgemeinem Interesse bilden den Dreh- und Angelpunkt der politischen Debatten. In der Tat berühren sie die zentrale Frage, welche Rolle in einer Marktwirtschaft staatlichen Stellen zukommt, da sie einerseits das reibungslose Funktionieren des Marktes und die Einhaltung der Spielregeln durch alle Akteure sicherstellen und andererseits das öffentliche Interesse gewährleisten, insbesondere die Befriedigung der Grundbedürfnisse der Bürger und die Erhaltung von Kollektivgütern in Fällen, in denen der Markt dazu nicht in der Lage ist."[5]

Im Folgenden soll gezeigt werden, wie sich der Streit um das Verhältnis zwischen Daseinsvorsorge und Wettbewerb, ohne, dass größere rechtliche Änderungen erfolgt sind, zunehmend intensivierte. Die Manifestierung des Konflikts und die Bedeutung des Themas werden anhand der wichtigsten Ereignisse der letzten Jahre aufgezeigt. Dadurch lässt sich außerdem verdeutlichen, wie wichtig es ist, eine Klärung der Rechtslage kommunaler Unternehmen zu erreichen.

I. DROHUNG DER BUNDESLÄNGER

Im Frühjahr des Jahres 2000 gab es einen Konflikt zwischen den deutschen Bundesländern auf der einen Seite und der Bundesregierung und der Europäischen Gemeinschaft auf der anderen Seite um die Forderung einer so genannten „Bereichsausnahme". Die deutschen Bundesländer forderten von der Gemeinschaft, dass einige dem Wettbewerbsrecht unterfallende Bereiche diesem entzogen werden sollten, da sie zu den Aufgaben der Daseinsvorsorge gehören.[6] Außerdem forderten alle 16 Bundesländer mehr Rechtssicherheit für Leistungen

---

[5] Kommission der Europäischen Gemeinschaften, Grünbuch zu Dienstleistungen von allgemeinem Interesse vom 21.05.2003, KOM (2003) 270 endg. Rz. 4.

[6] Vgl. FAZ vom 27.3.2000, S. 2.

der Daseinsvorsorge.[7] Die rechtlich unsichere Lage in Bezug auf die Erbringung von Leistungen der Daseinsvorsorge unter Beachtung des Wettbewerbsrechts, führte eine zunehmende Verärgerung herbei.

Ihre Forderung nach mehr Rechtssicherheit begründeten die Bundesländer damit, dass sie die Strukturen und Institutionen der Daseinsvorsorge durch die Konkurrenz von privaten Unternehmen gefährdet sahen.[8] Sie verlangten, im Rahmen der institutionellen Reform der Gemeinschaft, die alleinige Zuständigkeit der Mitgliedstaaten für die öffentliche Daseinsvorsorge in Deutschland, in einer entsprechenden Regelung des Gemeinschaftsvertrages, abzusichern. Sie wandten sich an die deutsche Bundesregierung und an die Europäische Kommission und koppelten ihre Forderung sogar mit der Drohung, die Ergebnisse der für den Dezember 2000 geplanten Regierungskonferenz von Nizza im Bundesrat nicht anzunehmen.[9] Sollte ihren Forderungen nicht nachgekommen werden, wollten sie die Ratifizierung des neuen EU-Vertrages verweigern, um so ihren Forderungen nach einer Schutzklausel für die Daseinsvorsorge im Gemeinschaftsrecht Ausdruck zu verleihen.[10]

Davon schienen allerdings nicht nur die Bundesregierung, sondern auch die Staats- und Regierungschefs der übrigen Mitgliedstaaten der EU unbeeindruckt. Auf einem Gipfeltreffen in Stockholm nahmen sie einen Beschluss an, der festlegte, dass gut funktionierende Märkte eine entscheidende Voraussetzung dafür seien, dass ein Klima für unternehmerisches Handeln entstehe und die Verbraucher die Vorteile der Marktintegration nutzen könnten.[11]

II. 64. DEUTSCHER JURISTENTAG

Die Bedeutung des Themas und insbesondere die Notwendigkeit der Schaffung von Rechtssicherheit zeigen sich nicht zuletzt auch daran, dass der Deutsche Juristentag sich bei seiner Tagung im Jahre 2002 damit befasste. Die Abteilung Öffentliches Recht stellte sich im September 2002 die Frage: „Empfiehlt es sich, das Recht der öffentlichen Unternehmen im Spannungsfeld von öffentlichem Auftrag und Wettbewerb national und gemeinschaftsrechtlich neu zu regeln?"

---

[7] Vgl. Dohms, Die Vorstellungen der Kommission zur Daseinsvorsorge, S. 42; Möschel, in: JZ 2003, S. 1022.

[8] Vgl. FAZ vom 27.3.2000, S. 2.

[9] Dohms, Die Vorstellungen der Kommission zur Daseinsvorsorge, S. 42.

[10] Vgl. FAZ vom 29.3.2000, S. 6.

[11] Vgl. FAZ vom 27.3.2000, S. 2.

[11] Vgl. FAZ vom 26.3.2000, S. 17.

Das Spannungsverhältnis zwischen Wettbewerb und Daseinsvorsorge und die Stellung der kommunalen Unternehmen darin bedürfen, auch wenn der Konflikt selbst nicht neu ist, noch weiterer Klärung.[12] Dies zeigen insbesondere die bestehenden Konflikte in diesem Bereich.

III. EXKURS: DER FALL „WESTDEUTSCHE LANDESBANK"

Für große Schlagzeilen hat auch der Konflikt zwischen Deutschland und der Gemeinschaft betreffend die Westdeutsche Landesbank (WestLB) geführt. Dieser Fall betrifft die Kommunen nicht direkt, da es hier nicht um Daseinsvorsorge auf kommunaler, sondern auf Landesebene ging. Er soll an dieser Stelle jedoch der Vollständigkeit halber kurz erwähnt werden, da durch diesen Streit ausgelöst, sich der Blick der Öffentlichkeit auch verstärkt auf die Situation der Kommunen und kommunalen Unternehmen richtete. Außerdem wurden von diesem Fall Überlegungen angestoßen, die auch die kommunalen Sparkassen betreffen, so dass zumindest ein mittelbarer Zusammenhang gegeben ist.

Zusätzlich dreht sich dieser Konflikt um genau das Spannungsfeld, welches auch auf kommunaler Ebene maßgeblich ist – nämlich die Gewichtung und das Verhältnis zwischen Daseinsvorsorge und Wettbewerb. Die bestehende Kontroverse, ob der Wettbewerb zu dominierend und die Anwendung der Wettbewerbsregeln auf den Bereich der Daseinsvorsorge zu rigoros sei und man deshalb die Daseinsvorsorgeleistungen vom Wettbewerb ausnehmen müsse, oder ob, im Gegenteil, eine Intensivierung des Wettbewerbs in Verbindung mit einer weitergehenden Deregulierung wünschenswert sei, wurde speziell in Deutschland also noch verstärkt durch den Streit der Kommission mit der Westdeutschen Landesbank.

Dieser Konflikt wurde ausgelöst durch eine Entscheidung der Kommission. In dieser wurde festgestellt, dass die Erhöhung des Eigenkapitals der Westdeutschen Landesbank, durch das Land Nordrhein-Westfalen, eine verbotene Beihilfe ist. Die Kommission forderte die Bank deshalb auf, die Beihilfe, die in Form einer Vermögensübertragung erfolgt war, auszugleichen.[13] Mittlerweile hat das Gericht erster Instanz (EuG) diese Entscheidung auf die Klage der WestLB und des Landes Nordrhein-Westfalen, denen die Bundesregierung als Streithelferin beige-

---

[12] Cox, in: ZögU 2002, S. 332, außerdem wurde verschiedentlich konstatiert, dass die Probleme in diesem Bereich so vielschichtig sind, dass selbst Experten davon überrascht waren, vgl. Brede, Der Zusammenhang zwischen öffentlichen Aufgaben und Wettbewerb auf europäischer Ebene, S.21, Bocklet, Leistungen der Daseinsvorsorge im Konflikt mit EU-Wettbewerbsrecht, S. 12.

[13] Entscheidung der Kommission 2000/392/EG vom 8. Juli 1999 über eine von der Bundesrepublik zugunsten der Westdeutschen Landesbank Girozentrale durchgeführten Maßnahme, ABl. L 150 vom 23. Juli 2000, S. 1ff – WestLB - Wfa.

treten war, aus formalen Gründen aufgehoben.[14] Die Richter rügten, dass die Kommission ihre Berechnung, auf deren Grundlage sie eine Beihilfe festgestellt hatte, nicht ausreichend begründet habe. Eine weitere Entscheidung durch die Kommission bleibt somit abzuwarten.[15]

Dieser Konflikt hatte auch Auswirkungen auf die kommunale Ebene. Dies einmal deshalb, weil es um die Frage ging, wie Daseinsvorsorge und Wettbewerbsrecht zueinander in Beziehung zu setzen sind und ob die Wettbewerbsregeln auch bei den zum Bereich der Daseinsvorsorge gehörenden Landesbanken anzuwenden sind. Außerdem übertrug sich letzterer Streit insofern auf die kommunale Ebene, als daran anschließend auch diskutiert wurde, ob das dortige Problem sich in ähnlicher Konstellation auch bei den Sparkassen stellen könnte und Auswirkungen auf diese haben würde.

Insofern entfachte dies den Streit um die Gewichtung von Daseinsvorsorge und Wettbewerb neu. Das Vorgehen der Kommission sah man als Beweis für die immer stärkere Beschneidung für den Bereich der Daseinsvorsorge zugunsten des Wettbewerbs. Es wurde insofern als Angriff auf die bewährten Strukturen der Daseinsvorsorge insgesamt verstanden. In diesem Zusammenhang forderten die deutschen Ministerpräsidenten, den Bereich der öffentlichen Daseinsvorsorge durch eindeutige verbindliche Vereinbarungen im Gemeinschaftsrecht zu regeln und vor allem abzusichern.

---

[14] EuG, (Urteil v. 06. März 2003), Rs. T-228/99 und T-233/99, WestLB/Kommission, inhaltlich folgt das Gericht hingegen der Kommissionsentscheidung weitgehend.

[15] In engem inhaltlichen Zusammenhang damit steht die Überprüfung, inwieweit Anstaltslast und Gewährträgerhaftung – zwei Haftungsinstitute, durch die öffentlich-rechtlichen Kreditinstitute sich wesentlich von Privatbanken unterscheiden und die das Insolvenzrisiko von ersteren nahezu ausschließen - als Beihilfen gem. Art. 87 Abs. 1 EG zu qualifizieren seien. Zur Bereinigung dieses Konflikts wurde am 17.7.2001 ein Kompromiss zwischen der Europäischen Kommission und Deutschland geschlossen: Die Gewährträgerhaftung wird in einigen Jahren abgeschafft, die Anstaltslast umgewandelt in eine „normale wirtschaftliche Eigentümerstellung" (normal commercial owner relationship).

C. DIE WAHRNEHMUNG DER DASEINSVORSORGE DURCH KOMMUNALE UNTERNEHMEN

Im folgenden Kapitel sollen die für diese Arbeit grundlegenden Begriffe der Daseinsvorsorge bzw. des kommunalen Unternehmens festgelegt werden und die besondere Verbindung zwischen kommunalen Unternehmen und der Erbringung von Leistungen der Daseinsvorsorge aufgezeigt werden.

I. DASEINSVORGE

Der besondere Fokus dieser Arbeit liegt auf der Erbringung von Daseinsvorsorgeleistungen auf der kommunalen Ebene. Im nun folgenden Teil wird der Begriff der Daseinsvorsorge von seinem Ursprung bei Forsthoff bis hin zu seinem heutigen Verständnis erläutert.
Daran anschließend soll der nationale Begriff der Daseinsvorsorge gegenüber den im gemeinschaftlichen Sprachgebrauch verwendeten Begriffen der „gemeinwohlorientierten Leistungen" bzw. der „Dienstleistungen von allgemeinem (wirtschaftlichem) Interesse" abgegrenzt werden.

1. Definition der Daseinsvorsorge

a) Die Konzeption Forsthoffs

Der Begriff der Daseinsvorsorge geht als rechtswissenschaftlicher Begriff auf Ernst Forsthoff[16] zurück. Er ist eine von ihm geprägte spezifisch deutsche Erscheinung.[17] Mit dem Begriff der Daseinsvorsorge schuf Forsthoff in den dreißiger Jahren die grundlegende begriffliche Festlegung für die expandierende Leistungsverwaltung.[18] Er wollte mit diesem Begriff die neue Aufgabe der staatlichen Leistungsverwaltung charakterisieren, die begründet wurde durch den Wandel von der Agrar- zur Industriegesellschaft.[19] Ausgangspunkt für das von Forsthoff geschaffene wissenschaftliche Konzept der Daseinsvorsorge ist die Feststellung, dass der Mensch durch Bevölkerungswachstum, Industrialisierung

---

[16] Forsthoff, Die Verwaltung als Leistungsträger, ders., Rechtsfragen des leistenden Verwaltung; dazu: Scheidemann, Der Begriff der Daseinsvorsorge, S. 70ff., S. 172ff.; Badura, in: DÖV 1966, S. 624ff.; Fischerhoff, in: DÖV 1960, S. 4]f.; Siedentopf, Grenzen und Bindungen der Kommunalwirtschaft, S. 52f.; Ossenbühl, in: DÖV 1971, S. 514f.

[17] Hellermann, Daseinsvorsorge im europäischen Vergleich, S. 79, Hösch, Die kommunale Wirtschaftstätigkeit, S. 25; Bocklet, Leistungen der Daseinsvorsorge im Konflikt mit EU-Wettbewerbsrecht, S. 12, Püttner, Das grundlegende Konzept der Daseinsvorsorge, S. 36.

[18] Fosthoff, in: Die Verwaltung als Leistungsträger, S.4ff.

[19] Hösch, Die kommunale Wirtschaftstätigkeit, S. 25.

und Ausdehnung der städtischen Lebensformen stetig an „beherrschtem Raum" verloren hat und insofern zur Befriedigung seiner Lebensbedürfnisse immer mehr auf die Hilfe anderer, auf die „allgemeinen Ordnungsverhältnisse" angewiesen ist. Forsthoff stellte fest, dass sich der effektive Lebensraum des Menschen ausdehnte bei gleichzeitiger Abnahme seines beherrschten Lebensraums. Darauf aufbauend definierte er die Daseinsvorsorge als die Erbringung von Leistungen, auf welche „der in die modernen massentümlichen Lebensformen verwiesene Mensch lebensnotwendig angewiesen" ist.[20] In der Weiterentwicklung des Begriffs gab Forsthoff dessen Begrenzung auf die Erbringung lebensnotwendiger Leistungen auf[21] und fasste unter den Begriff „alles, was von Seiten der Verwaltung geschieht, um die Allgemeinheit oder nach objektiven Merkmalen bestimmte Personenkreise in den Genuss nützlicher Leistungen zu versetzen."[22] „Dem Staat ist die Aufgabe und die Verantwortung zugefallen, alles das vorzukehren, was für die Daseinsermöglichung des modernen Menschen ohne Lebensraum erforderlich ist. Was in Erfüllung dieser Aufgabe notwendig ist und geschieht, nenne ich Daseinsvorsorge."[23] Forsthoff hat die Leistungen der kommunalen Versorgungsunternehmen als „klassischen Fall der Daseinsvorsorge" bezeichnet.[24]

Da Forsthoff den Begriff der Daseinsvorsorge für die expandierende Leistungsverwaltung schuf, ist nach seinem Konzept der Staat nicht nur verpflichtet in Bezug auf die Gewährleistung der Daseinsvorsorge, sondern auch für deren Erbringung. Nach seiner Auffassung liegt die Daseinsvorsorgeverantwortung bei allen Trägern der politischen Gewalt und richtet sich auf eine gerechte, sozial angemessene Gestaltung der Appropriationschancen.[25] Auch wenn Forsthoff den Anteil, den die Wirtschaft an der Daseinsvorsorge hat, durchaus anerkennt,[26] ist er der Auffassung, dass die Daseinsvorsorge aus Gründen einer gerechten, sozial angemessenen Gestaltung der Appropriationschancen den Staat verpflichte.[27] Die Verpflichtung des Staates im Bereich der Daseinsvorsorge tätig zu werden sei nicht zufällig entstanden, sondern Ausdruck des Grundsatzes, dass hier primär die

---

[20] Forsthoff, Die Verwaltung als Leistungsträger, S.4ff.
[21] Forsthoff, Rechtsfragen der leistenden Verwaltung, S. 12.
[22] Forsthoff, Lehrbuch des Verwaltungsrechts, 10. Auflage, S. 370f.
[23] Forsthoff, Die Daseinsvorsorge und die Kommunen, S.6f.
[24] Forsthoff, in: Rechtsfragen der leistenden Verwaltung, S.12.
[25] Forsthoff, Die Verwaltung als Leistungsträger, S. 7., ders., Rechtsfragen der Verwaltung, S. 27.
[26] Forsthoff, Verwaltung als Leistungsträger, S.12.
[27] Forsthoff, Daseinsvorsorge und Kommunen, S.6; Alber, Unternehmen der Daseinsvorsorge im europäischem Wettbewerbsrecht, S. 81: „Für Forsthoff war klar, dass nur der Staat diese Aufgaben erfüllen konnte."

für die Verwaltung bindenden, auf das Gemeinwohl und die gerechte Sozialgestaltung gerichteten Grundsätze zur Geltung kommen sollen.[28]

Hinsichtlich einer vollständigen Übernahme der Daseinsvorsorge durch Private vertritt Forsthoff die Auffassung, dass ein vollständiger Rückzug des Staates aus seiner Daseinsvorsorgeverantwortung ausgeschlossen ist.[29] Der Wirtschaft könne die Daseinsvorsorge nicht überlassen werden, weil sie eine soziale Aufgabe sei. Forsthoff warnt daher vor einer Übernahme durch die freie Wirtschaft,[30] auch wenn er eine staatliche Verantwortung in Form einer Oberaufsicht über „unterstaatliche, gemeinschaftsförmige Leistungsträger" für denkbar hält.[31] Ein der Daseinsvorsorge dienendes Unternehmen sollte nach seiner Auffassung den Regeln des Wettbewerbs entzogen sein.[32]

Forsthoff ist der Auffassung, dass zur Verortung der Daseinsvorsorge im staatlichen Bereich die Rechte der Kommunen gewahrt bleiben müssen. Aufgaben der Daseinsvorsorge, die den Gemeinden zustehen, dürfen nicht durch den Staat erledigt werden. Der richtige Ort ihrer Durchführung sei aufgrund der geschichtlichen Entwicklung die kommunale Verwaltung.[33]

b)   Kritik am Forsthoff'schen Konzept der Daseinsvorsorge

Das Konzept von Forsthoff wird unter verschiedenen Gesichtspunkten kritisiert.[34] Insbesondere wird bemängelt, dass Forsthoff die Erbringung von Daseinsvorsorgeleistungen an den Staat bzw. staatliche Unternehmen gekoppelt hat. Dies sei nicht vereinbar damit, dass die Bürger ihre Daseinsvorsorge selbstbestimmt gestalten sollen. Forsthoff habe keinen Nachweis erbracht, dass die Leistungen der Daseinsvorsorge von den Kommunen oder ihren Unternehmen erbracht werden müssten.

---

[28] Forsthoff, Verwaltung als Leistungsträger, S. 39.
[29] Forsthoff, Verwaltung als Leistungsträger, S. 39,
[30] Forsthoff, Die Daseinsvorsorge und die Kommunen, S. 15.
[31] Forsthoff, Verwaltung als Leistungsträger, S. 49
[32] Forsthoff, Rechtsfragen der leistenden Verwaltung, S. 11.
[33] Forsthoff, Die Daseinsvorsorge und die Kommunen, S. 18.
[34] Die Kritik ist hier nur insoweit aufgegriffen worden, wie sie für diese Arbeit von Bedeutung ist, zur weiteren kritischen Auseinandersetzung vgl. Hösch, Die kommunale Wirtschaftstätigkeit, S. 28ff.

Weiterhin wird bemängelt, dass Forsthoff die Erbringung der Daseinsvorsorge durch kommunale Unternehmen aufgrund ihrer Qualifizierung als Verwaltungsaufgabe vom Wettbewerb ausnehmen will.[35]

c) Heutiges Begriffsverständnis

Obwohl der Zeitpunkt, zu dem Forsthoff den Begriff der Daseinsvorsorge entwickelte, schon einige Zeit zurückliegt und sich vieles seitdem verändert hat, stimmt die Vorstellung dessen, was man unter den Leistungen der Daseinsvorsorge versteht, doch noch weitgehend mit dem nach Forsthoff festgelegten Begriffsinhalt überein. Geändert haben sich nur die Aufgaben, die zur Daseinsvorsorge zählen, beispielsweise aufgrund von neuen technischen Entwicklungen. Der Begriff der Daseinsvorsorge ist insoweit ein offener Begriff, der keine abschließende Aufgabenaufzählung enthält. Insbesondere gibt es keine feste Begriffsdefinition.[36]

Der Begriff der Daseinsvorsorge ist spezifisch deutsch.[37] In den anderen Mitgliedstaaten spricht man von „services of general interest", „service public" oder „servizio pubblico".
Die Daseinsvorsorge umfasst sowohl Tätigkeiten wirtschaftlicher als auch nichtwirtschaftlicher, wie z.b. kultureller oder bildungspolitischer Art. Zu den Aufgaben der Daseinsvorsorge gehören in erster Linie die Versorgung mit Wasser,[38] Gas und leitungsgebundener Energie,[39] die Entsorgung von Abwasser,[40] der Betrieb von Verkehrsunternehmen,[41] aber auch kulturelle Veranstaltungen[42] oder der Betrieb von Schulen, Kindergärten, Museen und Schwimmbädern[43]. Allerdings lässt sich die Daseinsvorsorge nicht auf bestimmte Bereiche beschränken, sondern durchzieht alle Bereiche gesetzgeberischen Verhaltens vor dem Hinter-

---

[35] Hösch, Die kommunale Wirtschaftstätigkeit, S. 30ff.

[36] So auch Bocklet, Leistungen der Daseinsvorsorge im Konflikt mit EU-Wettbewerbsrecht, S. 12.

[37] Bocklet, Leistungen der Daseinsvorsorge im Konflikt mit EU-Wettbewerbsrecht, S. 12, Püttner, Das grundlegende Konzept der Daseinsvorsorge, S. 36.

[38] BDI, Deckmantel Daseinsvorsorge, S.41.

[39] BVerfGE 22, 28 (38); BayVerfGH E 10 II, S.113; BVerwG, Urt. V. 18.05.1995, S.240ff, Damm, JZ 1988, S.841; Schulte-Beckhausen, Der Städtetag 1996, S.761; Schäfer, Die deutsche kommunale Selbstverwaltung in der EU, S. 96.

[40] BDI, Deckmantel Daseinsvorsorge, S.41.

[41] BVerfGE 22, 28 (38).

[42] Püttner, in: Daseinsvorsorge und öffentliche Dienstleistungen in der EU, S.49.

[43] Vgl. zu den Beispielen Bocklet, Leistungen der Daseinsvorsorge im Konflikt mit EU-Wettbewerbsrecht, S. 12.

grund ihres Zwecks, nämlich das individuelle menschliche Leben zu erleichtern und die Lebensvoraussetzungen zu verbessern.[44]

Auch wenn der Begriff der Daseinsvorsorge in Rechtsprechung, Literatur und auch in der Gesetzessprache als Umschreibung legitimer staatlicher Verwaltungsaufgaben verwendet wird, ist er jedoch sowohl in Bezug auf seine inhaltliche Reichweite als auch hinsichtlich seiner juristischen Relevanz umstritten geblieben.[45] Der Begriff der Daseinsvorsorge und seine Verwendung in der Gesetzessprache werden immer wieder kritisiert. So wird beispielsweise eingewandt, dass auch wenn sich ein modernerer Zweig des Verwaltungsrechts herausbildete, der gemeinhin als das Recht der Leistungsverwaltung oder der Daseinsvorsorge bezeichnet wird, die Justiziabilität des Begriffs begrenzt bleibt.[46] Dies liege vor allem daran, dass der Begriff Daseinsvorsorge keine festen Konturen habe.[47] Außerdem wurde bemängelt, dass es bis heute keine wirkliche rechtliche Dogmatik von Daseinsvorsorge gäbe.[48] Auch wenn der Begriff Daseinsvorsorge bisweilen in der Rechtsprechung benutzt werde[49] und sich in den gängigen Lehrbüchern des Verwaltungsrechts finde,[50] so sei doch eine genaue Definition oder dogmatische Herleitung des Begriffs nicht zu finden. Aus diesem Grund wird auch Unverständnis darüber geäußert, dass das Konzept der Daseinsvorsorge in seiner Unbestimmtheit aus dem Politischen in die Rechtswissenschaft weitergetragen wird.[51] Teilweise wurde sogar konstatiert, dass der Begriff der Daseinsvorsorge kein Rechtsbegriff sei.[52]

Allerdings ist aufgrund der Tatsache, dass der Begriff der Daseinsvorsorge nicht nur in der Rechtsprechung Verwendung findet,[53] sondern auch in Gesetzen verwandt wird[54] die Qualifizierung als Rechtsbegriff angemessen. Es ist der Auffassung zuzustimmen, dass der Begriff der Daseinsvorsorge spätestens mit seinem

---

[44] Vg. dazu BVerfGE 66, 248 (258): Daseinsvorsorge ist eine Leistung, die der Bürger zur Sicherung einer menschenwürdigen Existenz unumgänglich benötigt.

[45] Hellermann, Daseinsvorsorge im europäischen Vergleich, S. 88.

[46] Ambrosius, in: Daseinsvorsorge und öffentliche Dienstleistungen in der EU, S.20.

[47] BDI, Deckmantel Daseinsvorsorge, S.9.

[48] Püttner in Daseinsvorsorge und öffentliche Dienstleistungen in der EU, S.48.

[49] Z.B. BVerfG (3.Kammer des Ersten Senats), Beschluss v. 16.05.1989 – 1 BvR 705/88, in: NJW 1990, S.1783.

[50] Vgl. zur Verwendung des Begriffs der Daseinsvorsorge in der Literatur: Püttner, in: Daseinsvorsorge und öffentliche Dienstleistungen in der EU, S. 48f.

[51] Koenig, in: EuZW 2001, S. 481.

[52] Hösch, Die kommunale Wirtschaftstätigkeit, S. 41.

[53] So z. B. BVerfGE 38, 258; 22, 28; BVerwG in DÖV 1988, 1060.

[54] Vgl. z.B. Art. 87 Abs. 1 Satz 1 Nr. 4 BayGO.

Eingang in die Gesetzessprache, im Rahmen der Bahn-[55] und Postreform,[56] auch zu einem Rechtsbegriff geworden ist.[57] Wie die Existenz sogenannter unbestimmter Rechtsbegriffe beweist, ist es nicht erforderlich für das Vorliegen eines Rechtsbegriffs, dass eine eindeutige Festlegung seines Inhalts gegeben ist.

Außerdem kann man, wie die obige beispielhafte Aufzählung von zur Daseinsvorsorge gehörenden Bereichen zeigt, also trotz Schwierigkeiten, eine allgemeine Definition für den Begriff der Daseinsvorsorge zu finden, doch bestimmte Bereiche der Leistungsverwaltung dem Begriff Daseinsvorsorge zuordnen.[58] Auf diese Art und Weise lässt sich eine Vorstellung seines Inhaltes gewinnen.[59] Außerdem lässt sich der Begriff Daseinsvorsorge auch durch die folgenden Charakteristika präzisieren.

aa) Erbringung oder Gewährleistung durch die Kommunen

Nach dem heutigen deutschen Verständnis beschreibt der Begriff „Daseinsvorsorge" die „Gesamtheit der Leistungen zur Befriedigung der Bedürfnisse der Bürger für eine dem jeweiligen Lebensstandard entsprechende Lebensführung."[60] Kennzeichnend ist dabei immer noch, obwohl die Erbringung von Daseinsvorsorgeleistungen im Wettbewerb und damit auch durch Private zunimmt, die Zuordnung zu einem kommunalen Träger, der regelmäßig die fraglichen Leistungen selbst oder mittels eines ihm zuzurechnenden öffentlichen Unternehmens erbringt.[61] Daseinsvorsorge wird größtenteils nach wie vor in den Kontext der

---

[55] § 1 Abs. 1 des Gesetzes zur Regionalisierung des öffentlichen Personennahverkehrs vom 27.12.1993, BGBl. I S.2395.

[56] § 25 Abs. 2 Postverfassungsgesetz vom 8.6.1989, BGBl. I S. 1026; § 8 Abs. 1 des Gesetzes über die Regulierung der Telekommunikation und des Postwesens vom 14.9.1994; BGBl. I S. 2371.

[57] So Hermes, Staatliche Infrastrukturverantwortung, S.95, a.A. Ossenbühl, in: DÖV 1971, S. 516, m. w. N.

[58] Püttner, in: Daseinsvorsorge und öffentliche Dienstleistungen in der EU, S.50.

[59] Püttner, in: Daseinsvorsorge und öffentliche Dienstleistungen in der EU, S.50, vgl. zu den vergleichbaren Merkmalen des gemeinschaftsrechtlichen Begriffs der Daseinsvorsorge: Kommission der Europäischen Gemeinschaften, Grünbuch zu Dienstleistungen von allgemeinem Interesse v. 21.05.2003, KOM (2003) 270 endg., Rz. 49.

[60] Burgi, Vertikale Kompetenzabgrenzung in der EU und materiellrechtliche Kompetenzausübungsschranken nationaler Daseinsvorsorge, S. 105f.

[61] So Burgi, Vertikale Kompetenzabgrenzung in der EU und materiellrechtliche Kompetenzausübungsschranken nationaler Daseinsvorsorge, S. 105f.; Cox, Öffentliche Unternehmen und Europäischer Binnenmarkt, S. 7f.; Hermes, Staatliche Infrastrukturverantwortung, S.100: „Die sozialwissenschaftliche Beschreibung und Analyse der zunehmenden Industrialisierung und Technisierung hat ihre Geltung ebenso wenig eingebüßt wie die Auffassung, dass daraus dem sozialen Rechtsstaat das Recht und die Pflicht zugewachsen sind, Leistungen und Einrichtungen zur Versorgung bereitzustellen."; a.A. Hösch, Die kommunale Wirtschaftstätigkeit, S. 29.

Leistungsverwaltung gestellt und erfasst damit begrifflich erst mal nicht die Erbringung von Versorgungsleistungen durch Private.[62] Zwar hat sich mittlerweile die Auffassung durchgesetzt, dass der Staat hinsichtlich der Leistungen der Daseinsvorsorge nur in Bezug auf die Gewährleistung, nicht aber auf die Erbringung verpflichtet ist,[63] wenn diese bereits durch Private erfolgt, so dass sich in einigen, dem Wettbewerb geöffneten Bereichen die kommunalen Unternehmen auch schon aus der Leistungserbringung zurückgezogen haben. Aber auch wenn staatliche Daseinsvorsorgeverantwortung sowohl durch eigene Leistungserbringung der öffentlichen Hand als auch durch gemeinwohlorientierte Steuerung privatwirtschaftlichen Handelns wahrgenommen werden kann, ist in der kommunalen Realität nach wie vor die Leistungserbringung durch die Kommune bzw. ihre Unternehmen vorherrschend. Kennzeichnend für den Begriff der Daseinsvorsorge ist somit auch heute noch die Bindung an einen kommunalen Träger.[64]

Wenn Leistungen der kommunalen Daseinsvorsorge durch private Unternehmen erbracht werden, beschränkt sich die Verantwortung der Gemeinden auf die Gewährleistung. Dieser insgesamt nach wie vor seltenere Fall war und ist insbesondere im Bereich der Energieversorgung anzutreffen, wo die Kommunen mittels des Abschlusses von Konzessionsverträgen die Versorgung der Gemeindeeinwohner mit Energie durch private Energieversorgungsunternehmen gewährleisten. Die Kommunen sind in diesem Bereich mithin hauptsächlich als (Gewähr-) Leistungs- aber auch als Unternehmensträger betroffen.[65]

bb) Flächendeckende Erbringung

Ein weiteres die Daseinsvorsorge kennzeichnendes Merkmal ist die flächendeckende Erbringung von Leistungen für alle Bürger. Das bedeutet, dass diese Leistungen auch da erbracht werden müssen, wo mit der Erbringung der Daseinsvorsorge keine Gewinne erzielt, sondern Verluste eingefahren werden. Da die privaten Unternehmen, die auf das Erwirtschaften von Gewinnen angewiesen sind, in der Vergangenheit an diesen unrentablen Bereichen naturgemäß kein Interesse hatten, die Versorgung der Bürger aber trotzdem sichergestellt werden

---

[62] So auch Kämmerer, NVwZ 2002, S. 1041 bzgl. des Begriffsverständnisses der Daseinsvorsorge in Deutschland.

[63] So z.B. Hösch, Die kommunale Wirtschaftstätigkeit, S. 42.

[64] A.A. Hösch, Die kommunale Wirtschaftstätigkeit, S. 42, der der Auffassung ist, dass sich der Begriff der „Daseinsvorsorge" nicht dazu eignet, „eine bestimmte Aufgabe a priori als staatliche oder private zu qualifizieren."

[65] Burgi, Vertikale Kompetenzabgrenzung in der EU und materiellrechtliche Kompetenzausübungsschranken nationaler Daseinsvorsorge, S. 105f.

musste, fiel es den kommunalen Unternehmen zu, eine gleichberechtigte Versorgung aller Bürger zu erschwinglichen Preisen sicherzustellen.
Mit der flächendeckenden Versorgung korrespondiert der die Daseinsvorsorge ebenfalls kennzeichnende gleichberechtigte Zugang aller Bürger zu den Leistungen der Daseinsvorsorge. Daraus resultiert, dass auch die Versorgung von entlegenen Gebieten, wie beispielsweise einer Insel sichergestellt werden muss.
Auch wenn die Erbringung von Leistungen der Daseinsvorsorge primär den Einwohnern einer Gemeinde zukommt, weil Daseinsvorsorge gerade die Schaffung der für sie erforderlichen Lebensbedingungen an ihrem Wohnort bedeutet, beschränkt sich die Erbringung der Leistungen nicht zwangsläufig auf die Erbringung an Einwohner der Gemeinde. Ortsfremde haben auch die Möglichkeit, bestimmte kommunale Einrichtungen der Daseinsvorsorge, wie beispielsweise den städtischen Nahverkehr mitzunutzen.

cc) Kontinuität und Versorgungssicherheit

In engem Zusammenhang mit der flächendeckenden Versorgung stehen die Merkmale Kontinuität und Versorgungssicherheit. Da die Daseinsvorsorge die Leistungen beinhaltet, auf die die Bürger angewiesen sind, ist es wichtig, die Versorgung der Bevölkerung mit diesen Leistungen sicherzustellen. Dies soll dadurch gewährleistet werden, dass mit den Kommunen ein Teil des Staates zumindest für die Gewährleistung der Leistungserbringung, wenn nicht sogar für die Erbringung selbst verantwortlich ist. Da hinter den kommunalen Unternehmen mit der Kommune ein öffentlicher Träger steht, durch den die bei Privatunternehmen mögliche Insolvenz ausscheidet, ist im Falle der Leistungserbringung durch kommunale Unternehmen die Versorgungssicherheit sichergestellt. Jedoch ist zur Sicherstellung der Versorgungssicherheit nicht die Leistungserbringung durch kommunale Unternehmen erforderlich, da auch wenn die Kommune die Leistungserbringung nicht selbst übernommen hat, sie durch die Gewährleistungsverantwortung für die Erbringung der Leistung in der Pflicht bleibt.

Leistungen der Daseinsvorsorge sind durch die Kontinuität in ihrer Erbringung gekennzeichnet. Das bedeutet, dass diese Leistungen auch dann erbracht werden müssen, wenn der Markt unter Umständen nicht genügend Anreize dafür gibt.

dd) Sicherstellung einer bestimmten Qualität

Die Daseinsvorsorge ist dadurch gekennzeichnet, dass die zu erbringenden Leistungen eine bestimmte Qualität haben müssen, die auch durch den Wettbewerb nicht unterschritten werden darf. Die Bürger sollen nicht nur irgendwie mit den wesentlichen Leistungen versorgt werden, sondern diese müssen einen gewissen

Mindeststandard haben, wie beispielsweise ein bestimmter Reinheitsgrad beim Trinkwasser.

ee) Leistungserbringung zu erschwinglichen Preisen[66]

Die Leistungen der Daseinsvorsorge sind auch dadurch gekennzeichnet, dass sie zu erschwinglichen Preisen zu erhalten sind. Dieses Merkmal ist sehr vage und unbestimmt, da die Einschätzung, was ein erschwinglicher Preis ist, einerseits von der angebotenen Ware abhängt, aber zusätzlich die Beurteilung, was erschwinglich ist, auch individuell sehr unterschiedlich ist. Mit diesem Merkmal soll jedoch, ohne eine konkrete Höchstpreisbestimmung festzulegen, gekennzeichnet werden, dass die Preise für Leistungen der Daseinsvorsorge nicht ins Unermessliche wachsen dürfen, so wie es beispielsweise bei Luxusartikeln möglich ist. Das heißt, dass sich der Preis für die Leistung nur bedingt der Nachfrage anpasst und auch bei extrem großer Nachfrage die Leistung für alle Gruppen der Bevölkerung bezahlbar sein soll.

ff) Berücksichtigung sonstiger Belange

Ein weiteres Charakteristikum der Daseinsvorsorge ist, dass bei Erbringung der jeweiligen Leistungen auch Zwecke berücksichtigt werden, die nicht in direktem Zusammenhang zur Leistung bzw. ihrem Preis oder der Erwirtschaftung von Gewinnen stehen. Diese können beispielsweise soziale, kulturelle oder umweltpolitische Zwecke sein. Das bedeutet, dass bei der Erbringung von Leistungen der Daseinsvorsorge nicht die Erwirtschaftung von Gewinnen im Vordergrund steht, sondern andere Belange wie z.B. der Verbraucherschutz maßgeblich für deren Ausgestaltung sein können.

2. Begründung der Daseinsvorsorge als kommunale Aufgabe

Die Kommunen sind mit der Erbringung der Leistungen der Daseinsvorsorge eng verbunden. Dies basiert im Wesentlichen auf zwei Grundlagen, einer historischen und einer gesetzlichen.
Im Folgenden soll zunächst in einem ersten Abschnitt erläutert werden, warum die Erbringung von Leistungen der Daseinsvorsorge durch Kommunen und deren Unternehmen historisch bedingt ist. Der zweite Abschnitt wird dann zeigen, inwiefern die Erbringung von Daseinsvorsorgeleistungen durch die Kommunen in

---

[66] Ohne dass es dabei auf die Wirtschaftlichkeit jedes einzelnen Vorgangs ankommt, so Bocklet, Leistungen der Daseinsvorsorge im Konflikt mit EU-Wettbewerbsrecht, S. 12f.

Art. 28 Abs. 2 GG auch eine verfassungsrechtliche Grundlage hat. Daran anschließen wird sich die Besprechung der Zuordnung von Aufgaben der Daseinsvorsorge an die Kommunen durch die Gemeindeordnungen.

a) Historischer Hintergrund

Die kommunale Daseinsvorsorge gehört seit jeher zu den die kommunale Selbstverwaltung prägenden Aufgaben.[67] Wirft man einen Blick auf die geschichtliche Entwicklung seit der zweiten Hälfte des 19. Jahrhunderts, so gilt die gemeinwohlgerechte Versorgung der Einwohner mit bestimmten Dienstleistungen und Gütern als eine wesentliche Aufgabe der kommunalen Selbstverwaltung.[68] Bereits seit Anfang des 20. Jahrhunderts wird die Daseinsvorsorge in Deutschland als öffentliche Aufgabe begriffen.[69] Betrachtet man dazu den heutigen Aufgabenbestand der Kommunen, bestätigt sich die historisch gewachsene Zusammengehörigkeit zwischen Daseinsvorsorge und Kommunen.[70] Nach wie vor gibt es auf kommunaler Ebene eine umfangreiche wirtschaftliche Betätigung zu Daseinsvorsorgezwecken.[71] Aufgrund der historischen Entwicklung besteht somit eine enge Verbindung zwischen den Kommunen und der Erbringung von Leistungen der Daseinsvorsorge.

Das schließt jedoch nicht aus, dass sich Änderungen in der Zuordnung von einzelnen Aufgaben bzw. Bereichen ergeben. So können beispielsweise durch gesellschaftliche und wirtschaftliche sowie technische Veränderungen Wanderungsprozesse zur überörtlichen Ebene stattgefunden haben oder neue Aufgaben zum Bereich der Daseinsvorsorge hinzugekommen sein.[72] Die Versorgung der Bürger mit Strom, Gas und Wasser gehört zum Bereich der Daseinsvorsorge, auch wenn diese Aufgaben teilweise der örtlichen Selbstverwaltung entwachsen und in größeren Dimensionen organisiert sind.[73] Eine Entörtlichung, das heißt ein Herauswachsen aus dem örtlichen Aufgabenkreis ist beispielsweise auch für die Abfallbeseitigung im engeren Sinne festgestellt worden.[74] Hinsicht-

---

[67] Burmeister, Selbstverwaltungsgarantie und wirtschaftliche Betätigung der Kommunen, S. 4.
[68] Hellermann, Örtliche Daseinsvorsorge und gemeindliche Selbstverwaltung, S. 144; Wieland/Hellermann, DVBl. 1996, S. 404.
[69] Schwarze, EuZW 2001, S.334.
[70] Hellermann, Örtliche Daseinsvorsorge und gemeindliche Selbstverwaltung, S. 144.
[71] Hellermann, Daseinsvorsorge im europäischen Vergleich, S. 89.
[72] Bezeichnet als „(Re-)Kommunalisierung" von: Hellermann, Örtliche Daseinsvorsorge und gemeindliche Selbstverwaltung, S. 144.
[73] Seele, Der Kreis aus europäischer Sicht, S. 103.
[74] BVerfGE 79, 127 (156f.).

lich der Energieversorgung ist die Frage, ob eine Entörtlichung vorliegt oder nicht, heftig umstritten. In diesem Streit und auch im Streit um die Zuordnung von einigen anderen Bereichen[75] wird die Reaktion der Kommunen auf die Politik der Liberalisierung, die einen erhöhten Wettbewerbsdruck ausgelöst hat, deutlich, nämlich eine tendenzielle Ausweitung der wirtschaftlichen Aktivitäten der Kommunen, die sich damit teilweise auch über das hinausbewegen, was herkömmlich unter kommunaler Daseinsvorsorge verstanden wird.[76]

b) Verfassungsrechtliche Grundlage

Die Zuordnung der Daseinsvorsorge zu den Kommunen bzw. kommunalen Trägern basiert nicht nur auf einer historischen Entwicklung, sondern hat auch eine verfassungsrechtliche Grundlage. Diese verfassungsrechtliche Grundlage kommunaler Handlungsbefugnisse in der örtlichen Daseinsvorsorge ist die Garantie der kommunalen Selbstverwaltung gem. Art. 28 Abs. 2 GG – und den entsprechenden landesrechtlichen Verfassungen.[77] Als ein wesentlicher Faktor prägt die gemeindliche Daseinsvorsorge seit jeher das Wesen der kommunalen Selbstverwaltung.[78] Die vom Grundgesetz gewählte Formel „alle Angelegenheiten der örtlichen Gemeinschaft im Rahmen der Gesetze in eigener Verantwortung" garantiert den Gemeinden einen breiten Wirkungskreis.[79] Aus dieser verfassungsrechtlich gewählten ausdrücklichen Umschreibung des Aufgabenfeldes kommunaler Selbstverwaltung folgt, dass den Gemeinden innerhalb der staatlichen Organisation verfassungsrechtlich ein eigener gemeindlicher Wirkungskreis zusteht, der gegenüber sonstigen Aufgaben abgrenzbar ist.[80] Die Daseinsvorsorge ist ein wesentlicher Teil der Leistungen der Kommunen für ihre Bürger und fällt nicht nur nach tradierten Vorstellungen[81] in ihren Verantwortungsbereich.[82] Wie das Bundesverfassungsgericht in ständiger Rechtsprechung formuliert, sichert Art. 28 Abs. 2 GG den Gemeinden einen grundsätzlich alle Angelegenheiten der örtlichen Gemeinschaft umfassenden Aufgabenbereich sowie die Befugnis

---

[75] So fordern die privaten Unternehmen z.B. eine vollständige Liberalisierung der Abfallentsorgung.

[76] Hellermann, Daseinsvorsorge im europäischen Vergleich, S. 89.

[77] Hellermann, Örtliche Daseinsvorsorge und kommunale Selbstverwaltung, S. 133.

[78] Scholz, Neue Entwicklungen im Gemeindewirtschaftsrecht, S.442. Auch wenn hier die rechtliche Grundlage zwischen Daseinsvorsorge und Kommunen dargestellt wird, zeigt sich daran, wie eng dies mit der historischen zusammenhängt.

[79] Stern, Staatsrecht I, § 13 Abschnitt 4 II, S. 412.

[80] Hellermann, Örtliche Daseinsvorsorge und kommunale Selbstverwaltung, S. 137.

[81] So Hösch, Die kommunale Wirtschaftstätigkeit, S. 2.

[82] Mombaur, Daseinsvorsorge in Gemeinden und Kreisen, S. 503.

zu eigenverantwortlicher Führung der Geschäfte in diesem Bereich zu.[83] Die Angelegenheiten der örtlichen Gemeinschaft hat das Bundesverfassungsgericht definiert als diejenigen Bedürfnisse und Interessen, die in der örtlichen Gemeinschaft wurzeln oder auf sie einen spezifischen Bezug haben, die also den Gemeindeeinwohnern gerade als solchen gemeinsam sind, indem sie das Zusammenleben und –wohnen der Menschen in der Gemeinde betreffen.[84] Zu diesen Aufgaben zählen nach ganz allgemeiner Meinung gerade auch Aufgaben der Daseinsvorsorge.[85] Zwar gehört zum Kernbestand der Selbstverwaltung „kein gegenständlich bestimmter oder nach feststehenden Maßstäben bestimmbarer Aufgabenkatalog."[86] In jedem Fall aber ist die Daseinsvorsorge maßgeblicher Tätigkeitsbereich der Kommunen im Rahmen der kommunalen Selbstverwaltung.[87] Denn die Gemeinden füllen die ihnen zustehende kommunale Selbstverwaltung vor allem durch die Daseinsvorsorge aus.[88] Bei der Versorgung der Einwohner der Gemeinde mit den unterschiedlichsten, der Bedürfnisbefriedigung dienenden Leistungen gehört zur Daseinsvorsorge u.a. auch die wirtschaftliche Betätigung der Gemeinden,[89] die ihnen im Rahmen der Daseinsvorsorge und zur Wahrnehmung von Angelegenheiten der örtlichen Gemeinschaft aus dem verfassungsrechtlich verankerten Grundsatz der kommunalen Selbstverwaltung zusteht.[90] Die kommunale Selbstverwaltung wird von der Gemeindewirtschaft, der gemeindlichen Daseinsvorsorge und der Verwaltung der gemeindlichen öffentlichen Einrichtungen geprägt.[91]

Die Selbstverwaltungsgarantie des Art. 28 Abs. 2 GG umfasst auch die wirtschaftliche Betätigung der Kommunen auf örtlicher Ebene mit der Möglichkeit

---

[83] BVerfGE 26, 228 (237f.); 56, 298 (312); 59, 216 (226); 79, 127 (143); 91, 228 (236).

[84] BVerfGE 79, 127 (Leitsatz 4, 151f.).

[85] Erichsen, Kommunalrecht des Landes Nordrhein-Westfalen, S.373; v. Mutius, in: Festgabe v. Unruh, S. 247; Stern, Staatsrecht I, § 13 Abschnitt 4 II S. 412, Bocklet, Leistungen der Daseinsvorsorge im Konflikt mit EU-Wettbewerbsrecht, S. 13, BVerfGE 22, 28 (38); 38, 258 (270f.); Fischer/Zwetkow, in: NVwZ 2003, S. 282.

[86] BVerfGE 79, 127 Ls. 2 und S. 148.

[87] Grabbe, Verfassungsrechtliche Grenzen der Privatisierung kommunaler Aufgaben, S. 90; Hellermann, Örtliche Daseinsvorsorge und kommunale Selbstverwaltung, S. 144; Mombaur, Daseinsvorsorge in Gemeinden und Kreisen, S. 506.

[88] Stern, Staatsrecht I, § 13 Abschnitt 4 II, S. 412.

[89] Erichsen, Kommunalrecht des Landes NRW, S. 373.

[90] Dass sich die Gemeinden im Rahmen der Daseinsvorsorge wirtschaftlich betätigen dürfen ist ganz h.M. in Rechtsprechung und Literatur, vgl. BVerwGE 98, 273 (275), Badura, in DÖV 1998, S. 818; Britz, Örtliche Energieversorgung nach nationalem und europäischem Recht, S. 71; Burmeister, Verfassungsrechtliche Grundfragen der kommunalen Wirtschaftsbetätigung, S. 623 m. w. Nachweisen in Fn. 3; Grabbe, Verfassungsrechtliche Grenzen der Privatisierung öffentlicher Aufgaben, S. 90; Hellermann, Daseinsvorsorge im europäischen Vergleich, S. 89; Nagel, Gemeindeordnung als Hürde, S. 23; Scholz, in: DÖV 1976, S. 442.

[91] Scholz, DÖV 1976, S.446; so auch Cronauge, Kommunale Unternehmen, S. 32 Rn. 35f.

Gewinne zu erzielen.[92] Die wirtschaftliche Betätigung der Kommunen im Bereich der Daseinsvorsorge ist in Deutschland grundsätzlich erlaubt. Sie wird neben der einfachgesetzlichen Verankerung in den Gemeindeordnungen der Länder[93] insbesondere auch verfassungsrechtlich gewährleistet und zwar durch die in Art. 28 Abs. 2 S. 1 GG und den Verfassungen der Länder[94] verankerte Garantie der kommunalen Selbstverwaltung.[95] Eine neuerdings im Entstehen begriffene Meinung, dass den Kommunen die Kompetenz zur gewerblichen Betätigung fehlt,[96] ist deshalb abzulehnen.

Auch die Regelung des Art. 110 Abs. 1 GG zeigt, dass die wirtschaftliche Betätigung als Form staatlichen Handelns grundsätzlich zulässig sein soll.[97] Selbst wenn die wirtschaftliche Betätigung von kommunalen Unternehmen verschiedenen Restriktionen unterliegt[98] und insbesondere die Gewinnerzielung nicht das einzige Ziel sein darf, so sind im Rahmen der Kompetenzen der Hoheitsträger und der Grenzen der Finanzierungsregelungen öffentlicher Aufgaben im Grundgesetz, speziell des Steuerverfassungsrecht, auch Gewinne aus wirtschaftlicher Betätigung zulässige Einnahmequellen von Kommunen.[99]

Dem Recht der Kommunen auf wirtschaftliche Betätigung steht auch nicht entgegen, dass das Bundesverfassungsgericht in einem „obiter dictum" festgestellt hat, dass den Gemeinden rein erwerbswirtschaftliche fiskalische Tätigkeiten untersagt sind, da ein kommunales Unternehmen dem Wohl der Gemeindeeinwohner nicht nur mittelbar durch seine Erträge, sondern unmittelbar durch seine Leistung dienen müsse.[100] Denn dies ergibt im Umkehrschluss gerade, dass ein kommunales Unternehmen, welches einem öffentlichen Zweck dient, sich auch wirtschaftlich betätigen darf.

---

[92] So die ganz herrschende Meinung, vgl. Hellermann, Örtliche Daseinsvorsorge und gemeindliche Selbstverwaltung, S. 145.

[93] Vgl. z.B. § 2 GO NRW.

[94] Vgl. für die alten Bundesländer: Art. 78 Verf. NRW; Art. 71 Verf. BaWü; Art. 11 Verf. Bay.; Art. 144 Verf. Brem.; Art. 137 Verf. Hess.; Art. 44 Verf. Nds.; Art. 49 Verf. RhPf.; Art. 117 Verf. Saarl.; Art. 39 Verf. SH.

[95] Erichsen, Gemeinde und Private im wirtschaftlichen Wettbewerb, S. 13, 15; Hellermann, Örtliche Daseinsvorsorge und gemeindliche Selbstverwaltung, S. 146ff, Schmidt-Aßmann, Besonderes Verwaltungsrecht, 1. Abschnitt, Rn. 120; RhPfVerfGH, in NVwZ 2000, S. 801, die kommunale Selbstverwaltung umfasst die kommunale Wirtschaftstätigkeit „unbezweifelbar".

[96] So Stober, in: NJW 2002, S. 2362.

[97] Gern, in: NJW 2002, S. 2593.

[98] Vgl. dazu unten unter D I 1.

[99] Gern, in: NJW 2002, S. 2593.

[100] BVerfG (Sasbach), in: NJW 1982, 2173.

c) Schutz der wirtschaftlichen Betätigung im Rahmen der Daseinsvorsorge

Es stellt sich die Frage, wie weit die Kommunen bei der Erbringung von Leistungen der Daseinsvorsorge im Wettbewerb durch die Regelungen des nationalen Rechts geschützt sind.

aa) Schutzrichtung von Art. 28 Abs. 2 GG

Durch Art. 28 Abs. 2 S. 1 GG sind die Kommunen im Verhältnis zum Staat geschützt, und zwar hinsichtlich des Ob und des Wie der Erbringung von Daseinsvorsorgeleistungen.[101] Art. 28 Abs. 2 GG begründet keine Kompetenz der Gemeinden im Verhältnis zu privaten Unternehmen dergestalt, dass die Gemeinden aus dem Recht zur Wahrnehmung der Aufgaben, die in der örtlichen Gemeinschaft wurzeln, ein Recht zur Einschränkung oder Verdrängung privater Unternehmer in diesem Bereich herleiten könnten.[102] Das bedeutet, dass über Art. 28 Abs. 2 GG lediglich die Kommunen vor einer Hochzonung geschützt werden, d.h. davor, dass höherrangige Ebenen, z.B. Länder oder Bund die Aufgaben übernehmen, die in der örtlichen Gemeinschaft wurzeln, sich aus dieser Vorschrift jedoch keine Vorrangigkeit der kommunalen Unternehmen gegenüber ihren privaten Konkurrenten ergibt.[103] Durch Art. 28 Abs. 2 wird weder die private Wirtschaft vor der Kommunalwirtschaft geschützt noch umgekehrt.[104] Zu beachten ist, dass die kommunale Daseinsvorsorge in Deutschland Teil der staatlichen Kompetenzausübung im Verhältnis zur Gesellschaft und damit dem öffentlichen Interesse verpflichtet ist.[105]

bb) Art. 28 Abs. 2 GG und Gemeinschaftsrecht

An dieser Stelle soll nur kurz darauf eingegangen werden, wie sich Art. 28 GG und das Gemeinschaftsrecht zueinander verhalten. Die Ausführungen dazu sind auf das Nötigste beschränkt, da nicht Schwerpunkt der Arbeit ist, inwieweit sich die Kommunen über Art. 28 GG vor der Anwendung des Gemeinschaftsrechts schützen können. Im Übrigen ist das diesem Konflikt zugrunde liegende Verhält-

---

[101] Burgi, Vertikale Kompetenzabgrenzung in der EU und materiellrechtliche Kompetenzausübungsschranken nationaler Daseinsvorsorge, S. 106.

[102] Löwer in v. Münch/Kunig, GG-Kommentar, Art.28 Rn.40, Ossenbühl, in DÖV 1992, S. 8.

[103] Nierhaus, in: Sachs, Grundgesetz-Kommentar, Art. 28 Rn. 42b.

[104] Ruffert, in NVwZ 2000, S. 765; Schink, Eildienst, LKT NRW 2001, S. 191.

[105] So die ganz herrschende Meinung, vgl. Burgi, Vertikale Kompetenzabgrenzung in der EU und materiellrechtliche Kompetenzausübungsschranken nationaler Daseinsvorsorge, S. 106; siehe dazu unten unter D I. 1 b) aa).

nis zwischen Gemeinschaftsrecht und nationalem Recht durch Literatur und Rechtsprechung hinreichend erörtert.

Das Problem der Kommunen bei der Erbringung von Daseinsvorsorgeleistungen gem. Art. 28 Abs. 2 GG ist, dass ihnen durch die aufgrund des Gemeinschaftsrechts erfolgte Öffnung der Märkte der Daseinsvorsorge, private Konkurrenz erwächst. Die gemeinschaftsrechtlichen Regelungen bezwecken zwar keinen Kompetenzentzug auf kommunaler Ebene dergestalt, dass die Kommunen und ihre Unternehmen von der Erbringung der Leistungen der Daseinsvorsorge ausgeschlossen werden sollen, sondern eröffnen nur die Möglichkeit, dass Private diese Leistungen ebenfalls erbringen können. Allerdings kommt es auf diese Art und Weise teilweise zu einem faktischen Kompetenzentzug, wenn die kommunalen Unternehmen aufgrund einer schlechteren Konkurrenzfähigkeit aus dem Wettbewerb verdrängt werden. Dies kann durch Art. 28 Abs. 2 GG weder verhindert noch eingeschränkt werden.

Einmal schützt Art. 28 Abs. 2 GG gerade nicht vor einer Konkurrenz durch Private, so dass über die Anwendung dieser Vorschrift die privaten Unternehmen ohnehin nicht vom Wettbewerb ausgeschlossen werden könnten. Außerdem kann Art. 28 GG auch deshalb keinen Schutz der Gemeinden gegenüber europarechtlichen Regelungen bewirken, weil diese Regelung nicht „europafest" ist.[106] Dieses Ergebnis ist insofern zwingend, als die Gemeinschaft, wenn sie auf die verschiedenartigen Untergliederungen in den einzelnen Mitgliedstaaten Rücksicht nehmen würde, gar nicht mehr funktionsfähig[107] und das Gemeinschaftsrecht somit größtenteils seiner Wirksamkeit beraubt wäre.

3. Gemeinschaftsrechtlicher Daseinsvorsorgebegriff bzw. „gemeinwohlorientierte Leistungen"

In den letzten Jahren hat der Begriff der Daseinsvorsorge auch Eingang in die europäische Rechtsterminologie gefunden. So hat die Kommission 1996 und 2000

---

[106] Ambrosius, Kommunale Selbstverwaltung im Zeichen des Subsidiaritätsprinzips in Europa, S.56f; Blanke, in: DVBl 1993, S.820; Ehlers, Steuerung kommunaler Aufgabenerfüllung durch das Gemeinschaftsrecht, S. 24; Hellermann, Örtliche Daseinsvorsorge und gemeindliche Selbstverwaltung, S. 78; Knopf, DVBl. 1980, S. 107; Kreiner, RiA 1989, S.142f; Mandelartz, Europäische Integration – Gefährdungen und Chancen für die kommunale Selbstverwaltung, S. 168ff; Rengeling, Die Garantie der kommunalen Selbstverwaltung im Zeichen der europäischen Integration, S.36; Schmahl, DÖV 1999, S. 852, 858; Siedentopf, DÖV 1988, S.993, Zuleeg, Selbstverwaltung und Europäisches Gemeinschaftsrecht, S. 93; übereinstimmend damit der EuGH, der in ständiger Rechtsprechung vom Vorrang des Gemeinschaftsrechts vor jeder nationalen Rechtsvorschrift ausgeht, stRspr seit EuGH (Urteil v. 15.07.1964), Rs. 6/64, (Costa/ENEL), Slg. 1964, 1251 Rn.12. Dies gilt umso mehr für die Regelungen der Gemeindeordnungen; a.A. Martini/ Müller, DVBl. 1993, S. 161ff, 169.

[107] Faber, Europarechtliche Grenzen kommunaler Wirtschaftsförderung, S.74.

jeweils eine umfangreiche „Mitteilung zu Leistungen der Daseinsvorsorge in Europa" veröffentlicht.[108] Mit diesen Mitteilungen wollte die Kommission für mehr Rechtssicherheit sorgen. Aus diesem Grund hat sie in der Mitteilung von 1996 den Begriff der Daseinsvorsorge auf europäische Ebene definiert. Demnach sind „Leistungen der Daseinsvorsorge (oder gemeinwohlorientierte Leistungen) marktbezogene oder nichtmarktbezogene Tätigkeiten, die im Interesse der Allgemeinheit erbracht und daher von den Behörden mit spezifischen Gemeinwohlverpflichtungen verknüpft werden."[109]
Ergänzend dazu hat der Wirtschafts- und Sozialausschuss (WSA) in einer Stellungnahme festgehalten, Leistungen der Daseinsvorsorge seien „wirtschaftliche und soziale Tätigkeiten, die im allgemeinen nicht dem freien Spiel der Marktkräfte überlassen werden, sondern einem gewissen Maß an staatlicher Regulierung und Kontrolle unterliegen."[110]

Die Übernahme des Begriffs der Daseinsvorsorge in die europäische Rechtsterminologie ist kritisiert worden. Bemängelt wurde insbesondere, dass der Begriff der Daseinsvorsorge Anlass zu Missverständnissen gibt. Diese könnten insbesondere daraus resultieren, dass in der deutschen Textfassung der Kommissionsmitteilung der auf Forsthoff zurückgehende Begriff verwandt werde, ohne dabei jedoch den spezifisch deutschen Bedeutungsgehalt übernehmen zu wollen.[111] Fraglich ist, wie das gemeinschaftsrechtliche Begriffsverständnis der Daseinsvorsorge aussieht und ob und wieweit es sich vom oben dargestellten deutschen Begriffsverständnis unterscheidet.

Die Kommission konstatiert in ihren Mitteilungen, dass Leistungen der Daseinsvorsorge den Kern des europäischen Gesellschaftsmodells bilden,[112] bzw. ein Schlüsselelement des europäischen Gesellschaftsmodells sind.[113] Für die Bereiche, die zur Daseinsvorsorge gehören, zählt die Kommission verschiedene Beispiele auf, wie Verkehrs-, Energieversorgungs- und Telekommunikationsdienste

---

[108] Mitteilung der Kommission zu Leistungen der Daseinsvorsorge in Europa vom 29.06.1996, KOM (1996) 443 endg., AB1EG 1996 C, 181, S. 3ff. und Mitteilung der Kommission vom 20.9.2000, Leistungen der Daseinsvorsorge in Europa, Dokument KOM (2000), 580 endg., AB1EG 2001 Nr. C 17, S. 3.

[109] Mitteilung der Kommission zu Leistungen der Daseinsvorsorge in Europa vom 29.06.1996, KOM (1996) 443 endg., AB1EG 1996 C, 181, S. 3ff sowie: Kommission der Europäischen Gemeinschaften, Bericht für den Europäischen Rat in Laeken, „Leistungen der Daseinsvorsorge" v. 17.10.2001, KOM (2001) 598 endg., S. 24.

[110] Stellungnahme des WSA: Leistungen der Daseinsvorsorge, Brüssel, CES 949/99 v.21.10.1999, S.2.

[111] Kämmerer, in: NVwZ 2002, S. 1041.

[112] Mitteilung der Kommission zu Leistungen der Daseinsvorsorge in Europa vom 29.06.1996, KOM (1996) 443 endg., AB1EG 1996 C, 181, S. 3ff, Rn.1.

[113] Mitteilung der Kommission vom 20.9.2000, Leistungen der Daseinsvorsorge in Europa, Dokument KOM (2000), 580 endg., AB1EG 2001 Nr. C 17, S. 3.

sowie Leistungen für Gesundheit, Sozialschutz, Bildung, Wasserversorgung und Wohnung. All das lässt noch keine Unterschiede zum deutschen Daseinsvorsorgebegriff erkennen. Auch das, was die Kommission in ihrer Definition unter den Leistungen der Daseinsvorsorge versteht, stimmt im Wesentlichen mit der nationalen Begriffsvorstellung überein.[114]

In einem Merkmal unterscheidet sich das europäische Verständnis des Begriffs Daseinsvorsorge allerdings wesentlich vom deutschen Verständnis: in Bezug auf den Erbringer der Daseinsvorsorgeleistungen. Während die Erbringung der Daseinsvorsorge im nationalen Kontext eng mit einem kommunalen, das heißt einem staatlichen Erbringer verbunden ist, ist auf europäischer Ebene nicht bestimmt, durch wen, das heißt öffentliche oder private Unternehmen, die Leistungen der Daseinsvorsorge zu erbringen sind. Die Gemeinschaft stellt nicht bestimmte Unternehmen, sondern die Dienstleistung und den Bürger in den Vordergrund.[115] Das bedeutet, dass es nicht auf den Erbringer der Leistung ankommt, der gemeinschaftsrechtliche Daseinsvorsorgebegriff also „trägerneutral"[116] ist.[117]
Dieser Unterschied hat verschiedene Gründe. Einmal gibt es auf europäischer Ebene kein historisches Verständnis, nach dem Aufgaben der Daseinsvorsorge speziell von staatlichen Untergliederungen wahrgenommen werden müssten. Das unterschiedliche europäische Begriffsverständnis resultiert aber vor allem daraus, dass das Gemeinschaftsrecht vorrangig nach dem Ziel und der Funktion der Daseinsvorsorge ausgerichtet ist. Dabei ist die optimale Erbringung der Leistung maßgeblich, ohne dass Prioritäten für eine Erbringung durch kommunale bzw. private Unternehmen gesetzt werden.

Dass sich das Europarecht den Begriff der Daseinsvorsorge nicht mit dem deutschen Inhalt zu Eigen machen will, verdeutlicht auch ein Vergleich mit der französischen Textversion. Dass dort die Leistungen der Daseinsvorsorge als „services d'intérêt général" bezeichnet sind, zeigt, dass sich die Kommission nicht am deutschen Begriffsinhalt orientieren will, der die Erbringung von Versor-

---

[114] Burgi, Vertikale Kompetenzabgrenzung in der EU und materiellrechtliche Kompetenzausübungsschranken nationaler Daseinsvorsorge, S. 106.

[115] Timm, in: EU-Magazin 2000, S. 27.

[116] Burgi, Vertikale Kompetenzabgrenzung in der EU und materiellrechtliche Kompetenzausübungsschranken nationaler Daseinsvorsorge, S. 106.

[117] Vgl. die Begriffsdefinitionen der „Leistungen der Daseinsvorsorge" und der „Dienstleistungen von allgemeinem wirtschaftlichem Interesse" in: Mitteilung der Kommission zu Leistungen der Daseinsvorsorge in Europa vom 29.06.1996, KOM (1996) 443 endg., ABlEG 1996 C, 181, S. 3ff., übereinstimmend: Püttner, Das grundlegende Konzept der Daseinsvorsorge, S. 38, der schreibt, für eine dem Forsthoff'schen Konzept entsprechende Versorgungsverantwortung des Staates oder der Verwaltung sei im Gemeinschaftsrecht kein Raum.

gungsleistungen den Kommunen und ihren Unternehmen (zumindest vorrangig) zuordnet.[118]

Zusammenfassend lässt sich festhalten, dass der einzige, aber dafür besonders entscheidende Unterschied zwischen Daseinsvorsorge auf nationaler Ebene und Daseinsvorsorge bzw. gemeinwohlorientierten Leistungen auf Gemeinschaftsebene darin zu sehen ist, dass nur im nationalen Begriffsverständnis die Erbringung von Daseinsvorsorgeleistungen an einen bestimmten Träger, nämlich den Staat bzw. die Kommunen gebunden ist. Während man auf nationaler Ebene die Daseinsvorsorgeerbringung mit dem Staat bzw. der Kommune im Rahmen der Leistungsverwaltung verbindet, ist das Verständnis auf Gemeinschaftsebene funktionsorientiert und dafür trägerneutral. Das Gemeinschaftsrecht enthält keine Vorgaben darüber, wer die Leistungen der Daseinsvorsorge erbringen soll.

4. Abgrenzung „Daseinsvorsorge" zu „Dienstleistungen" bzw. „Dienste von allgemeinem (wirtschaftlichen) Interesse"

Neben dem Begriff der Daseinsvorsorge bzw. der gemeinwohlorientierten Leistungen, den die Kommission in ihren Mitteilungen zur Daseinsvorsorge verwendet, gibt es auf Gemeinschaftsebene noch den im Gemeinschaftsvertrag verwendeten Begriff der „Dienste" bzw. „Dienstleistungen von allgemeinem wirtschaftlichem Interesse". Seit Herausgabe des Grünbuchs der Kommission zum entsprechenden Thema findet zudem der Begriff der „Dienste von allgemeinem Interesse" Verwendung.[119]

a) „Daseinsvorsorge" – „Dienstleistungen" bzw. „Dienste von allgemeinem wirtschaftlichen Interesse"

Wie sich aus der Mitteilung der Kommission ergibt, wird auf Gemeinschaftsebene der Begriff der Daseinsvorsorge bzw. der gemeinwohlorientierten Leistung von dem der Dienste bzw. Dienstleistungen von allgemeinem wirtschaftlichen Interesse unterschieden. Primärrechtlich findet in Art. 16 EG der Begriff der „Dienste" und in Art. 86 Abs. 2 S. 1 EG der Begriff der „Dienstleistungen von allgemeinem wirtschaftlichen Interesse" Verwendung. Die Differenzierung zwischen „Diensten" und „Dienstleistungen" hat keine Bedeutung, da dies lediglich eine Besonderheit der deutschen Textfassung ist.[120] Sowohl in der englischen

---

[118] Kämmerer, in: NVwZ 2002, S. 1041.
[119] Kommission der Europäischen Gemeinschaften, Grünbuch zu Dienstleistungen von allgemeinem Interesse der Kommission vom 21.05.2003, KOM (2003), 270 endg.
[120] Budäus/Schiller, ZögU 2000, 94, 97.

("services") als auch in der französischen Fassung ("les services") wird in Art. 16 EG vollen Umfangs auf die Begrifflichkeit aus Art. 86 Abs. 2 S. 1 EGV zurückgegriffen.

Dienste bzw. Dienstleistungen von allgemeinem wirtschaftlichen Interesse definiert die Kommission als „marktbezogene Tätigkeiten, die im Interesse der Allgemeinheit erbracht und daher von den Mitgliedstaaten mit besonderen Gemeinwohlverpflichtungen verbunden werden."[121] Sie „unterscheiden sich insofern von normalen Dienstleistungen, als sie in den Augen des Staates auch dann erbracht werden müssen, wenn der Markt unter Umständen nicht genügend Anreize dafür gibt."[122]

Die Dienste bzw. Dienstleistungen von allgemeinem wirtschaftlichen Interesse haben mit dem deutschen Begriff der Daseinsvorsorge gemein, dass es auch für erstere nicht möglich ist, eine einheitliche umfassende Definition des Begriffsinhalts zu entwickeln.[123] Fraglich ist, ob zwischen Daseinsvorsorge und Dienstleistungen von allgemeinem wirtschaftlichen Interesse ein Unterschied besteht, und wenn ja, ob dieser für das Spannungsfeld mit dem Wettbewerb, in dem sich die kommunalen Unternehmen befinden und damit für diese Arbeit von Bedeutung ist. Herauszuarbeiten ist dafür zunächst der Unterschied der beiden Begriffsinhalte.

Eine Tätigkeit liegt dann im „allgemeinen wirtschaftlichen Interesse", wenn sich das Interesse von dem an anderen Tätigkeiten des Wirtschaftslebens besonders unterscheidet.[124] Ein solches besonderes Interesse ist in weiten Teilen des Bereichs der Daseinsvorsorge anerkannt,[125] so beispielsweise für die klassischen Tätigkeitsbereiche von Bahn, Post[126], Telekommunikationsunternehmen, Elektrizitäts-, Gas- und Wasserwerken,[127] öffentlich-rechtlicher Rundfunkanstalten[128] und den Betrieb des öffentlichen Fernmeldenetzes[129].

---

[121] Mitteilung der Kommission zu Leistungen der Daseinsvorsorge in Europa vom 29.06.1996, KOM (1996) 443 endg., ABlEG 1996 C, 181, S. 3ff, dies hat die Kommission bestätigt in ihrem Grünbuch: Kommission der Europäischen Gemeinschaften, Grünbuch zu Dienstleistungen von allgemeinem Interesse der Kommission vom 21.05.2003, KOM (2003), 270 endg., Rz. 17.

[122] Mitteilung der Kommission vom 20.9.2000, Leistungen der Daseinsvorsorge in Europa, Dokument KOM (2000), 580 endg., AblEG 2001 Nr. C 17, Rz. 14.

[123] Kommission der Europäischen Gemeinschaften, Grünbuch zu Dienstleistungen von allgemeinem Interesse v. 21.05.2003, KOM (2003) 270 endg., Rz. 49.

[124] Storr, Der Staat als Unternehmer, S. 297.

[125] Storr, Der Staat als Unternehmer, S. 297.

[126] EuGH (Urteil v. 19.5.1993) Rs. C-320/91 (Corbeau), Slg. 1993, I-2533 Rn.15.

[127] Europäische Kommission, Entscheidung v. 17.12.1981, AblEG 1982, Nr. L 167/39, Rn.65 (NAVEWA-Anseau)

Der Begriff der Dienstleistungen von allgemeinem wirtschaftlichen Interesse deckt sich somit hinsichtlich der darunter fallenden Aufgaben weitgehend mit dem klassischen Katalog der Daseinsvorsorgeaufgaben.[130] Die beiden Begriffe sind auch insoweit vergleichbar, als sie beide auf die Angewiesenheit aller auf die Versorgung zu gleichen und für alle angemessenen Bedingungen abstellen und daraus „Ausnahmen von den für den allgemeinen Wirtschaftsprozess geltenden Regeln verbunden mit einer besonderen staatlichen Verantwortung für die Erfüllung diese Aufgabe ableiten".[131] Daraus folgt, dass die Begriffe Daseinsvorsorge und Dienste bzw. Dienstleistungen von allgemeinem wirtschaftlichen Interesse nicht zu trennen sind, da sie nah beieinander liegen[132] und ihr Inhalt sich teilweise überschneidet.[133]

Problematisch bei der Feststellung, ob der Inhalt der Begriffe nicht nur sehr ähnlich, sondern sogar identisch ist, ist, dass der Begriff der „Dienste" bzw. „Dienstleistungen von allgemeinem wirtschaftlichen Interesse" ein europarechtlicher ist, während der letzte ein rein nationaler Begriff ist. Der Begriff „Dienstleistungen von allgemeinem wirtschaftlichen Interesse" hat kein exaktes Äquivalent als Begriff für den deutschen Rechtsraum.[134] Er deckt sich nicht vollständig mit dem im deutschen Verwaltungsrecht entwickelten Begriff der Daseinsvorsorge. Zudem hat die oben beschriebene historische Entwicklung, bei der bestimmte Aufgaben den Kommunen „zugewachsen" sind, auf europäischer Ebene nicht stattgefunden.

Wie sich jedoch aus der Mitteilung der Kommission ergibt,[135] besteht keine Identität im Hinblick auf den Begriffsinhalt. Der Begriff der Daseinsvorsorge reicht weiter als der der Dienstleistungen von allgemeinem wirtschaftlichem Interesse.[136] Während mit dem Begriff der Leistungen der Daseinsvorsorge

---

[128] EuGH (Urteil v. 30.4.1974), Rs. 155/73 (Sacchi), Slg. 1974, 409, Rn.15.

[129] EuGH (Urteil v. 13.12.1991) Rs. C-18/88 (RTT), Slg.1991, I-5941 Rn.16.

[130] Hösch, Die kommunale Wirtschaftstätigkeit, S. 40.

[131] Hermes, Staatliche Infrastrukturverantwortung, S. 105, hier speziell für die Energieversorgung.

[132] BDI, Deckmantel Daseinsvorsorge, S.12; Knauff, in: EuZW 2003, S. 453 spricht von „enger Verwandtschaft".

[133] Löwenberg, Service public und öffentliche Dienstleistungen in Europa, S. 33, dies wird auch dadurch deutlich, dass die Begriffe in der Literatur teilweise einfach gegeneinander ausgetauscht werden, vgl. z.B. Jung, in: Callies/Ruffert (Hrsg.), Kommentar zu EUV und EGV, Art.16 Rn.4.

[134] Löwenberg, Service public und öffentliche Dienstleistungen in Europa, S. 56.

[135] Vgl. Mitteilung der Kommision v. 20.9.2000, Leistungen der Daseinsvorsorge in Europa, Dokument KOM (2000) 580 endg., AblEG 2001 Nr. C 17, S.4, Anhang II.

[136] So auch Schwarze, EuZW 2001, S.339.

sowohl marktbezogene als auch nichtmarktbezogenen Tätigkeiten erfasst werden, fallen unter den Begriff der Dienstleistungen von allgemeinem wirtschaftlichen Interesse nur marktbezogene Tätigkeiten.[137]

Da die nichtmarktbezogenen Tätigkeiten von den Wettbewerbsvorschriften des Vertrages grundsätzlich nicht erfasst werden,[138] können die öffentlichen Unternehmen in diesem Bereich auch nicht in ein Spannungsfeld zwischen Daseinsvorsorge und europäischem Wettbewerbsrecht geraten. Ein Spannungsverhältnis zwischen Daseinsvorsorge und Wettbewerb kann nur bei wirtschaftlichen Tätigkeiten entstehen, da die Wettbewerbsregeln auf nicht-wirtschaftliche Tätigkeiten grundsätzlich keine Anwendung finden. Die (ohnehin nur geringe) Begriffsunterscheidung zwischen „Daseinsvorsorge" und „Dienstleistungen von allgemeinem wirtschaftlichen Interesse"[139] spielt somit für diese Arbeit keine Rolle, da sie sich allein auf die marktbezogenen Tätigkeiten beschränkt.

b) Daseinsvorsorge – Dienste von allgemeinem Interesse

Mit dem Grünbuch vom 21.Mai 2003[140] hat die Kommission den Begriff „Dienste von allgemeinem Interesse" eingeführt. Diesen Begriff, der auf Gemeinschaftsebene jetzt statt des Begriffs „Daseinsvorsorge" verwendet wird, hat die Kommission deshalb gewählt, weil semantische Unklarheiten und unterschiedliche Traditionen in den Mitgliedstaaten zu diversen Missverständnissen geführt haben.[141] In Deutschland bestand das Problem darin, dass der bis zum Erscheinen des Grünbuchs verwendete Begriff der Daseinsvorsorge ein Begriff ist, den es in der deutschen Rechtssprache bereits lange gibt und der deshalb inhaltlich bereits ausgefüllt war. Dies allerdings mit dem nationalen Begriffsinhalt, der sich, wie oben gezeigt,[142] mit dem gemeinschaftsrechtlichen Begriffsinhalt nicht deckt sofern er auf einen bestimmten Erbringer der Leistung abstellt. Inhaltlich bringt der Begriff der Dienste von allgemeinem Interesse keine Neuerungen. Da dieser

---

[137] Bocklet, Leistungen der Daseinsvorsorge im Konflikt mit EU-Wettbewerbsrecht, S. 14: „Mit Dienstleistungen von allgemeinem wirtschaftlichem Interesse sind wirtschaftliche Leistungen der Daseinsvorsorge gemeint."

[138] Kommission der Europäischen Gemeinschaften, Grünbuch zu Dienstleistungen von allgemeinem Interesse vom 21.05.2003, KOM (2003), 270 endg., Rz. 43.

[139] Auch Eichhorn, Marktnahe und marktferne Erfüllung öffentlicher Aufgaben, S.88 ist der Auffassung, dass es sich bei den marktbezogenen Tätigkeiten im Rahmen der Daseinsvorsorge um Dienstleistungen von allgemeinem wirtschaftlichen Interesse handelt.

[140] Kommission der Europäischen Gemeinschaften, Grünbuch zu Dienstleistungen von allgemeinem Interesse der Kommission vom 21.05.2003, KOM (2003), 270 endg.

[141] Vgl. Kommission der Europäischen Gemeinschaften, Grünbuch zu Dienstleistungen von allgemeinem Interesse der Kommission vom 21.05.2003, KOM (2003), 270 endg., Rz. 7, 9 (Bürger...unsicher und hegen Bedenken"), 11(„Fragen und Probleme"), 15, 28.

[142] C I. 3.

Begriff statt des Begriffs der Daseinvorsorge verwendet wird, gilt zu seinem Inhalt und hinsichtlich der Unterscheidung zum deutschen Begriff der Daseinsvorsorge das oben Gesagte. Zusammenfassend bedeutet dies, dass, mit Ausnahme der Neutralität in Bezug auf den Träger, der Begriff der „Dienstleistungen von allgemeinem Interesse" inhaltlich deckungsgleich mit dem deutschen Begriff „Daseinsvorsorge" ist.

II. BEGRIFFSBESTIMMUNG DES KOMMUNALEN UNTERNEHMENS

Im Folgenden soll der Begriff des kommunalen Unternehmens festgelegt werden. Die kommunalen Unternehmen sind eine Unterform der öffentlichen Unternehmen. Dieser Terminus wird im nationalen und im Gemeinschaftsrecht teilweise unterschiedlich verstanden und auch die Frage, welche Unternehmen als öffentlich einzuordnen sind, wird nicht einheitlich beantwortet.[143] Um begriffliche Unklarheiten zu vermeiden, bedarf es der Klärung, in welchem Sinn der Begriff im Rahmen dieser Untersuchung gebraucht wird. Maßgebend für diese Arbeit ist eine Begriffsfestlegung, mit der die aufzuarbeitenden Probleme möglichst umfassend erfasst werden. Die Bildung von Begriffen ist insoweit eine Frage der Zweckmäßigkeit, welche im Hinblick auf das Ziel der zugrunde liegenden Arbeit beantwortet werden sollte.[144] Die Festlegung der Begriffe im Folgenden ist somit an dieser Arbeit und ihrer Lösung ausgerichtet.

1. Unternehmen

Die Definition des Begriffs „Unternehmen" dient dazu, die in dieser Arbeit behandelten kommunalen Unternehmen zu den nichtwirtschaftenden Einheiten der Verwaltung wie z.B. Schulen institutionell abgrenzen zu können. Auf der Grundlage dieser Zielsetzung muss folglich die Begriffsdefinition erfolgen.

Zunächst ist zu prüfen, ob der Begriff „Unternehmen" eine bestimmte äußere Form des Leistungserbringers voraussetzt. Dazu ist zu sagen, dass weder das europäische Gemeinschaftsrecht noch das deutsche (Gesellschafts-, Wettbewerbs-, Kartell-, Haushalts- und Kommunalwirtschafts-) Recht besondere Anforderungen an die organisatorische Ausgestaltung eines Unternehmens stellen.[145]

---
[143] Vgl. dazu auch die Einschätzung bei Hochbaum, in: G/T/E, Kommentar zum EU-/EG-Vertrag, Art. 86 Rn. 6.

[144] So auch Faber, Europarechtliche Grenzen kommunaler Wirtschaftsförderung, S. 4, 8.

[145] Ehlers, Empfiehlt es sich, das Recht der öffentlichen Unternehmen im Spannungsfeld von öffentlichem Auftrag und Wettbewerb national und gemeinschaftsrechtlich neu zu regeln?, S. E 24.

Im Gemeinschaftsrecht ist dies dadurch bedingt, dass der allgemeine Unternehmensbegriff des europäischen Wettbewerbsrechts auf die Funktion der handelnden Einheit und nicht auf deren Rechtsform oder die national-rechtliche Qualifikation abstellt.[146] Unabhängig von der organisatorischen Ausgestaltung kommt es darauf an, ob eine Funktion im wirtschaftlichen Sinne vorgesehen ist. Ausschlaggebend ist der materielle Charakter der Tätigkeit. Der Unternehmensbegriff wird somit nicht institutionell, sondern funktional verstanden.[147] Dieser funktionale Ansatz ist sinnvoll, da er ermöglicht, die wirtschaftliche von der hoheitlichen Betätigung der Kommunen auf der Grundlage des Wettbewerbsprinzips sinnvoll abzugrenzen.[148] Und genau darauf kommt es an, wenn man die Schwierigkeiten der öffentlichen Unternehmen, sich zwischen Daseinsvorsorge und Wettbewerb zurechtzufinden und ihre rechtlichen Handlungsmöglichkeiten untersuchen will.

Die wirtschaftliche Funktion, auf die abgestellt wird, muss eine Tätigkeit wirtschaftlicher Art sein,[149] wobei eine Gewinnerzielungsabsicht nicht notwendig ist.[150] Nach ständiger Rechtsprechung des EuGH umfasst der Unternehmensbegriff „... jede eine wirtschaftliche Tätigkeit ausübende Einheit, unabhängig von ihrer Rechtsform und der Art ihrer Finanzierung."[151] Eine wirtschaftliche Einheit zeichnet sich durch eine einheitliche Organisation persönlicher, materieller und immaterieller Mittel aus, die dauerhaft einen bestimmten wirtschaftlichen Zweck verfolgt.[152] Auch Stellen der öffentlichen Verwaltung können somit Unternehmen darstellen, sofern sie zur Erzielung eines Leistungsaustausches am Markt eingesetzt werden.[153]

---

[146] Jung, in: Callies/Ruffert, Kommentar zu EUV und EGV, Art. 86, Rn. 11.

[147] Ehlers, Empfiehlt es sich, das Recht der öffentlichen Unternehmen im Spannungsfeld von öffentlichem Auftrag und Wettbewerb national und gemeinschaftsrechtlich neu zu regeln?, S. E 24.

[148] Storr, Der Staat als Unternehmer, S. 267.

[149] Ehlers, Empfiehlt es sich, das Recht der öffentlichen Unternehmen im Spannungsfeld von öffentlichem Auftrag und Wettbewerb national und gemeinschaftsrechtlich neu zu regeln?, S. E 24.

[150] EuGH (Urteil vom 29.10.1980), Rs. 209/78, (FEDETAB), Slg. 1980, 3125, Rn. 88.

[151] So zum Unternehmensbegriff im Rahmen der Art. 81ff EGV seit EuGH, (Urteil v. 23.4.1991), Rs. C-41/90, (Höfner u. Elser) Slg. 1991, I-1979, 2016; EuGH (Urteil v. 17.02.1993) Verb. Rs. C-159-160/91, (Poucet u. Pistre), Slg. 1993, I-637, Rn. 17; EuGH, (Urteil v. 16.11.1995), Rs. C-244/94, (Fédération française des sociétés d'assurance u.a.), Slg. 1995, I-4013, Rn. 14.

[152] Grabitz/Hilf, Das Recht der europäischen Union, Art. 81 Rn. 51.

[153] EuGH (Urteil v.16.06.1987), Rs. 118/85, (Kommission/Italien), Slg. 1987, 2619 Rz. 7: auch eine Stelle, die in die staatliche Verwaltung integriert ist, kann ein öffentliches Unternehmen i.S.d. Art. 86 EG darstellen, wenn der Staat durch sie „wirtschaftliche Tätigkeiten industrieller und kommerzieller Art ausübt, die darin bestehen, Güter oder Dienstleistungen auf dem Markt anzubieten."

Ebenso wenig wie eine bestimmte organisatorische Ausgestaltung ist eine eigene Rechtspersönlichkeit erforderlich,[154] so dass auch Regie- oder Eigenbetriebe der öffentlichen Hand sowie sonstige in die öffentliche Verwaltung eingegliederte Stellen mit wirtschaftlicher Aufgabenstellung erfasst werden.[155]

2. Das Merkmal "kommunal"

Da die kommunalen Unternehmen anderen Vorschriften unterliegen als die privaten Unternehmen, ist festzulegen, welche Unternehmen zu den kommunalen Unternehmen gehören und wie diese von den privaten Unternehmen abzugrenzen sind. Die Kommune selbst gehört nicht zu den kommunalen Unternehmen und ist von diesen zu differenzieren. In Abgrenzung zur Kommune versteht man unter kommunalen Unternehmen Wirtschaftssubjekte, die eigenverantwortliche Entscheidungs- und Handlungsspielräume besitzen und eine von ihrem Träger abgesonderte Organisation sowie finanzwirtschaftliche und rechnerische Verselbständigung aufweisen.[156] Ein Unternehmen muss jedoch, damit es als kommunales Unternehmen einzustufen ist, eine gewisse Verbindung zur Kommune haben. Fraglich ist, wie diese Verbindung aussehen soll.

Um ein Unternehmen als kommunal zu kennzeichnen, kann man auf verschiedene Abgrenzungskriterien abstellen. Man könnte einmal abstellen auf die Ziele, die das Unternehmen verfolgt. Danach läge ein kommunales Unternehmen vor, wenn das Unternehmen einen kommunalen Zweck verfolgt, welcher dann noch näher zu präzisieren wäre. Andererseits könnte man auch auf die Trägerschaft des Unternehmens als maßgebliches Kriterium abstellen.[157] Danach läge ein kommunales Unternehmen vor, wenn die Kommune Träger desselbigen wäre, wobei auch hier die Voraussetzungen der Trägerschaft noch näher zu bestimmen wären.

Der Vorteil, den das Abstellen auf die Trägerschaft mit sich bringt, ist, dass man ein klares Abgrenzungskriterium hat, was eine einheitliche und eindeutige Begriffsfestlegung erleichtert.[158] Denn anders als der Zweck ist die Trägerschaft, auch wenn noch genauer zu bestimmen ist, was unter ihr verstanden werden soll, an eindeutigen Fakten, wie z.B. Mehrheitsverhältnissen bei der Firmenbeteiligung festzumachen. Was ein kommunaler Zweck ist, ist nicht nur im Rahmen einer

---

[154] Vgl. EuGH (Urteil v. 16.06.1987), Rs. 118/85, (Kommission/Italien), Slg. 1987, 2599, Rn.9ff.

[155] EuGH (Urteil v. 27.10.1993), Rs. C69/91, (Decoster), Slg. 1993, I-5335, Rn. 15.

[156] Eichhorn, Führungskonzeptionen für kommunale Unternehmen, S. 108.

[157] Janson, Rechtsformen öffentlicher Unternehmen in der Europäischen Gemeinschaft, S. 22.

[158] Vgl. zu den unterschiedlichen Merkmalen, auf die abgestellt wird: Janson, Rechtsformen öffentlichen Unternehmen in der Europäischen Gemeinschaft, S. 22.

allgemeingültigen Definition schwerer festzulegen, sondern unterliegt zudem auch dem Wandel, da es nicht zuletzt eine Gesellschaftsfrage ist, was ein kommunaler Zweck sein soll. Dafür, die Einstufung eines Unternehmens als öffentlich oder privat an der Trägerschaft festzumachen spricht auch, dass die öffentliche Hand keine „nichtöffentlichen Unternehmen" betreiben kann, unabhängig davon, welcher Zweck mit dem Unternehmen verfolgt wird, weil sich der Allgemeinwohlbezug verfassungsrechtlich schon aus der generellen Gemeinwohlbindung öffentlicher Gewalt ergibt.[159] Außerdem ermöglicht das Abstellen auf die Trägerschaft im Gegensatz zum Abstellen auf die Verfolgung eines kommunalen Zwecks privatrechtlich organisierte Unternehmen als öffentliche zu qualifizieren, wenn sie in die „steuerungsrelevante staatliche Herrschaftssphäre"[160] gelangen. Aus diesen Gründen ist die Trägerschaft das geeignetere Abgrenzungskriterium für die Feststellung, ob ein kommunales Unternehmen vorliegt oder nicht.

Es ist somit für die Feststellung, ob ein kommunales Unternehmen vorliegt oder nicht, auf die Anbindung an die Kommune abzustellen. Inwiefern eine solche vorliegt, ist davon abhängig, wer das Unternehmen maßgeblich steuern kann. Dies wird einmal durch die Eigentums- und Besitzverhältnisse am Unternehmen widergespiegelt. Außerdem lässt es sich auch daran sehen, inwieweit die Kommune einen beherrschenden Einfluss auf das Unternehmen hat.[161]

Da diese Arbeit eine Lösung auf gemeinschaftsrechtlicher Ebene entwickeln soll, ist es sinnvoll, zum Auffinden weiterer Kriterien einen Blick auf die Regelungen im Gemeinschaftsrecht zu werfen. Der Gemeinschaftsvertrag enthält keine Definition des kommunalen Unternehmens, da die Kommune keine Untergliederung der Gemeinschaft, sondern nur eines einzelnen Mitgliedstaates ist. Anhaltspunkte, wann ein Unternehmen als kommunal einzustufen ist, könnten sich jedoch dadurch ergeben, dass man die Grundsätze des Gemeinschaftsrechts zur Einstufung eines Unternehmens als öffentliches Unternehmen heranzieht. Für diese Vorgehensweise spricht einmal, dass über die Einstufung eines Unternehmens als öffentliches Unternehmen festgestellt werden soll, inwieweit dieses und sein Verhalten dem Staat zuzurechnen ist. Genau darauf kommt es auch an, wenn man die Beteiligung kommunaler Unternehmen am Wettbewerb beurteilen will. Außerdem ist das kommunale Unternehmen eine Unterform des öffentlichen Unternehmens.

---

[159] Storr, Der Staat als Unternehmer, S. 41, vgl. dazu näher unter D I 1. b) aa).
[160] Storr, aaO, S. 267.
[161] Storr, aaO, S. 42.

Ein Unternehmen ist nach Gemeinschaftsrecht dann als öffentliches Unternehmen einzustufen, wenn der Staat einen bestimmten Einfluss auf das Unternehmen hat. Überträgt man dies auf die kommunale Ebene, ist ein kommunales Unternehmen dann gegeben, wenn die Kommune, die ein bestimmter Teil des Staates ist, einen bestimmten Einfluss auf ein Unternehmen hat. Aus den Anforderungen, die das Gemeinschaftsrecht an den staatlichen Einfluss stellt, um ein Unternehmen als öffentlich einzustufen, kann somit auf den Einfluss geschlossen werden, den eine Kommune auf ein Unternehmen haben muss, damit dieses Unternehmen als kommunales Unternehmen einzustufen ist. Folglich ist zunächst festzustellen, unter welchen Voraussetzungen ein öffentliches Unternehmen im Gemeinschaftsrecht vorliegt.

Es gibt nicht „das" öffentliche Unternehmen im Gemeinschaftsrecht, das immer dann vorliegt, wenn bestimmte Kriterien erfüllt sind.[162] Allerdings ergeben sich verschiedene Anhaltspunkte aus primärem sowie sekundärem Gemeinschaftsrecht. Im Primärrecht könnten sich Kriterien ergeben aus Art. 86 EG, der die öffentlichen Unternehmen zum Regelungsgegenstand hat. Zweck der Regelung in Art. 86 EG Abs. 1 EG ist es, die Unternehmen zu erfassen, auf deren Planung und Geschäftstätigkeit der Staat bestimmenden Einfluss ausüben kann.[163] Maßgeblich ist also auch hier der staatliche Einfluss auf das Unternehmen. Art. 86 EG will die Bevorzugung und Beeinflussung von öffentlichen Unternehmen durch die Mitgliedstaaten verhindern. Genau das ist auch der Ausgangspunkt des Konflikts, in dem sich die kommunalen Unternehmen, die Leistungen der Daseinsvorsorge erbringen, befinden, wenn sie dies zunehmend unter Wettbewerbsbedingungen und mit privater Konkurrenz tun müssen. Die Kommunen wollen ihren Einfluss auf Märkte und die Wirtschaft behalten, indem sie mit den Unternehmen am Markt partizipieren, auf die sie einen beherrschenden Einfluss haben, das heißt durch eigene Unternehmen wollen sie weiterhin steuernd einwirken. Auf der anderen Seite ist genau das der Punkt, wo der Konflikt mit dem Europarecht beginnt, nämlich dort, wo sich die öffentlichen Unternehmen *aufgrund* ihrer engen Bindung an den Staat von den privaten Unternehmen unterscheiden. Da das europäische Wettbewerbsrecht, das in dieser Arbeit die wesentliche Rolle spielt, gerade die Besserstellung der öffentlichen Unternehmen, die sich aufgrund der Nähe zum Staat ergeben, abschaffen will, kommt es bei der Begriffsbestimmung des kommunalen Unternehmens auch gerade auf diese Nähe zum Staat an, die sich eben in einem beherrschenden Einfluss bemerkbar macht.

---

[162] Hochbaum, in: G/T/E, Kommentar zum EU-/EG-Vertrag, Art. 86 Rn. 6; Storr, Der Staat als Unternehmer, S. 267.

[163] EuGH (Urteil v. 06.07.1982), Verb. Rs. 188-190/80 (Frankreich, Italien und Vereinigtes Königreich/Kommission), Slg. 1982, 2545. Rn.26; EuGH (Urteil v.23.10.1997), Rs. C-159/94 (Kommission/Frankreich), Slg. 1997, I-5815, Rn. 46; EuGH (Urteil v. 23.10.1997, Rs. C-157/94 (Kommission/Niederlande), Slg. 1997, I-5699, Rn.29; EuGH (Urteil v. 23.10.1997) Rs. 158/94 (Kommission/Italien), Slg.1997, I5789, Rn.40; Beutler u.a., Die EU, S.363.

Das Kriterium der Beherrschung durch die öffentliche Hand ist somit ein sachgerechtes Kriterium, um öffentliche und private Unternehmen zu unterscheiden.[164]

Fraglich ist, wann ein beherrschender Einfluss vorliegt. Eine Regelung, die bestimmte Kriterien für das Vorliegen eines beherrschenden Einflusses festlegt, ist die Transparenzrichtlinie[165]. Zwar gilt die Definition der Transparenzrichtlinie nach Feststellung des EuGH ausschließlich im Rahmen und für die Zwecke dieser Richtlinie.[166] Allerdings dürfte sie zumindest als Orientierung für das sonstige Gemeinschaftsrecht beachtlich sein.[167] Gemäß Art. 2 Abs. 1 lit. b liegt ein öffentliches Unternehmen vor, wenn die öffentliche Hand „aufgrund Eigentums, finanzieller Beteiligung, Satzung oder sonstiger Bestimmungen, die die Tätigkeit des Unternehmens regeln, unmittelbar oder mittelbar einen beherrschenden Einfluss ausüben kann." Ein solcher Einfluss wird gem. Art. 2 Abs. 2 der Richtlinie dann vermutet, wenn die öffentliche Hand unmittelbar oder mittelbar die Mehrheit des Kapitals besitzt, über die Mehrheit der Stimmrechte verfügt oder mehr als die Hälfte der Mitglieder des Verwaltungs-, Leitungs- oder Aufsichtsorgans des betreffenden Unternehmens bestellen kann.[168] Dieselbe Definition findet sich in einer weiteren Richtlinie, nämlich in Art. 1 Ziffer 2 der sogenannten Sektorenrichtlinie.[169]

Zieht man diese Bestimmungen für die Einstufung eines Unternehmens heran, so ist ein kommunales Unternehmen eine wirtschaftlich handelnde Einheit beliebiger Rechtsform, auf deren Geschäftsplanung oder Tätigkeit die Kommune über Eigentum, Beteiligungsverhältnisse, Stimmrecht oder in sonstiger Weise mittelbar oder unmittelbar einen beherrschenden Einfluss ausübt oder ausüben kann.[170] Von einem privaten Unternehmen lässt es sich dadurch unterscheiden, dass die Kommune auf seine Geschäftsführung Einfluss nehmen kann, ohne auf hoheitliche Maßnahmen angewiesen zu sein.[171] Anhand eines konkreten Beispiels bedeutet das, dass die Kommune bei einem als kommunal einzuordnenden Unternehmen, dessen Stimmanteile sie mehrheitlich besitzt, bereits über diese Beteiligung und

---

[164] Storr, Der Staat als Unternehmer, S. 44.
[165] ABlEG 1980 L 195/35.
[166] EuGH (Urteil v. 06.07.1982), Verb. Rs.188-190/80 (Frankreich, Italien und Vereinigtes Königreich/Kommission), Slg. 1982, 2545, Rn.24.
[167] v. Burchard, in Schwarze, EU-Kommentar, Art. 86 EGV, Rn. 17; Ehlers, Empfiehlt es sich, das Recht der öffentlichen Unternehmen im Spannungsfeld von öffentlichem Auftrag und Wettbewerb national und gemeinschaftsrechtlich neu zu regeln?, S. E 31.
[168] EuGH (Urteil v. 06.07.1982), Verb. Rs. 188-190/80 (Frankreich, Italien und Vereinigtes Königreich/Kommission), Slg. 1982, 2545, Rn.25.
[169] ABlEG 1993 Nr.L 199/87.
[170] V. Burchard, in: Schwarze (Hrsg.), EU-Kommentar zu Art. 86 EGV Rn.16.
[171] Hochbaum, in: GTE, Kommentar zum EU-/EG-Vertrag, Art. 86 Rn. 9.

den Einfluss, den sie darüber auf das Unternehmen nehmen kann, die Geschäftsführung beispielsweise im Sinne einer stärkeren Beachtung von Umweltschutzgesichtspunkten beeinflussen kann. Will sie einen ähnlichen Einfluss auf ein Unternehmen ausüben, bei dem sie nur eine Minderheit der Stimmanteile besitzt und auf das sie auch sonst keinen beherrschenden Einfluss hat, kann sie nicht durch unternehmensinterne Vorgänge steuernd einwirken, sondern muss dazu hoheitlich tätig werden, indem sie z.b. einen Verwaltungsakt oder eine Satzung erlässt.

Somit ist auch bei der Feststellung, ob ein Unternehmen öffentlich oder privat ist, der Ansatz ein funktionaler, bei dem auf die Instrumentalisierung des Unternehmens durch die öffentliche Hand abgestellt wird.[172]

Klarstellend ist dabei festzuhalten, dass die Bezeichnung privates bzw. öffentliches Unternehmen nicht die Art der Organisation des Unternehmen meint, wie beispielsweise eine AG bzw. eine Anstalt des öffentlichen Rechts, sondern lediglich zuordnenden Charakter hat, das heißt ob ein Unternehmen aufgrund von Kriterien, die außerhalb seiner Unternehmensform und -organisation liegen, der öffentlichen Hand oder der Privatwirtschaft zuzurechnen ist. Die Festlegung, dass ein Unternehmen dann als kommunales Unternehmen einzustufen ist, wenn es durch die Kommune gesteuert wird[173] bzw. diese einen beherrschenden Einfluss ausübt bedeutet, dass auch privatrechtlich organisierte Unternehmen der öffentlichen Hand, die mehrheitlich in öffentlichem Eigentum stehen oder von der öffentlichen Hand beherrscht werden, zur Gruppe der öffentlichen Unternehmen gerechnet werden.

Daraus ergibt sich, dass für die Einordnung eines Unternehmens als kommunal keine spezielle Organisationsform erforderlich ist, weil die Organisationsform nicht maßgeblich ist für die Einordnung eines Unternehmens als öffentlich oder privat. Da es nur auf den beherrschenden Einfluss bzw. die Funktionalisierung durch die öffentliche Hand ankommt und nicht auf die Unternehmensform abgestellt wird, ist es durchaus möglich, dass eine AG oder eine GmbH, in der die öffentliche Hand einen beherrschenden Einfluss hat, als öffentliches Unternehmen bezeichnet wird.

Welchen Unternehmenstyp die Kommune danach zur Erbringung von Daseinsvorsorgeleistungen einrichtet, ist für die Einordnung als öffentliches Unternehmen genauso irrelevant, wie die Unterscheidung danach, ob mit dem Unternehmen

---

[172] Storr, Der Staat als Unternehmer, S. 267.
[173] Storr, aaO, S. 267.

unmittelbar oder nur mittelbar ein öffentlicher bzw. ein kommunaler Zweck verfolgt wird.[174]

Als Ergebnis bedeutet das, dass als kommunale Unternehmen solche Unternehmen einzuordnen sind, die im Alleineigentum der Kommune stehen oder an denen die Kommune eine Kapitalmehrheit besitzt,[175] dass heißt deren Anteile zu mehr als 50 % von einer oder mehreren regionalen oder kommunalen Gebietskörperschaften gehalten werden.[176] Ferner können aber auch solche Unternehmen kommunale Unternehmen sein, an denen die Kommune nur eine Minderheitsbeteiligung hat, also weniger als 50 % der Anteile besitzt, wenn dafür die faktische Situation von einer Beherrschung durch die Kommune gekennzeichnet ist,[177] das Unternehmen also von den Gebietskörperschaften kontrolliert wird oder werden kann.[178]

Beispiele für öffentliche Unternehmen im kommunalen Bereich sind neben den Versorgungsunternehmen für Gas, Wasser und Strom auch die Verkehrsunternehmen und die Sparkassen.[179]

Demgegenüber sind private Unternehmen solche Unternehmen, die von Privaten geführt werden, mehrheitlich in privatem Eigentum stehen und die von Privaten beherrscht werden.

Der dieser Arbeit zugrunde liegende Unternehmensbegriff enthält somit die sog. „Eigentumsunternehmen", bei denen eine bestimmte öffentlich-rechtliche Körperschaft alleiniger Träger eines Unternehmens in öffentlich-rechtlicher (z.B. Regie- oder Eigenbetrieb) oder privatrechtlicher Rechtsform („Eigengesellschaft") ist, die sog. „gemischt-öffentlichen Unternehmen"[180], die von mehreren Hoheitsträgern gemeinsam betrieben werden und die sog. „gemischt-wirtschaftlichen" Unternehmen, das heißt Unternehmen, die von der öffentlichen

---

[174] Burgi, in: VerwArch 2002, S. 257.
[175] Faber, Europarechtliche Grenzen kommunaler Wirtschaftsförderung, S.11.
[176] CEEP, Die Rolle der öffentlichen kommunalen Unternehmen, S.2, diese Art, ein Unternehmen einem staatlichen bzw. privaten Träger zuzuordnen, entspricht dem Gemeinschaftsrecht, vgl. Kommission der Europäischen Gemeinschaften, Grünbuch zu Dienstleistungen von allgemeinem Interesse der Kommission vom 21.05.2003, KOM (2003), 270 endg., Rz. 21, danach wird der Begriff „öffentliches Unternehmen" verwendet, „um die Eigentumsverhältnisse des Leistungserbringers zu bestimmen". Ob ein Unternehmen dagegen öffentlich-rechtlich oder privatrechtlich organisiert ist, hat keine Bedeutung.
[177] Janson, Rechtsform öffentlicher Unternehmen in der EG, S.24.
[178] CEEP, Die Rolle der öffentlichen kommunalen Unternehmen, S.2.
[179] Für weitere Beispiele vgl. Faber, Europarechtliche Grenzen kommunaler Wirtschaftsförderung, S.12f.
[180] So die Begriffswahl bei Püttner, Die öffentlichen Unternehmen, 2. Auflage 1982, S. 26.

Hand gemeinsam mit Privaten betrieben werden, solange ein beherrschender Einfluss der öffentlichen Hand vorliegt.[181] Da der hier verwendete Begriff, wie bereits angegeben, sowohl privatrechtlich als auch öffentlich-rechtlich organisierte Betriebe erfasst, kommt es nicht darauf an, ob kommunale Versorgungsunternehmen als Eigenbetriebe oder -gesellschaften geführt werden, sondern nur, ob die Kommune einen beherrschenden Einfluss auf die kaufmännischen Entscheidungen des Unternehmens ausüben kann.[182]

3. Zusammenschluss mehrerer Kommunen

Es stellt sich die Frage, ob ein kommunales Unternehmen auch dann vorliegt, wenn der beherrschende Einfluss nicht durch eine, sondern durch mehrere Kommunen gemeinsam ausgeübt wird. Dies könnte deshalb zweifelhaft sein, weil es in dieser Situation an der für das kommunale Unternehmen sonst typischen Konstellation fehlt, dass es dem einen einheitlichen Willen des Trägers unterworfen ist, da mehrere Träger öffentlicher Gewalt in der Regel keine wirtschaftliche Einheit bilden, die als Hoheitsträger neben ihrem gesellschaftlichen Einfluss gegenüber dem fraglichen Unternehmen auch mit legislativen oder administrativen Mitteln vorgehen kann.

Teilweise wird deshalb bei einem beherrschenden Einfluss mehrerer Kommunen neben diesem Einfluss noch gefordert, dass die Interessen und Aufgaben der Kommunen in Bezug auf das Schutzgut als gleichgerichtet anzusehen sind (sog. „Homogenität der Interessen der öffentlichen Anteilseigner"), damit ein kommunales Unternehmen angenommen werden kann.[183]

Dieses zusätzliche Kriterium ist jedoch abzulehnen. Dies ergibt sich einmal unter Heranziehung des Sinn und Zwecks von Art. 86 Abs. 1 EG. Diese Vorschrift will solche Unternehmen als öffentliche (zu denen wie bereits auch die kommunalen Unternehmen gehören) besonders erfasst wissen, die unter hoheitlichem Einfluss EG-Vertragsbestimmungen umgehen und insbesondere Wettbewerbsverzerrungen bewirken können. Dabei kann es aber gerade nicht darauf ankommen, wie viele mitgliedstaatliche Untergliederungen auf das Unternehmen einwirken.[184] Da

---

[181] Zur Verwendung des Begriffs des gemischtwirtschaftlichen Unternehmens vgl. auch Becker, in: DÖV 1984, S. 315.

[182] So eine Entscheidung des EuGH im Anwendungsbereich des Art. 86 EGV, auf den aus den oben angeführten Gründen Bezug genommen werden kann, vgl. EuGH, (Urteil v. 06.07.1982), Verb. Rs.188-190/80 (Frankreich, Italien und Vereinigtes Königreich / Kommission, Slg. 1982, 2545ff, Rn. 12 u. 26.

[183] Pernice/Wernicke, in: Grabitz/Hilf, Das Recht der EU, Art. 86 Rz. 24.

[184] So auch Streinz-Koenig/Kuehling, EUV/EGV, Art. 86 Rn. 18, die eine Differenzierung nach dem Kriterium der Homogenität der Interessen für „verfehlt" halten.

das Gemeinschaftsrecht bei der Beurteilung des staatlichen Einflusses auch nicht darauf abstellt, ob der Einfluss vom Staat oder einer seiner Untergliederungen kommt, kann es deshalb auch keinen Unterschied machen, ob eine oder mehrere Kommunen gemeinsam einen beherrschenden Einfluss haben. Maßgeblich ist, dass der staatliche Einfluss den privaten überwiegt.

Dies wird auch durch die Transparenzrichtlinie deutlich. Dort wird auf den beherrschenden Einfluss der öffentlichen Hand abgestellt, wobei letztere als „der Staat sowie andere Gebietskörperschaften" definiert wird.[185] Das bedeutet, dass die Anteile der jeweils beteiligten staatlichen Träger addiert werden.[186] Das Gemeinschaftsrecht betrachtet den jeweiligen Mitgliedstaat als eine Einheit, innerhalb der nicht mehr kontrolliert wird, ob Einigkeit besteht. Aus Gemeinschaftssicht sind die Interessen der Untergliederungen eines Mitgliedstaates im Zweifel deckungsgleich.[187] Die Möglichkeit der Kontrolle eines Unternehmens, ohne auf hoheitliche Maßnahmen angewiesen zu sein, bestimmt sich nicht bei jeder zu treffenden Entscheidung neu – abhängig davon, ob die Kommunen sich untereinander einig sind.

Ganz davon abgesehen würde es auf Gemeinschaftsebene auch erhebliche Probleme bereiten festzustellen, ob ein öffentliches Unternehmen vorliegt. Die Kommission könnte nicht jedes Mal neu vor Anwendung der Transparenzrichtlinie oder auch der Regelung des Art. 86 Abs. 1 EG feststellen, ob ein kommunales Unternehmen vorliegt. Das Kriterium der Homogenität der Interessen der öffentlichen Anteilseigner ist also auch aufgrund nicht lösbarer Abgrenzungsprobleme nicht praxistauglich.

Würde man ein kommunales Unternehmen anders verstehen, würde dies findigen Kommunen durch geschickte Verteilung der Anteile an einem Unternehmen auf die verschiedenen Kommunen unter Umständen ermöglichen, sich und das Unternehmen dem Anwendungsbereich der Transparenzrichtlinie und dem Anwendungsbereich des Art. 86 Abs. 1 EG zu entziehen.

Maßgeblich ist bei der Feststellung eines kommunalen Unternehmens somit nur, ob insgesamt ein beherrschender kommunaler Einfluss gegeben ist, nicht dagegen, ob dieser von einer oder mehreren Kommunen ausgeübt wird.

---

[185] Vgl. Art. 2 Abs. 1 der Transparenzrichtlinie, ABlEG 1980 L 195/35.
[186] Otto, Auswirkungen des Rechts der EWG auf die Bundesrepublik Deutschland, S. 119, so auch Janson, Rechtsformen öffentlicher Unternehmen in der Europäischen Gemeinschaft, S. 24.
[187] Entsprechend die Argumentation von Otto, Auswirkungen des Rechts der EWG auf die Bundesrepublik Deutschland, S. 120f. für das Vorliegen eines öffentlichen Unternehmens bei der Beteiligung verschiedener Untergliederungen des Mitgliedstaates.

III. BEDEUTUNG DIESER UNTERNEHMEN

Die Errichtung und Aufrechterhaltung von kommunalen Unternehmen und deren Teilnahme am Wirtschaftsverkehr ist als solches keine Staatsaufgabe (etwa im Sinne eines Selbstzwecks).[188] Verfolgt die Kommune jedoch bestimmte öffentliche Zwecke, wie beispielsweise die Verbesserung des Umweltschutzes oder die Steuerung der Arbeitsmarktpolitik, kann sie sich zur Verfolgung dieser Ziele kommunaler Unternehmen bedienen.[189] Das heißt, dass kommunale Unternehmen nur ein Mittel sein können, um einen bestimmten Zweck zu verfolgen, ihr Einsatz als solches und die Beteiligung der Kommune am Wirtschaftleben über ihre Unternehmen jedoch nicht selbst der zu erreichende Zweck sein dürfen. Daraus, dass kommunale Unternehmen lediglich ein Mittel zur Erfüllung von kommunalen bzw. Staatsaufgaben sein können, lässt sich ersehen, dass ihnen eine instrumentelle Bedeutung zukommt.[190]

Kommunale Unternehmen stellen wesentliche Instrumente der Städte, Gemeinden und Kreise zur Erledigung der vielfältigen Aufgaben der Daseinsvorsorge und der Kommunalwirtschaft dar.[191] Die Kommunen nutzen kommunale Unternehmen als Steuerungsinstrument der Wirtschaft. Diese Unternehmen werden als Mittel der Wirtschaftsbeeinflussung und der Wirtschaftsplanung eingesetzt.[192] So ist es den Kommunen durch das Betreiben öffentlicher Unternehmen möglich, die Lenkung von gesellschaftlichen Produktionsprozessen zu beeinflussen und durch das eigene Leistungsangebot verbleibende Versorgungslücken zu schließen.[193] Insofern stellen öffentliche Unternehmen ein Mittel dar, wirtschaftspolitisch zu handeln und zu lenken.[194] Die Funktion des Betriebs oder der Einrichtung eines öffentlichen Unternehmens kann beispielsweise die Beeinflussung der Infrastruk-

---

[188] Ehlers, Empfiehlt es sich, das Recht der öffentlichen Unternehmen im Spannungsfeld von öffentlichem Auftrag und Wettbewerb national und gemeinschaftsrechtlich neu zu regeln?, S. E 70.

[189] Das Recht zur Steuerung regionaler und lokaler Politik hat die Gemeinschaft ausdrücklich anerkannt, vgl. z.B. Kommission der Europäischen Gemeinschaften, Grünbuch zu Dienstleistungen von allgemeinem Interesse der Kommission vom 21.05.2003, KOM (2003), 270 endg., Rz. 24, 26.

[190] Ehlers, Empfiehlt es sich, das Recht der öffentlichen Unternehmen im Spannungsfeld von öffentlichem Auftrag und Wettbewerb national und gemeinschaftsrechtlich neu zu regeln?, S. E 34f.

[191] Beck, Kommunale Unternehmen zwischen Selbstverwaltungsgarantie und Europarecht, S. 19.

[192] Badura, Wirtschaftliche Betätigung der öffentlichen Hand zur Gewährleistung der Daseinsvorsorge, S. 26.

[193] Klein, Die Teilnahme des Staates am wirtschaftlichen Wettbewerb, S. 39.

[194] Klein, Die Teilnahme des Staates am wirtschaftlichen Wettbewerb, S. 40, spricht sogar von einem „unverzichtbaren" Mittel.

turplanung, der Konjunktur- oder Umweltpolitik oder auch der Arbeitsplatzbeschaffung sein.[195]
Kommunale Unternehmen sind auch zur Verfolgung von sozial- und stadtentwicklungspolitischen Zielen begriffen worden.[196]

---

[195] Vgl. zu diesen und weiteren Beispielen: Grabbe, Verfassungsrechtliche Grenzen der Privatisierung kommunaler Aufgaben, S. 99; König/Benz, Zusammenhänge von Privatisierung und Regulierung, S. 51f.; Schricker, Wirtschaftliche Tätigkeit der öffentlichen Hand und unlauterer Wettbewerb, S. 7f.

[196] Storr, Der Staat als Unternehmer, S. 129.

D. DIE SITUATION DER KOMMUNALEN UNTERNEHMEN ZWISCHEN NATIONALEM UND GEMEINSCHAFTRECHT

I. DIE SITUATION DER KOMMUNALEN UNTERNEHMEN IM NATIONALEN RECHT

In den letzten Jahren hat sich die Situation der kommunalen Unternehmen deutlich geändert. Diese Veränderung hat vor allem in tatsächlicher Hinsicht und weniger in rechtlicher Hinsicht stattgefunden, da bereits bestehendes Gemeinschaftsrecht nun auch auf die Bereiche der Daseinsvorsorge angewandt wurde. Um zu verstehen, wie die Änderungen sich auf die kommunalen Unternehmen ausgewirkt haben und diese in ein Spannungsfeld zwischen Daseinsvorsorge und Wettbewerb gebracht haben, ist es zunächst notwendig, sich die nationalen Bindungen, denen die kommunalen Unternehmen im Gegensatz zu den Privaten unterliegen, vor Augen zu führen. Denn die zunehmende Konkurrenz- und Wettbewerbssituation zwingt die kommunalen Unternehmen mehr und mehr dazu, sich an Wirtschaftlichkeitserfordernissen zu orientieren, wodurch sie den Privaten ähnlicher werden. Sich wie private Unternehmen zu verhalten ist den kommunalen Unternehmen jedoch aufgrund der nationalen Beschränkungen, die im Folgenden erläutert werden, nicht erlaubt.

1. Restriktionen kommunalen Wirtschaftens

Wie bereits erwähnt, dürfen sich die öffentlichen Unternehmen im Wettbewerb nicht wie private Unternehmen gerieren, sondern unterliegen spezifischen, nur für sie geltenden Bindungen. Dies ist neben den Beschränkungen, die sich aus den einzelnen Gemeindeordnungen ergeben, vor allem der Territorialitätsgrundsatz. Auf diesen soll im Folgenden näher eingegangen werden.

a) Beschränkung kommunaler Unternehmen durch Art. 28 Abs. 2 S. 1 GG?

Gem. Art. 28 Abs. 2 S. 1 GG sind die Kommunen berechtigt „alle Angelegenheiten der örtlichen Gemeinschaft im Rahmen der Gesetze in eigener Verantwortung zu regeln". Fraglich ist, ob diese Regelung die Kommunen zugleich in ihrem Tätigwerden beschränkt.

Art. 28 Abs. 2 S. 1 GG könnte als verfassungsrechtlich garantierter Mindeststandard anzusehen sein. Das würde bedeuten, dass die Kommunen sich durchaus auch außerhalb des Gemeindegebiets betätigen dürfen, nur dass diese Betätigung

– im Gegensatz zur Betätigung im Gemeindegebiet – nicht verfassungsrechtlich geschützt ist.
Andererseits könnte man in der Festlegung auf die örtlichen Angelegenheiten zugleich auch die Grenze der Zulässigkeit kommunaler Betätigung sehen.

aa) Keine Beschränkung durch Art. 28 Abs. 2 S. 1 GG

Teilweise wird vertreten, dass durch Art. 28 Abs. 2 GG keine Begrenzung der kommunalen Tätigkeit erfolgen kann. Dies wird damit begründet, dass Art. 28 Abs. 2 eine Kompetenzzuweisung darstellt, aus der nicht im Umkehrschluss eine Kompetenzbegrenzung auf das Gemeindegebiet gefolgert werden könne. Art. 28 Abs. 2 GG enthalte gar keine Aussage zu der Frage, ob eine wirtschaftliche Betätigung der Kommunen über den Bereich der örtlichen Gemeinschaft hinaus möglich sei, sondern verlange lediglich eine Rücksichtnahme auf die Interessen anderer Gemeinden.[197] Die Auslegung des Art. 28 Abs. 2 GG als örtliche Beschränkung der kommunalen Unternehmen sei ein „verfassungsrechtliches Missverständnis". Denn dass sich die grundgesetzliche Garantie nur auf den örtlichen Wirkungskreis beschränke, verbiete nicht automatisch eine Betätigung außerhalb der Gemeindegrenzen.[198]

Dieser Auffassung kann nicht gefolgt werden. Die Beschränkung kommunalen Wirtschaftens auf das Gemeindegebiet ist ebenso wie die generelle Beschränkung kommunalen Wirtschaftens Ausdruck des Grundsatzes, dass kommunales Wirtschaften kein Selbstzweck ist. Demzufolge entspricht es marktwirtschaftlichen Zielen, der Privatwirtschaft dort den Vorzug zu geben, wo das gemeinsame Wohl der Einwohnerschaft eine eigene Wirtschaftstätigkeit der Gemeinde nicht erfordert.[199] Insofern ist die Berechtigung der Gemeinden hinsichtlich der Angelegenheiten der örtlichen Gemeinschaft zugleich auch als die Grenze kommunalen Handelns anzusehen.

bb) Räumliche Beschränkung des Tätigwerdens kommunaler Unternehmen durch den Örtlichkeitsgrundsatz des Art. 28 Abs. 2 S. 1 GG

Die Kommunen haben im Rahmen der gem. Art. 28 Abs. 2 GG gewährleisteten Selbstverwaltungsgarantie das Recht, Leistungen der Daseinsvorsorge zu erbringen. Allerdings ist die Selbstverwaltungsgarantie des Art. 28 Abs. 2 GG, die auch

---
[197] Jarras, in. DÖV 2002, S. 500.
[198] Steckert, Kommunale Energieversorgungsunternehmen, Daseinsvorsorge und Wettbewerb in Europa, S. 68.
[199] VGH Rheinland-Pfalz; Urteil vom 20.03.2000, NVwZ 2000, S. 801.

die wirtschaftliche Tätigkeit erfasst, nicht unbegrenzt. Die Selbstverwaltungsgarantie besteht nur im Rahmen der Gesetze und unter Beachtung der Kompetenzordnung des Grundgesetzes im Übrigen.[200] Soweit die Kompetenzordnung des Grundgesetzes andere Zuständigkeiten begründet, was beispielsweise auf dem Gebiet von Nachbarkommunen regelmäßig der Fall ist, ist grenzüberschreitendes Wirtschaften unzulässig. Dies ergibt sich auch daraus, dass Art. 28 Abs. 2 GG das Selbstverwaltungsrecht der Gemeinden nicht nur in vertikaler Hinsicht gegenüber Eingriffen des Staates schützt, sondern auch in horizontaler Hinsicht vor Übergriffen durch Nachbargemeinden.[201]

Durch Art. 28 Abs. 2 GG wird auf Bundesebene die Verbandskompetenz der Kommunen geregelt. Diese Vorschrift legt das Recht der Kommunen fest, alle Angelegenheiten der örtlichen Gemeinschaft im Rahmen der Gesetze in eigener Verantwortung zu regeln. „Angelegenheiten der örtlichen Gemeinschaft" sind dabei solche Bedürfnisse und Interessen, die in der örtlichen Gemeinschaft wurzeln oder auf sie einen spezifischen Bezug haben, die also den Gemeindeeinwohnern gerade als solchen gemeinsam sind, indem sie das Zusammenleben und – wohnen der Menschen in der Gemeinde betreffen.[202] Art. 28 Abs. 2 S. 1 GG setzt für ein Tätigwerden der Kommune voraus, dass eine Angelegenheit örtlich radiziert sein muss. Dies macht deutlich, dass diese Vorschrift zugleich als Betätigungsgrenze wirkt, die dann eingreift, wenn der örtliche Bezug fehlt.

Für das Vorliegen des örtlichen Bezugs ist es unschädlich, dass Bedürfnisse bzw. Interessen auf mehrere örtliche Gemeinschaften oder Einwohner anderer Kommunen einen spezifischen Bezug haben oder in diesen wurzeln, solange das Regelungsziel die speziellen Bedürfnisse und Interessen der Gemeindeeinwohner sind.[203] Die Beschränkung des kommunalen Tätigkeitsbereichs auf die Angelegenheiten der örtlichen Gemeinschaft verbietet auch nicht jede Tätigkeit außerhalb des Gemeindegebiets. Die kommunalen Unternehmen nehmen auch Aufgaben wahr, die in der örtlichen Gemeinschaft wurzeln bzw. auf die örtliche Gemeinschaft einen spezifischen Bezug haben, wenn sie außerhalb des Gemeindegebietes tätig wird, diese Tätigkeit aber einen ausreichenden Gemeindebezug hat.[204] Dies ist zum Beispiel dann der Fall, wenn auf einer außergemeindlich

---

[200] Gern, in NJW 2002, S. 2595.
[201] Schin, Eildienst LKT NRW 2001, S. 194.
[202] So die Formel des BVerfG seit E 79, 127 (151f.).
[203] Vgl. BVerwG, in DÖV 1993, 622.
[204] Grabbe, Verfassungsrechtliche Grenzen der Privatisierung kommunaler Aufgaben, S. 91.

stattfindenden Fremdenverkehrsmesse für die Gemeinde als Fremdenverkehrsstandort geworben wird.[205]

Einer Betätigung außerhalb des Gemeindegebietes bzw. auf dem Gebiet von Nachbargemeinden ohne örtlichen Bezug steht jedoch grundsätzlich die Regelung von Art. 28 Abs. 2 GG entgegen, da sich das Recht der kommunalen Selbstverwaltung nur auf Angelegenheiten der örtlichen Gemeinschaft bezieht.[206] Die Grenzen des Schutzbereichs des Art. 28 Abs. 2 GG sind somit zugleich auch Kompetenzgrenzen der gemeindlichen Tätigkeit.[207] Entsprechend dieser Grenze ist die Kommune von Rechts wegen auf Angelegenheiten des örtlichen Wirkungskreises beschränkt, wenn ihr nicht Auftragsangelegenheiten vom Staat zugewiesen worden sind.[208] Eine Tätigkeit der Gemeinden außerhalb ihres Gemeindegebiets ist deshalb in der Regel unzulässig, weil ein derartiges Tätigwerden nicht zu den Angelegenheiten der örtlichen Gemeinschaft zählt.[209]

Art. 28 Abs. 2 GG enthält eine klare Kompetenzbeschränkung des Wirkungskreises der Gemeinden auf die Erledigung der örtlichen Aufgaben.[210] Eine wirtschaftliche Betätigung der Gemeinde außerhalb ihres Gemeindegebietes ist daher unzulässig, es sei denn, die Nachbargemeinde stimmt zu.[211] Die Beschränkung des örtlichen Wirkungskreises der Kommunen findet teilweise ihre Entsprechung in den gemeinderechtlichen Bestimmungen. So ist in einigen Gemeindeordnungen ausdrücklich vorgeschrieben, dass die Gemeinden sich nur „zur Erledigung von Angelegenheiten der örtlichen Gemeinschaft" wirtschaftlich betätigen dürfen.[212] Wegen der bereits verfassungsrechtlich festgelegten Beschränkung kommunalen Wirtschaftens auf Angelegenheiten mit örtlichem Bezug wird durch

---

[205] Vgl. dazu und zu weiteren Beispielen, Ehlers, Empfiehlt es sich das Recht der öffentlichen Unternehmen im Spannungsfeld von öffentlichem Auftrag und Wettbewerb national und gemeinschaftsrechtlich neu zu regeln?, S. E 96.

[206] Hill, in: BB 1997, S. 429.

[207] Brockmeyer, in: Schmidt-Bleibtreu/ Klein, Kommentar zum Grundgesetz, Art. 28 Rn. 10b; Tettinger, in: Mangoldt/Klein/Starck, Bonner Grundgesetz, Art. 28, Rn. 173; Löwer, in: von Münch/Kunig, Grundgesetz-Kommentar, Art. 28 Rn. 37f.

[208] BVerfGE 8, 122ff. Die Beschränkung der Kommunen in örtlicher Hinsicht hat auch Aufnahme in einige Gemeindeordnungen gefunden, vgl. dazu sowie zu den Nachweisen in den GO der Länder: Hellermann, Örtliche Daseinsvorsorge und gemeindliche Selbstverwaltung, S.57 i.V.m. Fn. 45.

[209] So die h.M., statt vieler, Schink, in Eildienst LKT NRW 2001 m. w. Nachw., S. 193f.; a.A. Jarras, in: DÖV 2002, S. 498f, Wieland/Hellermann, Der Schutz des Selbstverwaltungsrechts der Kommunen gegenüber Einschränkungen ihrer wirtschaftlichen Betätigung, S. 32ff.

[210] Nierhaus, in: Sachs, Grundgesetz-Kommentar, Art. 28 Rn. 32.

[211] Nierhaus, in: Sachs, Grundgesetz-Kommentar, Art. 28 Rn. 42a.

[212] § 100 Abs. 2 Bbg. GO; § 108 Abs. 1 S. 1 NGO; vgl. auch §107 Abs. 1 S. 1 GO NW i.d.F. der Bekanntmachung vom 14.7.1994, insoweit geändert durch das Erste Modernisierungsgesetz vom 15.6.1999.

die gemeinderechtlichen Bestimmungen nur zum Ausdruck gebracht, was die Verfassung für die kommunalen Unternehmen ohnehin schon festgelegt hat, nämlich die Begrenzung des Tätigkeitskreises der Kommunen auf ihr Gemeindegebiet.[213]

Durch diesen Örtlichkeitsgrundsatz sind die kommunalen Unternehmen gegenüber privaten Unternehmen im Wettbewerb im Nachteil, da es ihnen nicht erlaubt ist, einen eventuellen Verlust von Abnehmern im eigenen Versorgungsbereich wettzumachen durch eine Akquisition entsprechender Kunden außerhalb ihres örtlichen Bereichs.[214]

Da die Kommunen somit grundsätzlich auf einen gemeindlichen Wirkungskreis beschränkt sind, bedarf es für eine Zuständigkeitserweiterung einer gesetzlichen Regelung.[215] Eine derartige Erweiterung des örtlichen Tätigkeitskreises ist in wenigen Bundesländern gestattet. So ist es den Gemeinden beispielsweise in Bayern[216] ebenso wie in Nordrhein-Westfalen[217] gestattet, sich unter Wahrung der berechtigten Interessen der Nachbargemeinden außerhalb ihres Gemeindegebiets wirtschaftlich zu betätigen.[218]

b) Gemeinderechtliche Restriktionen[219]

Neben der Beschränkung der gemeindlichen Tätigkeit durch den Territorialitätsgrundsatz bestehen weitere Einschränkungen. Die wirtschaftliche Betätigung von kommunalen Unternehmen unterliegt durch die Gemeindeordnungen der Länder in der Regel der sog. Schrankentrias.[220] Diese und die damit verbundene Be-

---

[213] Fuest/Kroker/Schatz, Die wirtschaftliche Betätigung der Kommunen und die Daseinsvorsorge, S. 17; Helb, in NWVBl. 1995, S. 328.

[214] Burgi, in: VerwArch 2002, S. 261, Decker, Die Organisation des Energiebinnenmarkts, S. 24; Kühling, in: NJW 2001, S. 179f.

[215] Ehlers, Empfiehlt es sich das Recht der öffentlichen Unternehmen im Spannungsfeld von öffentlichem Auftrag und Wettbewerb national und gemeinschaftsrechtlich neu zu regeln?, S. E 97.

[216] Vgl. Art. 87 Abs. 3 BayGO.

[217] Vgl. Art. § 107 Abs. 2 NWGO.

[218] Vgl. zu den weiteren gemeinderechtlichen Einzelheiten und den Möglichkeiten in anderen Bundesländern Gern, in NJW 2002, S. 2593, außerdem Ehlers, Empfiehlt es sich das Recht der öffentlichen Unternehmen im Spannungsfeld von öffentlichem Auftrag und Wettbewerb national und gemeinschaftsrechtlich neu zu regeln?, S. E 97, teilweise werden selbst diese gesetzlichen Regelungen als rechtswidrig angesehen, da den Kommunen prinzipiell keine überörtliche Tätigkeit gestattet sei.

[219] Vgl. zu einer schematischen Übersicht der verschiedenen gemeinderechtlichen Restriktionen in den einzelnen Bundesländern: Schink, in Eildienst LKT NRW 2001, S. 188f.

[220] Cronauge, Kommunale Unternehmen, S. 238, Rz. 769i.

schränkung kommunalwirtschaftlicher Betätigung durch die Gemeindeordnungen der Länder gehen auf § 67 der Deutschen Gemeindeordnung von 1936 zurück.[221] Die heute geltenden Restriktionen sind im Wesentlichen

- die Bindung eines wirtschaftlichen Tätigwerdens an einen öffentlichen Zweck,
- das nach den meisten Gemeindeordnungen geltende, wenn auch teilweise unterschiedlich ausgestaltete Subsidiaritätsprinzip,
- sowie die Bindung eines wirtschaftlichen Tätigwerdens an Leistungsfähigkeit und Bedarf der Gemeinde.

Die unterschiedlichen Ziele, die mit der Beschränkung kommunalen Wirtschaftens verfolgt werden sollen, waren damals dieselben wie heute.[222] Mit den Beschränkungen der wirtschaftlichen Betätigung der Kommunen durch die Gemeindeordnungen, soll vorrangig ein kommunalpolitisches Ziel verfolgt werden: Die Gemeinden sollen ihre Verwaltungskraft auf die Wahrnehmung der ihnen primär zugewiesenen Aufgaben konzentrieren.[223] Außerdem sollen die Kommunen vor vermeidbaren finanziellen und wirtschaftlichen Risiken geschützt werden.[224]

Weiterhin soll durch diese Restriktionen aber auch ein wirtschaftspolitischer Zweck verfolgt werden, nämlich die Zurückdrängung einer uneingeschränkten kommunalen Wirtschaftstätigkeit und der Schutz vor einem Überhandnehmen gemeindlicher Konkurrenzwirtschaft.[225] Die Kommunen sollen Rücksicht auf die Privatwirtschaft und damit auch auf die Steuerkraft ihrer Einwohner nehmen. Die gemeinderechtlichen Beschränkungen des kommunalen Wirtschaftens haben auch das Ziel eines notwendigen Ausgleichs zwischen den Grundrechten der privaten Unternehmer und Art. 28 Abs. 2 GG.

Schlussendlich ist auch zu beachten, dass sich die Kommunen vor allem durch die Steuern und Abgaben ihrer Gemeindeeinwohner und nicht durch die Selbstbewirtschaftung von Eigentum und durch Beteiligung am Wirtschaftsleben finanzieren sollen.[226]

---

[221] Hill, in: BB 1997, S. 428.
[222] Badura, in: DÖV 1998, S. 818.
[223] Hill, in: BB 1997, S. 429; Klein, Die Teilnahme des Staates am wirtschaftlichen Wettbewerb, S. 78.
[224] Badura, in: DÖV 1998, S. 818; Klein, Die Teilnahme des Staates am wirtschaftlichen Wettbewerb, S. 78; Kluth, Grenzen kommunaler Wettbewerbsteilnahme, S. 89.
[225] Badura, in: DÖV 1998, S. 818; Hill, in: BB 1997, S. 429.
[226] Hill, in: BB 1997, S. 428f.

aa) Öffentlicher Zweck

In Deutschland gilt die Regelung, dass öffentliche Unternehmen[227] kein Selbstzweck sind, sondern sie eingeordnet sind in ein Umfeld, aus dem sich ihre Existenzberechtigung herleitet. Aus den Bestimmungen des kommunalen Wirtschaftsrechts ergibt sich die ordnungspolitische Vorstellung, dass die wirtschaftliche Betätigung der öffentlichen Hand einer besonderen Rechtfertigung bedarf.[228] Das bedeutet, dass öffentliche Unternehmen als Existenz- und vor allem als Tätigkeitsberechtigung stets eine öffentliche Aufgabe brauchen. Ein öffentliches Unternehmen und seine Beteiligung am Wirtschaftsleben bedürfen der Rechtfertigung durch einen (dringenden) öffentlichen Zweck[229], durch den auch die Grenze zulässiger Wirtschaftsbetätigung gezogen wird.[230]

Allerdings darf die begrenzende Wirkung dieser Klausel nicht überschätzt werden.[231] Die Kommunen können grundsätzlich die ihnen geboten erscheinenden Gemeinwohlbelange verfolgen, wobei ihnen bei der Festlegung, ob ein öffentlicher Zweck vorliegt oder nicht, ein sehr weiter Spielraum verbleibt. Dies liegt einmal daran, dass es eine trennscharfe Definition des öffentlichen Zwecks nicht gibt. Außerdem resultiert der große Spielraum der Kommunen aus dem Fehlen einer normativen Verbindlichkeit einer bestimmten Wirtschaftsordnung.[232]

Mit Sicherheit kein öffentlicher Zweck liegt vor, wenn die Tätigkeit der kommunalen Unternehmen auf die reine Gewinnzielung ausgerichtet ist, auch wenn ein Ertrag für den Gemeindehaushalt angesichts der teilweise desaströsen Finanzsituation der Kommunen ein willkommener Nebenerfolg sein mag.[233] Das bedeutet, dass die rein erwerbswirtschaftlich ausgerichtete Teilnahme am allgemeinen Wirtschaftsverkehr, durch das Angebot von Waren und Dienstleistungen, den Kommunen nicht erlaubt ist[234] und dies das wirtschaftliche Tätigwerden der

---

[227] Dazu zählen auch die kommunalen Unternehmen.

[228] Fehling, Zu Möglichkeiten und Grenzen identischer Wettbewerbsbedingungen, S.199.

[229] § 102 Abs. 1 Nr. 1 BaWüGO; Art. 87 Abs. 1 Nr. 1 BayGO; § 100 Abs. 2 Nr. 1 BrbGO; § 121 Abs. 1 Nr. 1 HessGO; § 68 Abs. 1 Nr. 1 MV-KV; § 108 Abs. 1 Nr. 1 NdsGO; § 85 Abs. 1 Nr. 1 RP-GO; S 108 Abs. 1 Nr. 1 SaarGO; § 97 Abs. 1 Nr. 1 SächsGO; § 116 Abs. 1 Nr. 1 SachsAnhGO; § 101 Abs. 1 Nr. 1 SH-GO; § 71 Abs. 1 Nr. 1 ThürKO; ein „dringender öffentlicher Zweck" war in § 107 Abs. 1 Nr. 1 NRW-GO a. F. vorgesehen; mangels wissenschaftlicher Präzisierung ist das Erfordernis mit Art. 1 Abs. 1 NRW-ModernG v. 15.6.1999, GVBl. S. 386, entfallen.

[230] Bala, Art. 90 Abs. 2 EGV im System unverfälschten Wettbewerbs, S.123.

[231] Hill, in: BB 1997, S. 429; Schink, Eildienst, LKT NRW 2001, S. 189.

[232] Ehlers, Rechtsprobleme der kommunalen Wirtschaft, S. 105.

[233] Hill, in: BB 1997, S. 429; Ehlers, Rechtsprobleme der kommunalen Wirtschaft, S. 105.

[234] Badura, in: DÖV 1998, S. 819; Gersdorf, Öffentliche Unternehmen im Spannungsfeld zwischen Demokratie- und Wirtschaftlichkeitsprinzip, S. 493, 494.

Kommunen nicht im Sinne des „öffentlichen Zwecks" legitimieren kann,[235] auch wenn damit eine unzureichende Finanzausstattung der Kommunen ausgeglichen werden soll.[236] Dies wurde in einigen Gemeindeordnungen sogar ausdrücklich klargestellt.[237]

Dass es kein Recht der öffentlichen Hand zu zweckfreier Wirtschaftsbetätigung geben kann, wird auch dadurch deutlich, dass die rein erwerbswirtschaftliche Tätigkeit des Staates zu Finanzierungszwecken mit der Teleologie des Steuerstaates konfligiert. Zwar lässt sich dem Grundgesetz keine bestimmte Wirtschaftverfassung entnehmen, aber aus der Finanzverfassung ergibt sich, dass der Staat seine Einnahmen im Wesentlichen über die Partizipation an den Erträgen der ökonomischen Betätigung der Bürger, das heißt in Form von Steuern und Abgaben bestreiten soll.[238]

Nicht ausgeschlossen wird der öffentliche Zweck dadurch, dass mit der kommunalen Tätigkeit auch Einnahmen erzielt werden. Ist das kommunale Unternehmen durch die Verfolgung eines legitimen öffentlichen Zwecks zusätzlich auch in der Lage, Gewinne zu erwirtschaften und verfolgt es diese Gewinnerzielung als Nebenzweck, so schadet dies nicht dem Vorliegen des öffentlichen Zwecks, denn die Erzielung von Einkünften als Nebenzweck ist unschädlich.[239]

Eine Präzisierung des Begriffs „öffentlicher Zweck" ist schwierig.[240] Unstreitig ist aber, dass da, wo die Unternehmen auf dem Gebiet der Daseinsvorsorge tätig werden, der öffentliche Zweck stets erfüllt ist.[241] In jedem Fall erfasst das Kriterium des öffentlichen Zwecks die „klassischen" kommunalen Aufgaben der Versorgung der Bevölkerung mit Gütern oder Dienstleistungen[242], insbesondere mit Strom, Gas und Wasser. Hier wird das Merkmal des öffentlichen Zwecks seit

---

[235] Badura, Wirtschaftliche Betätigung der öffentlichen Hand zur Gewährleistung von Daseinsvorsorge, S. 36. Bemerkenswert in diesem Zusammenhang ist, dass auf dem 64. DJT zwar der Beschluss Nr. 43 a) „Das bloße Ertragsstreben ist keine ausreichende öffentliche Zwecksetzung" angenommen wurde, den 74 Ja-Stimmen aber 39 Nein-Stimmen und 11 Enthaltungen gegenüber standen, vgl. Verhandlungen des 64. Deutschen Juristentages, Berlin 2002, Band II/2 Sitzungsberichte (Referate und Beschlüsse), S. O 73. Nicht zuletzt daran zeigt sich, dass die Kommunen dringend Einnahmen benötigen.

[236] Ehlers, Empfiehlt es sich, das Recht der öffentlichen Unternehmen im Spannungsfeld von öffentlichem Auftrag und Wettbewerb national und gemeinschaftsrechtlich neu zu regeln?, S. E 70.

[237] Vgl. Art. 87 Abs. 1 S. 2 BayGO, § 116 Abs. 1 S. 2 GO LSA.

[238] Mann, in: JZ 2002, S. 820.

[239] Mann, in: JZ 2002, S. 821.

[240] So auch Kluth, Grenzen kommunaler Wettbewerbsteilnahme, S. 89.

[241] Burgi, EuR 1997, S. 268.

[242] Klein, Die Teilnahme des Staates am wirtschaftlichen Wettbewerb, S. 82.

jeher für erfüllt angesehen.²⁴³ Neben den traditionellen werden aber auch die neu entstehenden Aufgaben der kommunalen Daseinsvorsorge vom Merkmal des öffentlichen Zwecks erfasst.²⁴⁴

Da sich diese Arbeit nur mit der Betätigung der kommunalen Unternehmen im Rahmen der Daseinsvorsorge beschäftigen wird, braucht auf das Merkmal des öffentlichen Zwecks hier nicht näher eingegangen zu werden. Diese kann – wie bereits gesagt - bei der Betätigung kommunaler Unternehmen im Bereich der Daseinsvorsorge stets als gegeben angesehen werden kann. Der Begriff des „öffentlichen Zwecks" soll im Rahmen dieser Arbeit nur dazu diesen, eine mögliche Beschränkung kommunalen Wirtschaftens aufzuzeigen, die bei der Tätigkeit öffentlicher Unternehmen im Rahmen der Daseinsvorsorge aber regelmäßig kein Problem darstellt.²⁴⁵ Eine Beschränkung für kommunales Wirtschaften kann sich aus dem öffentlichen Zweck nur da ergeben, wo die Kommunen Leistungen anbieten, die nicht mehr der Daseinsvorsorge unterfallen.²⁴⁶ Ist das der Fall und wird die Leistung bereits ausreichend von privaten Anbietern angeboten, ist in der Regel vom Fehlen eines öffentlichen Zwecks auszugehen.

Zu beachten ist allerdings, dass auch wenn eine Aufgabe durch private Unternehmen bereits hinreichend wahrgenommen wird, dies das Vorliegen eines öffentlichen Zwecks nicht ausschließt und somit dieser als Rechtfertigung für das Handeln kommunaler Unternehmen nach wie vor gegeben sein kann.²⁴⁷ Ein Ausschluss der Teilnahme kommunaler Unternehmen am Wirtschaftleben kann hier allenfalls durch den Subsidiaritätsgrundsatz erfolgen.

bb) Subsidiaritätsklausel bzw. Funktionssperre

In fast allen Bundesländern unterliegt die kommunale Wirtschaftstätigkeit neben dem Erfordernis des öffentlichen Zwecks auch noch einer mehr oder weniger intensiven Subsidiaritätsschranke.²⁴⁸

---

[243] Löwer, Energieversorgung zwischen Staat, Gemeinde und Wirtschaft, S. 95 m. w. Nachw.
[244] Badura, Wirtschaftliche Betätigung der öffentlichen Hand zur Gewährleistung von Daseinsvorsorge, S. 36.
[245] Etwas anderes gilt, wenn die Kommunen neue Tätigkeitsfelder entdecken, auf denen sie sich wirtschaftlich betätigen wollen. Zählen diese nicht zur Daseinsvorsorge, so kann sich durch den öffentlichen Zweck eine Beschränkung ihrer Handlungsmöglichkeiten ergeben.
[246] Dies ist wohl anzunehmen beim Betrieb einer kommunalen Sauna oder eine kommunalen Gärtnereibetriebes.
[247] Storr, Der Staat als Unternehmer, S. 107; aA Weiß, in AöR 2003, S. 97.
[248] Art. 87 Abs. 1 Nr. 4 BayGO; § 68 Abs. 1 Nr. 3 KV, M-V; § 108 Abs. 1 Nr. 3 NdsGO; § 85 Abs. 1 Nr. 3 GO Rheinland-Pfalz; § 108 Abs. 1 Nr. 3 SaarGO; § 116 Abs. 1 Nr. 3 GO SachsAnh; § 101 Abs. 1 Nr. 3 SH-GO; § 71 Abs. 1 Nr. 3 KO Thür; in Nordrhein-Westfalen wurde dieser Passus bei der letzten Novellierung 1994 entfernt, die ursprünglich geltende alte Fas-

Die Subsidiaritätsklausel stellt insofern eine Beschränkung kommunaler wirtschaftlicher Betätigung dar, als Bedingung für die zulässige wirtschaftliche Tätigkeit der Kommune bzw. deren Unternehmen ist, dass der Zweck, der von den kommunalen Unternehmen verfolgt wird, nicht besser und wirtschaftlicher (Funktionssperre)[249] bzw. nicht ebenso gut und wirtschaftlich (Subsidiaritätsgrundsatz)[250] durch einen anderen erfüllt wird oder werden kann. Teilweise ist, um das zu ermitteln, ein Markterkundungsverfahren vorgeschrieben.[251]

Eine besonders weitgehende Beschränkung der kommunalen Wirtschaftstätigkeit geht von den Funktionssperren nicht aus.[252] Dies folgt schon daraus, dass den Kommunen bei der Einschätzung, ob ein anderer die Leistung besser und wirtschaftlicher erbringen kann, eine Einschätzungsprärogative zukommt.[253]

Die Regelung soll einerseits die Gemeinden vor dem Risiko, das mit einer wirtschaftlichen Tätigkeit verbunden ist, schützen. Andererseits soll dadurch auch die Privatwirtschaft vor einer zu starken Beteiligung staatlicher Unternehmen am Wettbewerb und damit einer Einschränkung ihrer Erwerbsmöglichkeiten geschützt werden.[254]

---

sung wurde nicht übernommen. In verschiedenen ostdeutschen Gemeindeordnungen ist diese Klausel sogar noch weiter ausgebaut worden, vgl. z.B. § 100 Abs. 3 GO Bran; § 71 Abs. 1 Nr. 3 KO Thür, wo sogar ein Markterkundungsverfahren vorgeschrieben ist. In anderen Bundesländern ist diese Pflicht nur bei kommunalen wirtschaftlichen Unternehmen in Privatrechtsform normiert, vgl. § 103 Abs. 1 Nr. 1 GO BW. Vgl. zu einer Übersicht: Cronauge, Kommunale Unternehmen, Rn. 475ff, Fuest/Kroker/Schatz, Die wirtschaftliche Betätigung der Kommunen und die Daseinsvorsorge, S.17ff.; Rindtorff, Wettbewerbsrechtliche Grenzen erwerbswirtschaftlicher Betätigung der öffentlichen Hand, S. 430, Hellermann, Örtliche Daseinsvorsorge und gemeindliche Selbstverwaltung, S. 57f.

[249] Dies gilt in den meisten Bundesländern, wie z.B. Niedersachsen.

[250] Diese strengere Beschränkung kommunalen Wirtschaftens gilt in Brandenburg, Rheinland-Pfalz und (mit Einschränkungen außerhalb kommunaler Daseinsvorsorge) in Bayern und Thüringen. In Bayern sind die Gemeinden im Rahmen von Sparsamkeit und Wirtschaftlichkeit gehalten, ihre Aufgaben daraufhin zu untersuchen, ob und in welchem Umfang sie private Dritte oder unter Heranziehung Dritter mindestens ebenso gut erledigt werden können, vgl. dazu Art. 61 Abs. 2 S. 2 GO Bay.

[251] Vgl. dazu Hill, in: BB 1997, S. 429, Schink, in Eildienst NRW 2001, S. 197.

[252] Ehlers, Empfiehlt es sich das Recht der öffentlichen Unternehmen im Spannungsfeld von öffentlichem Auftrag und Wettbewerb national und gemeinschaftsrechtlich neu zu regeln?, S. E 80, Kluth, Grenzen kommunaler Wettbewerbsteilnahme, S. 89; Schink, Eildienst, LKT NRW 2001, S. 189.

[253] Schink, Eildienst, LKT NRW 2001, S. 189.

[254] Erichsen, Gemeinde und Private im wirtschaftlichen Wettbewerb, S. 34.

cc) Leistungsfähigkeit und Bedarf der Kommune

Eine weitere Beschränkung kommunalen Wirtschaftens liegt darin, dass sich die Kommune an ihrer eigenen Leistungsfähigkeit und an ihrem eigenen Bedarf auszurichten hat. Der eigentliche Sinn gemeindlicher Tätigkeit liegt in der Erfüllung öffentlicher Aufgaben. Eine diesen Aufgabenbereich überschreitende Tätigkeit verfehlt ihren Sinn und schädigt zugleich die Privatwirtschaft.[255] Deshalb müssen die kommunalen Unternehmen nach Art und Umfang in einem angemessenen Verhältnis zur Leistungsfähigkeit der Kommune und deren voraussichtlichem Bedarf stehen. Durch diese Beschränkung sollen die Kommunen finanzpolitisch vor wirtschaftlichen Risiken und daraus resultierenden finanziellen Verlusten geschützt werden, die den Gemeindehaushalt belasten und damit die Erfüllung der eigentlichen Gemeindeaufgaben in Frage stellen könnten.[256] Eine Überlastung der kommunalen Haushalte soll verhindert und die gemeindliche Verwaltungs- und Finanzkraft geschützt werden.[257]

c) Beschränkungen durch das Wettbewerbs- und Kartellrecht

Während sich die Frage des „ob" der wirtschaftlichen Tätigkeit von Kommunen nach den Vorschriften der Gemeindeordnungen richtet, gelten für die Frage des „wie" die Regeln des Wettbewerbsrechts[258] (UWG, GWB). Soweit gesetzlich nichts anderes geregelt ist, richtet sich die Teilnahme der öffentlichen Hand am Wirtschaftsleben nach dem Privatrecht.[259] Das bedeutet, dass sich die wirtschaftliche Tätigkeit der kommunalen Unternehmen auch am Wettbewerbs- und Kartellrecht messen lassen muss.

Da die Vorschriften des UWG und des GWB auch für private Unternehmen gelten, unterliegen die kommunalen Unternehmen durch die Bindung an diese Gesetze keinen Sonderregelungen, die sie stärker als private Unternehmen in ihrer Wirtschaftstätigkeit einschränken, sondern werden in dieser Hinsicht gleichermaßen wie ihre private Konkurrenz eingeschränkt. Aus Gründen der Vollständigkeit

---

[255] Jaeger, Kommunen und Wettbewerbsrecht, S. 172f.

[256] Hill, in: BB 1997, S. 429.

[257] Beck, Kommunale Unternehmen zwischen Selbstverwaltungsgarantie und Europarecht, S. 67, Erichsen, Gemeinde und Private im wirtschaftlichen Wettbewerb, S. 33f.

[258] So die h.M., nach der das Wettbewerbsrecht nur das Wettbewerbsverhalten nicht aber den Marktzutritt regelt, vgl. Badura, in: DÖV 1998, S. 822; Erichsen, Gemeinde und Private im wirtschaftlichen Wettbewerb, S. 39ff; Hill, in BB 1997, S. 428; Kluth, Grenzen kommunaler Wettbewerbsteilnahme, S. 100f.; Schink, in: Eildienst LKT NRW, S. 198; Tettinger, in: NJW 1998, S. 3473f.

[259] BGHZ 66, 229; 67, 81.

soll auf die Bindung der kommunalen Unternehmen an diese Vorschriften zumindest kurz eingegangen werden.

Die Anwendbarkeit auf öffentliche Unternehmen ist in § 98 Abs. 1 GWB ausdrücklich geregelt. Das bedeutet, wenn eine Gemeinde durch wirtschaftliche Tätigkeit ihre Aufgaben überschreitet und darin ein wettbewerbswidriges Verhalten liegt, kann sie von einem privaten Konkurrenten auf Unterlassung im ordentlichen Rechtsweg in Anspruch genommen werden.[260]

Kartellrechtlich liegt dabei der Schwerpunkt möglicher Klagen privater Mitbewerber im Bereich des Verbots der unbilligen Behinderung und Diskriminierung von Marktteilnehmern durch Unternehmen in marktbeherrschender Stellung (§§ 22, 26 Abs. 2 GWB).[261]
Von besonderer Bedeutung für die Kommunalwirtschaft ist auch die Generalklausel des § 1 UWG. Für diese Vorschrift hat die Rechtsprechung der Zivilgerichte Sondertatbestände herausgearbeitet, bei denen ein unlauterer Wettbewerb der öffentlichen Hand vorliegt.[262] Dies ist beispielsweise der Fall, wenn die öffentliche Hand ihre amtliche Autorität und die mit ihr verbundene Vertrauensstellung zur Erreichung von Vorteilen im Wettbewerb missbräuchlich ausnutzt, etwa durch Täuschung, psychologischen Druck oder sachwidrige Beeinflussung. Ein unlauterer Wettbewerb ist auch dann gegeben, wenn eine Vermischung amtlicher mit erwerbswirtschaftlichen Interessen gegeben ist, die zur Interessenkollision bei der Erfüllung öffentlicher Aufgaben führt.[263] Eine unlautere Vermischung amtlicher und erwerbswirtschaftlicher Interessen liegt auch dann vor, wenn die öffentliche Hand ihre Machtstellung dadurch missbraucht, dass sie amtliche Beziehungen bei der Werbung oder bei Vertragsschlüssen ausnutzt, um sich einen Vorsprung vor privaten Mitbewerbern zu verschaffen.[264]

2. Resümee der nationalen Situation der kommunalen Unternehmen

Zusammenfassend lässt sich festhalten, dass das deutsche Recht eine unterschiedliche Behandlung von öffentlichen und privaten Unternehmen vorsieht. Die öffentlichen Unternehmen werden besonderen öffentlich-rechtlichen Bindungen

---

[260] Badura, in: DÖV 1998, S. 822.

[261] Hill, in: BB 1997, S. 428.

[262] Vgl. Schink, Eildienst LKT NRW 2001, 185 (199 mit Rspr.-Nachweisen); Schricker, Wirtschaftliche Tätigkeit der öffentlichen Hand und unlauterer Wettbewerb, S. 128ff, 177ff; Schink, Eildienst LKT NRW 2001, 185 (199 mit Rspr.-Nachweisen).

[263] Hill, in: BB 1997, S. 428.

[264] OLG Karlsruhe, WRP 1995, 857., vgl. zu weiteren Fallgruppen: Schink, in: Eildienst LKT NRW 2001, S. 199.

unterworfen, die sich für sie als Wettbewerbsnachteile im Wettbewerb mit privaten Unternehmen auswirken.

Den Vorteilen, die öffentliche Unternehmen aufgrund ihrer engen Bindung an den Staat haben[265], stehen eine Reihe von Nachteilen gegenüber, durch die die öffentlichen Unternehmen im Vergleich zu den Privaten im Wettbewerb stark eingeschränkt sind. Die öffentlichen Unternehmen haben nach nationalem Recht im Wettbewerb keine gleichberechtigte Wettbewerbsposition im Hinblick auf ihre privaten Mitbewerber, sondern dürfen nur unter besonderen Voraussetzungen wirtschaften und am Wettbewerb teilnehmen.

Hinsichtlich eines Vorrangs öffentlicher oder privater Unternehmen lässt sich festhalten, dass im nationalen Recht kein genereller Vorrang einer Staats- oder Privatwirtschaft festgelegt ist. Wenn die kommunalen Unternehmen jedoch wirtschaften, unterliegen sie spezifischen Restriktionen.

II. DIE ANWENDBARKEIT DES GEMEINSCHAFTSRECHTS AUF KOMMUNALE UNTERNEHMEN

1. Gemeinschaftsweite Dimension

In Bezug auf die kommunale Ebene ist zunächst darauf hinzuweisen, dass die Beachtung der Vorschriften des Vertrages durch die kommunalen Unternehmen durchaus eine gemeinschaftsweite Dimension hat. Nur weil ein Unternehmen lediglich regional oder lokal tätig ist, bedeutet das nicht, dass sich sein mögliches wettbewerbswidriges Verhalten bzw. die Wirkung von Beihilfen, die diesem Unternehmen gewährt werden, auch auf diese Region beschränken. Wie auch vom Gerichtshof festgestellt, ist es keineswegs ausgeschlossen, dass sich ein öffentlicher Zuschuss, der einem Unternehmen gewährt wird, das ausschließlich örtliche oder regionale Dienste und keine Dienste außerhalb seines Heimatstaats leistet, gleichwohl auf den Handel zwischen Mitgliedstaaten auswirken kann.[266] Dies kann insofern gegeben sein, als das Unternehmen durch den gewährten öffentlichen Zuschuss die Erbringung seiner Dienste beibehalten oder ausweiten kann, so dass sich die Chancen der in anderen Mitgliedstaaten niedergelassenen Unternehmen, ihre Dienste auf dem Markt dieses Staates zu erbringen, verrin-

---

[265] Wie beispielsweise ein Informations- oder Vertrauensvorsprung.
[266] Vom Gerichtshof so festgestellt für den Verkehr, EuGH (Urteil v. 24. Juli 2003) Rs. C-280/00, (Altmark), Rz. 77, Slg. 2003, I-7747; in diesem Sinne ebenso EuGH Urteil vom 13.07.1988), Rs. 102/87, (Frankreich/Kommission), Slg. 1988, 4067, Rz. 19; EuGH (Urteil v. 21.03.1991)Rs. C-305/89, (Italien/Kommission), Slg. 1991, I-1603, Rz. 26, und (Spanien/Kommission), Rz. 40.

gern.[267] In ähnlicher Weise kann ein wettbewerbswidriges Verhalten auf einem lokalen Markt es verhindern, dass Anbieter anderer Mitgliedstaaten die Möglichkeit haben, sich dort anzusiedeln. Die Tatsache, dass die Tätigkeit regionaler Versorgungsunternehmen eine gemeinschaftsweite Dimension haben kann, zeigt sich nicht zuletzt daran, dass diese bereits Gegenstand der Rechtsprechung des Europäischen Gerichtshofs war.[268]

Was die Einwirkung durch Beihilfen betrifft, so werden zwar bestimmte Beihilfen aufgrund ihrer geringen Höhe und der bestehenden de-minimis-Regelung nicht an den Beihilferegeln gemessen.[269] Allerdings ist zu berücksichtigen, dass es davon abgesehen, nach der Rechtsprechung des Gerichtshofes, keine Schwelle und keinen Prozentsatz gibt, bis zu der oder dem man davon ausgehen könnte, dass der Handel zwischen Mitgliedstaaten nicht beeinträchtigt wäre. Weder der verhältnismäßig geringe Umfang einer Beihilfe noch die verhältnismäßig geringe Größe des begünstigten Unternehmens schließen nämlich von vornherein die Möglichkeit einer Beeinträchtigung des Handels zwischen den Mitgliedstaaten aus.[270]

2. Anwendbarkeit der Vertragsvorschriften auf kommunale Unternehmen, Art. 86 Abs. 2 EG

Art. 86 Abs. 2 EG bestimmt, dass Unternehmen, die mit Dienstleistungen von allgemeinem wirtschaftlichen Interesse betraut sind, grundsätzlich an die Vorschriften des Vertrages gebunden sind. Dies gilt insbesondere für die Wettbewerbsregeln. Gem. Art. 86 Abs. 2 EG sind also auch kommunale Unternehmen bei der Erbringung von Leistungen der Daseinsvorsorge grundsätzlich an das Gemeinschaftsrecht gebunden. Die Vorschrift basiert auf der Annahme, dass die Binnenmarkt- und Wettbewerbsregeln der Erfüllung gemeinwohlbezogener Aufgaben grundsätzlich nicht entgegenstehen, sondern dass diese Regeln vielmehr dazu beitragen, eine Gemeinwohlaufgabe besonders effektiv zu erfüllen. Ein Konflikt zwischen Daseinsvorsorge und Wettbewerb ist erst dann gegeben, wenn

---

[267] Vgl. in diesem Sinne EuGH (Urteil v. 13.07.1988), Rs. 102/87, (Frankreich/Kommission), Slg. 1988, 4067, Rz. 19; EuGH (Urteil v 21.03.1991), Rs. C-305/89, (Italien/Kommission), Slg. 1991, I-1603, Rz. 26, und (Spanien/Kommission), Rz. 40.

[268] Vgl. z.B. EuGH (Urteil v. 27.04.1994), Rs. C-393/92, (Almelo), Slg. 1994, I-1477, dazu näher unten unter D II. 2. b) dd) (1) α).

[269] Gemeinschaftsrahmen für Beihilfen an kleine und mittlere Unternehmen, Ziffer 3.2., ABlEG C 213 v. 19. August 1992, S. 2, geändert durch Mitteilung der Kommission über „de-minimis"-Beihilfen, ABlEG C 68 v. 6. März 1996, S.9f., nicht unter die Beihilferegelung fallen Zuschüsse, die 100.00,- € in drei Jahren nicht überschreiten.

[270] EuGH (Urteil v. 24. Juli 2003) Rs. C-280/00, (Altmark), Rz. 77, Slg. 2003, I-7747; EuGH, (Urteil v. 21.03.1990), Rs. C-142/97 (Belgien/Kommission, Tubemeuse), Slg. 1990, I- 959, Rz. 43.

bei vertragskonformem Vorgehen die Erfüllung der Aufgaben der Daseinsvorsorge nicht geleistet werden kann.

Für diesen Fall enthält die Regelung des Art. 86 Abs. 2 EG eine Ausnahme von der Bindung an die Vertragsvorschriften. Die Bindung entfällt nämlich dann – aber auch nur dann - wenn die Anwendung der Vertragsvorschriften die Erfüllung der den Unternehmen übertragenen Aufgabe rechtlich oder tatsächlich verhindert.

Das in Art. 86 Abs. 2 EG vorausgesetzte allgemeine wirtschaftliche Interesse meint alle wirtschaftlichen Aktivitäten zur Sicherung von Infrastruktur und Daseinsvorsorge.[271] Beispiele, die der Gerichtshof als Dienstleistungen von allgemeinem wirtschaftlichem Interesse anerkannt hat, sind die Tätigkeit öffentlich-rechtlicher Rundfunkanstalten,[272] das Monopol für die Einrichtung und den Betrieb des öffentlichen Fernmeldenetzes,[273] die öffentliche Postverteilung,[274] Wasserversorgungsunternehmen[275] und die öffentliche Versorgung mit Strom und Gas[276].

Inwieweit eine Aufgabe als gemeinwirtschaftlich zu qualifizieren ist, unterliegt einem weiten Beurteilungsspielraum der Mitgliedstaaten.[277] Dabei ist nicht Voraussetzung, dass es sich bei dem vorausgesetzten allgemeinen wirtschaftlichen Interesse um das Interesse eines gesamten Mitgliedstaates handelt, ausreichend ist beispielsweise das einer einzelnen Gemeinde.[278]

Nach Art. 86 Abs. 2 EG sind somit kommunale Unternehmen bei der Erbringung von Daseinsvorsorgeleistungen grundsätzlich an die Vorschriften des Gemeinschaftsvertrages und somit an dieselben Regeln wie private Unternehmen gebunden. Wenn nicht eine Ausnahme gerechtfertigt ist, geht das Gemeinschaftsrecht also von einer Gleichbehandlung von kommunalen und privaten Unternehmen aus. Das ist ein wesentlicher Unterschied zum nationalen Recht.

---

[271] Pernice in Grabitz/Hilf, EU, Art. 90, Rn.35.
[272] EuGH (Urteil v.30.4.1974), Rs. 155/73 (Sacchi), Slg. 1974/409, Rn.15.
[273] EuGH (Urteil v. 13.12.1991) Rs. C-18/88 (RTT), Slg.1991, I-5941 Rn.16.
[274] EuGH (Urteil v. 19.5.1993) Rs. C-320/91 (Corbeau), Slg. 1993, I-2533 Rn.15.
[275] Europäische Kommission, Entscheidung v. 17.12.1981, ABlEG 1982, Nr. L 167/39, Rn.65 (NAVEWA-Anseau)
[276] EuGH (Urteil v. 23.10.1997) Rs. 157-159/94 (Ein- und Ausfuhrmonopole für Gas und Elektrizität), Slg. 1997, I-5699 Rn.34, 1997, I-5789 Rn.53, 1997, I-5815.
[277] Börner, Wettbewerbsrelevante Rechtsprechung des EuGH zur Energiewirtschaft, S.107.
[278] Grill in Lenz, EGV-Kommentar, Art.86, Rn.23.

a) Sinn und Zweck der Vorschrift

Durch Art. 86 EG wird das Verhalten der Mitgliedstaaten als Unternehmer erfasst,[279] wobei der spezifische Fall der Gefährdung des unverfälschten Wettbewerbs im Binnenmarkt, dadurch dass der Staat unternehmerisch handelt, verhindert werden soll.[280] Dabei ist die Bindung der öffentlichen Unternehmen an das Gemeinschaftsrecht deshalb besonders wichtig, damit sich die Mitgliedstaaten nicht selbst einen den Gemeinschaftszielen widersprechenden Freiraum verschaffen, indem sie öffentliche Unternehmen zum Einsatz bringen. Die Bindung der öffentlichen Unternehmen an das Gemeinschaftsrecht soll verhindern, dass sich die Mitgliedstaaten unter Zuhilfenahme von öffentlichen Unternehmen den gemeinschaftsrechtlichen Wettbewerbsregeln entziehen[281] und so das Gemeinschaftsrecht unterwandert werden könnte.

Es wird jedoch nicht außer Acht gelassen, dass sich Dienste von allgemeinem Interesse nicht immer im Wettbewerb erbringen lassen. Für Unternehmen, die mit Dienstleistungen von allgemeinem wirtschaftlichen Interesse betraut sind oder den Charakter eines Finanzmonopols haben, enthält Art. 86 Abs. 2 EG eine Ausnahmeregelung für den Fall, dass die Erfüllung ihrer Aufgabe durch die Anwendung der gemeinschaftsrechtlichen Regelungen verhindert wird, um so einen Ausgleich zu schaffen zwischen mitgliedstaatlichen und gemeinschaftlichen Interessen.

Die Mitgliedstaaten haben einerseits ein Interesse an einem weitgehenden Ausschluss der Wettbewerbsvorschriften zugunsten von Unternehmen, die mit Dienstleistungen von allgemeinem wirtschaftlichen Interesse betraut sind. Außerdem sind sie daran interessiert, öffentliche Unternehmen als Instrumente der Wirtschafts- und Fiskalpolitik zu nutzen.[282] Dies soll in Einklang gebracht werden mit dem Interesse der Gemeinschaft an einer möglichst umfassenden Geltung der Regeln des Gemeinschaftsvertrages.[283] Dazu gehört insbesondere die Geltung der Wettbewerbsvorschriften (auch) für öffentliche Unternehmen und damit die Wahrung der Einheit des gemeinsamen Marktes.[284]

---

[279] Hochbaum, in: GTE, Kommentar zum EU-/EG-Vertrag, Art. 86 Rn. 4.

[280] Jung, in: Callies/Ruffert, Kommentar zu EUV und EGV, Art. 86, Rn. 1.

[281] Hochbaum, in: GTE, Kommentar zum EU-/EG-Vertrag, Art. 86 Rn. 1.

[282] Dieses Interesse findet auch im Gemeinschaftsrecht Anerkennung, vgl. EuGH (Urteil v. 23.10.1997) Rs.159/94 (Ein- und Ausfuhrmonopole für Gas und Elektrizität), Slg.1997, I-5815, Rn.55.

[283] Wilms, Das Europäische Gemeinschaftsrecht und die öffentlichen Unternehmen, S.53.

[284] Badura, Wirtschaftliche Betätigung der öffentlichen Hand zur Gewährleistung von Daseinsvorsorge, S. 30, so auch die Rechtsprechung, vgl. EuGH (Urteil v. 19.3.1991), Rs. C-202/88 (Telekom-Endgeräte), Slg. 1991, I-1223 (1263).

Vor diesem Hintergrund ist Art. 86 Abs. 2 EG als „zentraler normativer Ansatzpunkt für die Balance zwischen Liberalisierungspolitik und Gemeinwohlinteressen" anzusehen.[285] Die Vorschrift soll den Anwendungsbereich der Binnenmarktregeln zwischen im öffentlichen Interesse liegender Daseinsvorsorge und allgemeiner Wirtschaftstätigkeit bestimmen.[286] Insofern ist die Vorschrift auch als „Dreh- und Angelpunkt"[287] für die Zuordnung der gemeinschaftsrechtlichen Wettbewerbs- und Binnenmarktregeln zu den mitgliedstaatlichen Gestaltungsbefugnissen im Bereich der Daseinsvorsorge bezeichnet worden.[288]

Nach Auffassung der Kommission hat sich Art. 86 EGV auch in dem bezweckten Sinne bewährt, weil er für die Gewährleistung der positiven Wechselwirkung zwischen Liberalisierung und Gemeinwohl steht.[289]

Die in Art. 86 Abs. 2 EG enthaltene Ausnahme wurde aber nicht nur als Ausgleich von mitgliedstaatlichen und gemeinschaftlichen Interessen geschaffen. Sie schafft auch einen Kompromiss, um die unterschiedlichen Interessen der Mitgliedstaaten zu vereinen. Die Interessen der Mitgliedstaaten mit einem umfangreichen Staatssektor, die für diesen eine Wettbewerbsausnahme wollten[290] und die Interessen der Mitgliedstaaten mit einem geringen Anteil staatlicher Wirtschaft, die für ihre privaten Unternehmen Nachteile im Wettbewerb mit den öffentlichen Unternehmen anderer Mitgliedstaaten befürchteten, mussten auf einen gemeinsamen Nenner gebracht werden.[291] Insofern trägt Art 86 Abs. 2 EG der derzeitigen Verfassungs- und Verantwortungsstruktur der Gemeinschaft und damit den von Mitgliedstaat zu Mitgliedstaat unterschiedlichen Strukturen der „Öffentlichen Dienste" Rechnung.[292]

---

[285] Jung, in: Callies / Ruffert, Kommentar zu EUV und EGV, Art. 86 Rn.3 unter Angabe von u. a. :Europäische Kommission, 26. Wettbewerbsbericht (1996), Ziff.23, 114; Europäische Kommision, 27. Wettbewerbsbericht (1997), Erster Teil, Ziff. 4, 7, 97, 100; zustimmend Püttner, in: DÖV 2002, S. 732.

[286] Hermes, Staatliche Infrastrukturverantwortung, S.68.

[287] Dohms, Die Vorstellung der Kommission zur Daseinsvorsorge, S. 57ff.

[288] Ehlers, Empfiehlt es sich, das Recht der öffentlichen Unternehmen im Spannungsfeld von öffentlichem Auftrag und Wettbewerb national und gemeinschaftsrechtlich neu zu regeln, S. E 52.

[289] Mitteilung der Kommission zu Leistungen der Daseinsvorsorge in Europa vom 29.06.1996, KOM (1996) 443 endg., ABlEG 1996 C, 181, S. 3ff, Rn. 71.

[290] Diese sogenannte Bereichsausnahme haben zuletzt auch noch die Bundesländer für den Bereich der Daseinsvorsorge gefordert.

[291] v. Wilmowsky, in: ZHR 155 (1991), S. 571.

[292] Seidel, Service Public im europäischen Energierecht, S.80ff.

b) Voraussetzungen der Befreiung von den Vertragsvorschriften

Wie schon angesprochen enthält Art. 86 Abs. 2 EG eine Ausnahme von der Geltung der Vertragsvorschriften für Unternehmen, die mit Dienstleistungen von allgemeinem wirtschaftlichen Interesse betraut sind oder den Charakter eines Finanzmonopols haben. Dies gilt nicht nur für öffentliche bzw. kommunale Unternehmen, sondern grundsätzlich für alle Unternehmen, die mit den entsprechenden Dienstleistungen betraut sind.[293] Die Ausnahme des Art. 86 Abs. 2 EG findet Anwendung, wenn folgende sechs Voraussetzungen erfüllt sind:

- Es muss ein Unternehmen vorliegen;
- dieses muss durch Hoheitsakt der öffentlichen Gewalt betraut sein
- und zwar mit Dienstleistungen von allgemeinem wirtschaftlichen Interesse.
- Die Anwendung der Wettbewerbsregeln müsste die Erfüllung der dem Unternehmen übertragenen Aufgaben verhindern.
- Die Beschränkung des Wettbewerbs müsste verhältnismäßig sein.
- Schließlich darf die Entwicklung des Handelsverkehrs nicht in einem Ausmaß beeinträchtigt werden, das dem Interesse der Gemeinschaft zuwiderläuft.[294]

aa) Unternehmen

Im Wettbewerbsrecht wird der Unternehmensbegriff weit ausgelegt. Er umfasst „jede eine wirtschaftliche Tätigkeit ausübende Einheit, unabhängig von ihrer Rechtsform und der Art ihrer Finanzierung".[295]

bb) Betrauung durch Hoheitsakt

Das Unternehmen müsste mit der entsprechenden Leistung betraut worden sein. Betrauung bedeutet, dass dem Unternehmen von einem Mitgliedstaat (oder dessen Untergliederungen) eine Aufgabe übertragen worden sein muss. Die Anforderungen, die an die Betrauung eines Unternehmens gestellt werden, haben sich geändert. Früher wurde diesbezüglich ein strenger Maßstab angelegt. Danach wurde

---

[293] Nettesheim, Mitgliedstaatliche Daseinsvorsorge im Spannungsfeld zwischen Wettbewerbskonformität und Gemeinwohlverantwortung, S. 54 spricht insofern zutreffend von „daseinsvorsorgenden" und „sonstigen" Unternehmen

[294] Vgl. zu diesen Voraussetzungen und zu den von der Rechtsprechung zu den einzelnen Tatbestandsmerkmalen entwickelten Grundsätzen die Schlussanträge des Generalanwalts Léger vom 10.07.2001 in der Rechtssache C-309/99, (Wouters), Slg. 2002, I-1582, Rz. 155-166.

[295] EuGH (Urteil v. 23.04.1991) Rs. C-41/90, (Höfner und Elser), Slg. 1991, I-1979 Rz. 21. Im Übrigen kann zu den weiteren Voraussetzungen des Unternehmens nach oben verwiesen werden, vgl. C.II.1.

ein bloßes Tätigwerden eines Unternehmens im Interesse der Allgemeinheit nicht als hinreichend angesehen, selbst wenn das Unternehmen von öffentlichen Instanzen bei seiner Tätigkeit überwacht wird.[296] Vielmehr bedurfte es eines Hoheitsaktes[297] des Mitgliedstaates oder seiner mitgliedstaatlichen Gebietskörperschaften und sonstigen hoheitlichen Einrichtungen, der bestimmte Gemeinwohlverpflichtungen festlegt. Der Akt der öffentlichen Gewalt musste an ein bestimmtes Unternehmen gerichtet sein. Die Erteilung einer Erlaubnis, bestimmte Tätigkeiten auszuüben, reichte hingegen nicht.[298]

Allerdings hat der Gerichtshof diese strengen Anforderungen in der letzten Zeit aufgeweicht.[299] So hat er ausdrücklich darauf hingewiesen, dass es sich bei dem Betrauungsakt nicht um eine Rechtsvorschrift handeln muss.[300] Eine öffentlich-rechtliche Konzession kann ausreichen,[301] insbesondere „Konzessionen, die erteilt wurden, um die Verpflichtungen zu konkretisieren, die Unternehmen auferlegt sind, welche durch Gesetz mit einer Dienstleistung von allgemeinem wirtschaftlichem Interesse betraut sind".[302] Zuletzt hat der Gerichtshof implizit anerkannt, dass bereits der Umstand, dass die Sozialpartner einen Betriebsrentenfonds gründen und vom Staat verlangen, die Mitgliedschaft in diesem Fonds verbindlich vorzuschreiben, ausreicht, um den Fonds als Unternehmen anzusehen, welches gem. Art. 86 Abs. 2 EG betraut ist.[303] Dementsprechend gelten mittlerweile nicht wenige Unternehmen als betraut im Sinne des Art. 86 Abs. 2 EG.[304]

---

[296] EuGH (Urteil v. 14.07.1981), Rs. 172/80 (Züchner/Bayrische Vereinsbank), Slg. 1981, 2021, Rz. 7; EuGH (02.03.1983), Rs. 7/82, (GVL), Slg. 1983, 483, Rz. 29 bis 32.

[297] EuGH (Urteil v. 27.03.1974) Rs. 127/73 (BRT / Sabam und Fonior), Slg. 1974, 313, Rz. 19/22.

[298] EuGH (Urteil v. 02.03.1983) Rs. 7/82, (GVL), Slg. 1983, 483, Rz. 31.

[299] Streinz-Koenig/Kühling, EUV/EGV Art. 86 Rz. 53. GA Léger spricht in seinen Schlussanträgen vom 10.07.2001 in der Rs. 309/99 (Wouters u.a.), Slg. 2002, I-1582 Rz. 160 davon, dass der Gerichtshof „die Anforderungen an das Vorliegen eines förmlichen Akts der öffentlichen Gewalt erheblich zurückgenommen" habe.

[300] EuGH (Urteil v. 23.10.1997), Rs. C-159/94 (Kommission/Frankreich), Slg. 1997, I-5815, Rn. 66.

[301] EuGH (Urteil v. 27.04.1994), Rs. C-393/92, (Almelo), Slg. 1994, I-1477, Rz. 47.

[302] EuGH (Urteil v. 23.10.1997), Rs. C-159/94 (Kommission/Frankreich), Slg. 1997, I-5815, Rn. 66.

[303] EuGH (Urteil v. 21.09.1999), Rs. C-67/96, (Albany), Slg. 1999, I-5751Rz. 98 bis 111, GA Léger, Schlussanträge vom 10.07.2001 in der Rs. 309/99 (Wouters u.a.), Slg. 2002, I-1582 Rz. 160; Streinz-Koenig/Kühling, EUV/EGV, Art. 86 Rz. 53.

[304] Vgl. dazu und zu diversen Beispielen: Jung, in: Callies/Ruffert, Kommentar zu EUV und EGV, Art. 86 Rz. 40.

cc) **Aufgabe: Erbringung von Dienstleistungen von allgemeinem wirtschaftlichen Interesse**

Es muss ein allgemeines wirtschaftliches Interesse bestehen, das sich von dem Interesse an anderen Tätigkeiten des Wirtschaftslebens besonders unterscheidet. Hinsichtlich des Begriffsinhalts der Dienstleistung von allgemeinem wirtschaftlichen Interesse kann nach oben verwiesen werden.[305]

dd) **Rechtliche oder tatsächliche Verhinderung der Aufgabenerfüllung bei Anwendung der Gemeinschaftsregeln**

Eine besondere Bedeutung hat die vierte Voraussetzung,[306] da die Frage, wann eine Verhinderung der Erfüllung der Aufgabe vorliegt, in der Rechtsprechung einen Wandel durchgemacht hat. Dieser soll hier anhand der maßgeblichen Urteile des Gerichtshofs nachgezeichnet werden.

(1) Frühere Rechtsprechung

Der Wortlaut von Art. 86 Abs. 2 S. 1 EG besagt, dass die betroffenen Unternehmen nur an die Vorschriften des Gemeinschaftsvertrages gebunden sind, „soweit die Anwendung dieser Vorschriften nicht die Erfüllung der ihnen übertragenen besonderen Aufgaben rechtlich oder tatsächlich verhindert." Wann eine Verhinderung vorliegt, ist von der Rechtsprechung unterschiedlich beurteilt worden.

Lange Zeit ist die Vorschrift insgesamt sehr wenig beachtet worden. So gab es noch geraume Zeit nach ihrem Inkrafttreten keinerlei Judikatur zu diesem Artikel[307] und vereinzelt war Anfang der 90er Jahre sogar vorgeschlagen worden, diese Bestimmung für obsolet zu erklären.[308] Als die Vorschrift dann in der Rechtsprechung Beachtung fand, wurde zunächst eine sehr restriktive Auslegung vertreten. In seiner früheren Rechtsprechung hielt der Europäische Gerichtshof die europarechtlichen Wettbewerbsregeln solange für verbindlich, „wie nicht nachgewiesen war, dass die Anwendung dieser Regeln mit der Erfüllung der

---

[305] Vgl. C I.4. Vgl i.Ü. zu diversen Beispielen GA Léger, Schlussanträge vom 10.07.2001 in der Rs. 309/99 (Wouters u.a.), Slg. 2002, I-1582 Rz. 163.

[306] Koenig/Kühling, in: Streinz, EUV/EGV, Art. 86 Rz. 57 bezeichnen dieses Tatbestandsmerkmal deshalb als „Dreh- und Angelpunkt bei der Bestimmung der Reichweite der Ausnahmeklausel".

[307] Möschel, in: JZ 2003, S. 1023 spricht in diesem Zusammenhang von einem „Dornröschenschlaf" der Vorschrift.

[308] v. Wilmowsky, ZHR 155 (1991), S.545, 571.

besonderen Aufgabe unvereinbar ist."[309] Eine Befreiung kommunaler Unternehmen von den Vorschriften des Vertrages unter Berufung auf Art. 86 Abs. 2 EG wurde nur sehr selten angenommen. Dies ließ fast den Eindruck entstehen, der Gerichtshof wolle Art 86 Abs. 2 EG in seiner früheren Rechtsprechung die Geltung versagen.[310]

(2) Heutige Rechtsprechung
In seiner neueren Rechtsprechung hat der Gerichtshof an seiner sehr restriktiven Auslegung nicht mehr festgehalten und die Voraussetzungen an das Vorliegen einer Verhinderung der Aufgabenerfüllung gelockert. Nach der heutigen Rechtsprechung ist Art. 86 Abs. 2 EG dazu geeignet, kommunale Unternehmen in weitem Umfang von gemeinschaftsrechtlichen Regelungen zu befreien.[311] Der Wandel der Rechtsprechung soll hier kurz und unter Bezugnahme auf die wichtigsten Änderungen und maßgeblichen Urteile erläutert werden.

Die neuere Auslegung der Vorschrift des Art. 86 Abs. 2 EG durch den Gerichtshof wird durch drei Urteile besonders deutlich. Dies sind die Urteile „Corbeau"[312], „Almelo"[313] und „Ein- und Ausfuhrmonopole für Gas und Elektrizität"[314].

α) **Corbeau**
Eingeleitet wurde die Änderung der Anwendbarkeit des Art. 86 Abs. 2 EG durch das Urteil in der Rechtssache Corbeau. Durch dieses Urteil hat der Gerichtshof die Anwendung der Ausnahme des Art. 86 Abs. 2 EG erweitert, indem den Mitgliedstaaten gestattet wurde, „Unternehmen, die sie mit Dienstleistungen von allgemeinem wirtschaftlichen Interesse betrauen, ausschließliche Rechte zu verleihen, die der Anwendung der Wettbewerbsregeln des Vertrages entgegenstehen können, soweit Wettbewerbsbeschränkungen oder sogar der Ausschluss jeglichen Wettbewerbs von Seiten anderer Wirtschaftsteilnehmer erforderlich

---

[309] So zuerst EuGH (Urteil v. 30.4.1974) Rs.155/73 (Sacchi), Slg. 1974, 409, Rn.15; zuletzt EuGH (Urteil v. 18.6.1991) Rs. C-260/89 (ERT), Slg. 1991, S.I-2925, Rz. 33.
[310] Vgl. Hermes, Staatliche Infrastrukturverantwortung, S.107.
[311] Hermes, Staatliche Infrastrukturverantwortung, S.107.
[312] EuGH (Urteil v. 19.5.1993), Rs. C-320/91 (Corbeau), Slg. 1993, I-2533.
[313] EuGH (Urteil v. 27.4.1994), Rs. C-393/92 (Almelo), Slg. 1994, I-1477.
[314] EuGH (Urteil v. 23.10.1997), Rs. C-159/94 (Ein- und Ausfuhrmonopole für Gas und Elektrizität), Slg. 1997, I-5815.

sind, um die Erfüllung der den Unternehmen, die über die ausschließlichen Rechte verfügen, übertragenen besonderen Aufgaben sicherzustellen."[315]

Dieses Urteil bedeutete in zweierlei Hinsicht eine erleichterte Möglichkeit für die Mitgliedstaaten, durch öffentliche Unternehmen tätig zu werden. Einmal wurde in diesem Urteil nicht mehr verlangt, dass die Anwendung der Regelungen des Vertrages mit der Erfüllung der besonderen Aufgabe unvereinbar sein muss. Zulässig war die Anwendung der Ausnahmevorschrift des Art. 86 Abs. 2 EG und damit der Ausschluss der Anwendung der Wettbewerbsregeln bereits dann, wenn ihre Anwendung das wirtschaftliche Gleichgewicht eines mit Dienstleistungen von allgemeinem wirtschaftlichem Interesse betrauten Unternehmens sachlich oder rechtlich gefährden würde.[316] Konkretisierend legt das Urteil hierzu fest, dass der Inhaber eines ausschließlichen Rechts über „wirtschaftlich tragbare Bedingungen" bzw. „wirtschaftlich ausgewogene Bedingungen"[317] verfügen muss, um seine im allgemeinen Interesse liegende Aufgabe zu erfüllen. Der Gerichtshof sieht die Suspendierung von den Wettbewerbsregeln somit als zulässig an, wenn sie erforderlich ist, um die Erfüllung der besonderen Aufgabe zu wirtschaftlich tragbaren Bedingungen sicherzustellen.[318]

Außerdem ist nun zur Sicherstellung der den Unternehmen übertragenen besonderen Aufgabe nicht nur die Beschränkung, sondern sogar der Ausschluss jeglichen Wettbewerbs zulässig, sofern dies zur Erfüllung der besonderen Aufgabe erforderlich ist.

Insgesamt bedeutet dies, dass dem Inhaber ausschließlicher Rechte gestattet werden kann, rentable Dienstleistungen ausschließlich zu erbringen, um Defizite in anderen Bereichen seiner Tätigkeit auszugleichen. Eine Beschränkung oder sogar ein Ausschluss des Wettbewerbs in diesen Bereichen wären zulässig, weil Privatunternehmer nicht zu einem derartigen Ausgleich gezwungen sind.[319]

---

[315] EuGH (Urteil v. 19.5.1993) Rs. 320/91 (Corbeau), Slg. 1993, 2533, Rn 14.

[316] So Generalanwalt Darmon zur Auslegung des Corbeau-Urteils, vgl. Schlussanträge des Generalanwalts, EuGH (Urteil v. 27.4.1994) Rs. 393/92 (Almelo), Slg. 1994, 1477, Rn 146ff.

[317] EuGH (Urteil v. 19.5.1993) Rs. 320/91 (Corbeau), Slg. 1993, 2533, Rn 16f.

[318] Die Rechtsprechung in der Sache Corbeau hat der Gerichtshof später bestätigt, vgl. EuGH (Urteil v. 23.10.1997), Rs. C-159/97 (Monopole bei Strom und Gas), Slg. 1997, I5815 Rn.96; EuGH (Urteil v. 10.2.2000) verb. Rs. C-147 u. 148/97 (Deutsche Post AG), Slg. 2000, I-825 Rn. 52.

[319] EuGH (Urteil v. 19.5.1993) Rs. 320/91 (Corbeau), Slg. 1993, 2533, Rn 18.

β) Almelo

Die in der Rechtssache „Corbeau" getroffenen Ausführungen hat der Gerichtshof in seiner „Almelo"-Entscheidung wiederholt und bekräftigt.[320] In diesem Urteil hat er festgestellt, dass Wettbewerbsbeschränkungen nach Art. 86 Abs. 2 EG zulässig sind, „soweit sie erforderlich sind, um den in dieser Vorschrift genannten Unternehmen die Erfüllung ihrer Aufgabe zu ermöglichen."[321] Dies stellt gegenüber der Rechtsprechung in der Sache Corbeau eine weitere leichte Ausdehnung des Anwendungsbereichs der Ausnahmevorschrift des Art. 86 Abs. 2 EG dar. Wettbewerbsbeschränkungen sind nun nicht nur zulässig, wenn sie erforderlich sind, um die Erfüllung der Aufgabe sicherzustellen,[322] sondern bereits dann, wenn sie erforderlich sind, um die Erfüllung der Aufgabe zu ermöglichen.

χ) Ein- und Ausfuhrmonopole für Strom und Gas

In diesen Urteilen hat der Gerichtshof zwar noch mal betont, dass Art. 86 Abs. 2 EG als Ausnahmebestimmung eng auszulegen ist.[323] Nach der mittlerweile geltenden Rechtsprechung sind aber weitgehende Ausnahmen von der Geltung der Vertrags- und insbesondere der Wettbewerbsvorschriften erlaubt.[324] Der Gerichtshof hat hier seine vorangegangene Rechtsprechung erneut bekräftigt und präzisiert. Eine Freistellung von den allgemeinen Wettbewerbsvorschriften nach Art 86 Abs. 2 EG ist somit nicht erst dann zulässig, wenn das Überleben des Unternehmens bedroht ist, sondern schon dann, wenn die Anwendung der Wettbewerbsvorschriften die Erfüllung der besonderen Verpflichtungen, die diesem Unternehmen obliegen, sachlich oder rechtlich gefährdet.[325]

δ) Zusammenfassung

Mit der Rechtsprechung seit der Rechtssache Corbeau hat der Gerichtshof die Anwendbarkeit des Art. 86 Abs. 2 EG erweitert. Durch diese veränderte Rechtsprechung sind die mitgliedstaatlichen Freiräume beim Einsatz öffentlicher

---

[320] EuGH (Urteil v. 27.4.1994) Rs. 393/92 (Almelo), Slg. 1994, 1477, Rn 49f.

[321] EuGH, aaO, Rz. 49.

[322] So der Gerichtshof in der Sache Corbeau, s.o.

[323] EuGH, (Urteil v 23.10.1997), Rs. 157/94, (Ein- und Ausfuhrmonopole für Gas und Strom), Slg. 1997, I-5768, Rz. 37.

[324] Von Burchard, in: Schwarze (Hrsg.), EU-Kommentar zu Art. 86 EGV Rn.52, Ehricke, in: EuZW 1998, 471 (747), spricht von einer „Erweiterung des Freiraums" für öffentliche Unternehmen durch dieses Urteil.

[325] EuGH (Urteil v. 23.10.1997) Rs. 157/94; 158/94, (Ein- und Ausfuhrmonopole für Gas und Strom), Slg. 1997, I- 5768, Rz. 43; I-5815; Rz. 59.

Unternehmen als Instrument ihrer nationalen Wirtschaftspolitik erhöht worden.[326] Für die Anwendbarkeit dieser Regelung ist nicht mehr erforderlich, dass die Anwendung der Regeln des Vertrages mit der Erfüllung der besonderen Aufgabe unvereinbar ist. Ein Unternehmen kann bereits dann von der Geltung der Wettbewerbsregeln befreit werden, wenn ihre Anwendung die dem Unternehmen obliegende Erbringung von Leistungen der Daseinsvorsorge gefährdet. Dabei muss das Unternehmen seine Leistungen unter wirtschaftlich ausgewogenen Bedingungen erbringen können. Eine Existenzbedrohung des Unternehmens ist für die Anwendung von Art. 86 Abs. 2 EG nicht erforderlich.[327]

(3) Ausmaß der Befreiung von den Vertragsvorschriften

Um die Tragweite der Ausnahmemöglichkeit nach Art. 86 Abs. 2 EG beurteilen zu können, ist darauf einzugehen, von welchen Vertragsvorschriften die in Art. 86 Abs. 2 EG genannten Unternehmen befreit werden können. Da die Vorschrift ausdrücklich auf Unternehmen abstellt, die mit der besonderen Aufgabe betraut sind, könnte man annehmen, dass Art. 86 Abs. 2 EG lediglich Ausnahmen von den Vorschriften vorsieht, die unternehmensgerichtet sind und nicht von denen, die sich an die Mitgliedstaaten richten. Diese Auffassung hat auch der EuGH in seiner früheren Rechtsprechung vertreten.[328]

In seiner neueren Rechtsprechung vertritt der EuGH nun jedoch eine andere Linie.[329] In seinen Urteilen vom 23.10.1997[330] und vom 10.02.2000[331] hat der Gerichtshof nunmehr ausdrücklich festgestellt, dass die Mitgliedstaaten sich auch zur Rechtfertigung von Verstößen gegen Art. 31 EG[332] bzw. gegen Art. 49 EG[333] auf die Ausnahme des Art. 86 Abs. 2 EG berufen können. Dies begründet der Gerichtshof unter Bezugnahme auf Art. 86 Abs. 1 EG. Diese Vorschrift solle

---

[326] Teilweise ist auch von einer „deutlichen" Erhöhung die Rede, vgl. Paulweber/Weinand, EuZW 2001, S. 237; Hellermann, Örtliche Daseinsvorsorge und gemeindliche Selbstverwaltung, S. 117 formuliert es umgekehrt, indem er von einer „deutlichen Milderung der Anforderungen" von Art. 86 Abs. 2 EG spricht. Streinz-Koenig/Kühling, EUV/EGV, Art. 86 Rz. 58 „Lockerung des Verhinderungsmaßstabs".

[327] Kritisch dazu Streinz-Koenig/Kühling, EUV/EGV, Art. 86 Rz. 62, die die „aufweichenden Tendenzen der Rechtsprechung" kritisieren und für strenge Anforderungen plädieren.

[328] EuGH (Urteil v. 10.7.1984) Rs.72/83 (Campus Oil), Slg. 1984, S.2727, Rn.19.

[329] Von Burchard, in: Schwarze (Hrsg.), EU-Kommentar, zu Art. 86 Rn.54.

[330] EuGH (Urteil v. 23.10.1997) Rs.159/94 (Ein- und Ausfuhrmonopole für Strom und Gas), Slg. 1997, I-5815, Rn.44ff, insoweit gleichlautend: EuGH (Urteil v. 23.10.1997), Rs. 157/94, Slg. 1997, I-5699, Rs. 158/94, Slg. 1997, I-5789.

[331] EuGH (Urteil v. 10.02.2000), verb. Rs. 147 u. 148/97 (Deutsche Post AG), Slg. 2000, I-825, Rn.55.

[332] Im Urteil v. 23.10.1997.

[333] Im Urteil v. 10.2.2000.

verhindern, dass die Mitgliedstaaten aus ihren Beziehungen zu den dort genannten Unternehmen Nutzen ziehen könnten, indem sie die Verbote der Vertragsvorschriften, deren Adressaten sie unmittelbar seien, wie beispielsweise Art. 28 EG umgingen, indem sie diese Unternehmen zu Verhaltensweisen verpflichteten oder veranlassten, die als Verhaltensweisen der Mitgliedstaaten diesen Vorschriften widersprechen würden.[334] Das heißt, die Mitgliedstaaten dürfen die an sie gerichteten Vertragsvorschriften nicht dadurch umgehen, dass sie öffentliche Unternehmen zum Einsatz bringen, die nicht Adressaten derselben Vorschriften sind.

In diesem Kontext legt nun Art. 86 Abs. 2 EG fest, unter welchen Voraussetzungen Unternehmen, die mit Dienstleistungen von allgemeinem wirtschaftlichen Interesse betraut sind, ausnahmsweise doch von den Vorschriften des EG befreit sind. Daraus folgert der Gerichtshof, dass ein Mitgliedstaat sich auf Art. 86 Abs. 2 EG berufen kann, um einem mit diesen Dienstleistungen betrauten Unternehmen insbesondere gegen die Vorschriften über den freien Warenverkehr verstoßende ausschließliche Rechte zu übertragen, soweit die sonstigen Voraussetzungen von Art. 86 Abs. 2 EG erfüllt sind.[335]

Neben der Warenverkehrs- und der Dienstleistungsfreiheit findet Art. 86 Abs. 2 EG auch auf Beihilfen Anwendung, die Art. 87 Abs. 1 EG unterfallen.[336] Der Vorbehalt in Art. 87 Abs. 1 EG, dass im Vertrag nichts anderes bestimmt sein dürfe, bezieht sich auf Art. 86 Abs. 2 EG als eine solche andere Bestimmung.[337]

So wie die Regelung des Art. 86 Abs. 2 EG durch die geltende Rechtsprechung ausgelegt wird, stellt sie einen allgemeinen Service Public-Vorbehalt dar, durch den die Mitgliedstaaten nicht nur von der Geltung der Wettbewerbsvorschriften, sondern ebenfalls von der Einhaltung der Vorschriften über den freien Warenverkehr und die Dienstleistungsfreiheit freigestellt sind.[338]

(4) Kein Ausgleich pauschaler Nachteile

Art. 86 Abs. 2 EG kann nicht dazu dienen, pauschale Nachteile, die die kommunalen Unternehmen haben, wie z.B. die Bindung an den öffentlichen Zweck,

---

[334] EuGH (Urteil v. 23.10.1997), Rs. 157/94, Kommission/Niederlande, Slg. 1997, I-5768, Rz. 30.

[335] EuGH, aaO, Rz. 30; Burchard, in: Schwarze, EU-Kommentar zu Art. 86 Rn.54; Alber, Unternehmen der Daseinsvorsorge im europäischen Wettbewerbsrecht, S. 86.

[336] So auch Weiß, in: EuR 2003, S. 184.

[337] EuGH (Beschluss v. 25.3.1998), Rs. C-174/97 P (FFSA), Slg. 1998, I-1303, Rz. 170; von Burchard in: Schwarze, EU-Kommentar zu Art. 86 Rn.54.

[338] Von Burchard, in: Schwarze (Hrsg.), EU-Kommentar, Art. 86 Rn.55; Streinz-Koenig/Kühling, EUV/EGV, Art. 86 Rz. 39.

Subsidiarität etc., auszugleichen. Eine derartige Kopplung ist unzulässig. Wenn den öffentlichen Unternehmen Vorteile im Wettbewerb gegenüber ihren privaten Konkurrenten gewährt werden, so können diese nur Ausgleich für einen konkreten Nachteil der ausgeführten und subventionierten Tätigkeit sein. Die pauschalen Nachteile der öffentlichen Unternehmen ergeben sich nur aus dem nationalen Recht und spielen für das europäische Wettbewerbsrecht insofern keine Rolle. Sie resultieren aus der rein nationalen Auffassung, dass öffentliches Tätigwerden im Wettbewerb kein Selbstzweck ist. Es ist im nationalen und nicht im europäischen Recht festgelegt, dass öffentliche Unternehmen als Existenzberechtigung eine öffentliche Aufgabe brauchen. Diese Festlegung ist durch das Gemeinschaftsrecht ebenso wenig berührt wie die Eigentumsordnungen der Mitgliedstaaten. Insofern können die Nachteile, denen öffentliche Unternehmen unterliegen, nicht herangezogen werden, um Beihilfen zu rechtfertigen. Sollen den öffentlichen Unternehmen für die Erfüllung ihrer Aufgaben Beihilfen gewährt werden, so muss, da diese, um nicht gegen die Wettbewerbsregeln des Vertrages zu verstoßen, nur Ausgleichszahlungen sein dürfen, genau festgelegt werden, wofür die Ausgleichszahlung erfolgt und warum gerade dieser Betrag ausgeglichen werden soll. Auf diese Art und Weise kann man überprüfen, ob die Leistungen nicht über das für das Gemeinwohl Erforderliche hinausgehen. So lässt sich eine Überkompensation verhindern, die zu einer Wettbewerbsverzerrung führen würde.

(5) Beweislastverteilung

Hinsichtlich der Beweislastverteilung bei Art. 86 Abs. 2 EG gilt, dass ein Mitgliedstaat, der sich auf Art. 86 Abs. 2 EG beruft, nachweisen muss, dass der Tatbestand erfüllt ist, das heißt, dass die Anwendung der Vertragsvorschriften im konkreten Fall die Erfüllung der dem Unternehmen übertragenen Aufgabe verhindern würde.[339] Der Mitgliedstaat muss aber nicht darlegen, dass es keine andere vorstellbare, der Natur der Sache nach hypothetische Maßnahme erlaubt, von seiner Konzeption abzugehen. Vielmehr muss die Kommission eine Vertragsverletzung beweisen.[340]

(6) Kritik an dieser Rechtsprechung und Stellungnahme

Nach Auffassung von Paulweber und Weinand ist durch die Rechtsprechungsänderung eine Aufweichung von Art. 86 Abs. 2 S. 1 EG dergestalt gegeben, dass

---

[339] Ehlers, Empfiehlt es sich, das Recht der öffentlichen Unternehmen im Spannungsfeld von öffentlichem Auftrag und Wettbewerb national und gemeinschaftsrechtlich neu zu regeln?, S. E 53; wobei das Tatbestandsmerkmal „verhindern" in der oben angeführten Weise nachzuweisen ist.

[340] EuGH (Urteil v. 23.10.1997) Rs. 157/94, 158/94, (Ein- und Ausfuhrmonopole für Gas und Strom) Slg. 1997, I- 5768, Rz. 51, 58; I-5789, Rz. 54; ; Storr, DÖV 2002, 364.

diese Norm „praktisch auf jedes Unternehmen anwendbar ist, das mit einer Dienstleistung von allgemeinem Interesse betraut ist."[341]

Dem ist jedoch entgegenzuhalten, dass eine zu restriktive Anwendungsmöglichkeit der Ausnahmeregelung des Art. 86 Abs. 2 EG es für die Mitgliedstaaten nahezu unmöglich machen würde, defizitäre Dienstleistungen von allgemeinem wirtschaftlichem Interesse durch öffentliche Unternehmen erbringen zu lassen. Die Rechtsprechungsänderung und damit die Erweiterung des Anwendungsbereichs der Ausnahmeregelung war also notwendig, um nicht durch eine zu restriktive Anwendung zu bewirken, dass private Unternehmen sich nur die rentablen Dienstleistungen heraussuchen (sog. „Rosinenpicken") und auf diesen Gebieten ungehindert mit dem mit Sonderaufgaben betrauten Unternehmen konkurrieren, wodurch es diesen Unternehmen unter Umständen unmöglich gemacht wird, ihre im allgemeinen Interesse liegende Aufgabe unter wirtschaftlich tragbaren Bedingungen zu erfüllen.[342]

Wie auch der Gerichtshof entschieden hat, ist zu berücksichtigen, dass die öffentlichen Unternehmen unter Umständen gezwungen sind, einen Ausgleich zwischen den in unrentablen Breichen entstandenen Verlusten und den in rentablen Bereichen erzielten Gewinnen vorzunehmen. Dies gilt allerdings nur für den Fall, dass es sich um untrennbare Dienstleistungen handelt.[343] Die Erweiterung des Anwendungsbereichs des Art. 86 Abs. 2 EG war somit notwendig und sinnvoll, um das nationale Interesse an der Daseinsvorsorge mit dem europäischen Wettbewerbsrecht in Einklang zu bringen.

ee) Verhältnismäßigkeit

Für die Durchbrechung der Vertragsvorschriften gilt das Prinzip der Verhältnismäßigkeit. Das heißt, ein Wettbewerbsausschluss ist nur zulässig, soweit er erforderlich ist, um dem mit einer Dienstleistung von allgemeinem wirtschaftlichen Interesse betrauten Unternehmen die Erfüllung dieser Aufgabe zu ermöglichen.[344] Bei der Verhältnismäßigkeitsprüfung ist also zu ermitteln, ob die besondere Aufgabe des Unternehmens nicht mit Hilfe von Maßnahmen erreicht werden kann, die den Wettbewerb weniger einschränken.[345] Mit anderen Worten

---

[341] Paulweber/Weinand, EuZW 2001, S.237.

[342] Grill in Lenz, EGV-Kommentar, Art.86, Rn.27 unter Verweis auf EuGH (Urteil v. 19.5.1993) Rs. C-320/91 (Corbeau), Slg. 1993, I-2533, Rn. 16-18.

[343] EuGH, aaO, Rz. 18f.

[344] EuGH (Urteil v. 27.04.1994), Rs. C-393/92, (Almelo), Slg. 1994, I-1477, Rz. 49.

[345] EuGH (Urteil v. 23.05.2000), Rs. C-209/98, (Sydhavnens Sten & Grus), Slg. 2000, I-3743, Rz. 80.

muss die, angesichts der Verpflichtungen und Zwänge, denen das Unternehmen ausgesetzt ist, den Wettbewerb am wenigsten belastende Lösung gewählt werden.[346]

ff) Keine Beeinträchtigung des Handelsverkehrs in einem Ausmaß, das dem Interesse der Gemeinschaft zuwiderläuft

Zu Bedeutung und Reichweite dieser Voraussetzung hat sich der Gerichtshof bis heute noch nicht geäußert. Von einigen Generalanwälten wird vertreten, dass die Beeinträchtigung der Entwicklung des Handelsverkehrs den Nachweis voraussetzt, dass die streitige Maßnahme den innergemeinschaftlichen Handel tatsächlich und wesentlich beeinträchtigt hat.[347]

3. Anwendbarkeit der Beihilferegeln

Zu den Regeln, die für die kommunalen Unternehmen grundsätzlich gelten,[348] gehören auch die Vorschriften über staatliche Beihilfen, Art. 87ff EG.[349] Danach sind staatliche Beihilfen, die durch die Begünstigung bestimmter Unternehmen den Wettbewerb verfälschen oder zu verfälschen drohen, soweit sie den Handel zwischen den Mitgliedstaaten beeinträchtigen, grundsätzlich verboten.
Dieses Verbot ist für die kommunalen Unternehmen, die Leistungen der Daseinsvorsorge erbringen, von großer Bedeutung, weil sie an einer staatlichen Finanzierung defizitärer Leistungen der Daseinsvorsorge interessiert sind, ihnen aber – wie den privaten Unternehmen - grundsätzlich keine staatlichen Beihilfen gewährt werden dürfen. Wegen der besonderen Wichtigkeit dieser Vorschriften soll im Folgenden gesondert auf die Bindung der kommunalen Unternehmen an die Art. 87ff EG eingegangen werden. Dies soll anhand der neuesten Rechtsprechung dazu geschehen.

Die Einschränkung der Geltung der Vertragsvorschriften darf in Intensität und Umfang nicht weitergehen, als es für die Erfüllung der übertragenen Gemeinwohlaufgaben unbedingt erforderlich ist, vgl. Jung, in: Callies/Ruffert, EUV/EGV, Art. 86 Rz. 47 m. w. Nachw.

[346] Kovar, Europe 1994, S. 2; GA Léger, Schlussanträge vom 10.07.2001 in der Rs. 309/99 (Wouters u.a.), Slg. 2002, I-1582 Rz. 165.

[347] Vgl. die Schlussanträge von Ga Rozès vom 26.04.1983 in der Rs. 78/82 (Kommission /Italien), Slg. 1983, 1955, Abschnitt IV-C; Schlussanträge von GA Cosmas vom 26.11.1996 in den verb. Rs. 157-159/94, (Ein- und Ausfuhrmonopole für Gas und Elektrizität), Slg. 1997-I-5789, Rz. 126; Schlussanträge des GA Léger vom 10.07.2001 in der Rs. C-309/99 (Wouters u.a), Slg. 2002, I. 1582, Rz. 166.

[348] Wenn nicht die Ausnahme des Art. 86 Abs.2 EG gegeben ist, s.o.

[349] Cox, Zur Organisation der Daseinsvorsorge in Europa, S. 33.

Angesichts einer Rechtsprechungsänderung[350] hat es in diesem Bereich nämlich in der jüngsten Vergangenheit einige Veränderungen gegeben. Zu entscheiden war, ob eine Beihilfe auch dann vorliegt, wenn durch die staatliche Maßnahme nur ein finanzieller Nachteil ausgeglichen wird, der dem Unternehmen durch die Erfüllung der gemeinwirtschaftlichen Pflichten entstanden ist. Da dies im Ferring-Urteil[351] von der Rechtsprechung erstmals verneint wurde[352], löste dieses Urteil eine rege Diskussion nicht nur unter den Generalanwälten aus. Mittlerweile wurde dieses Urteil durch das Urteil des Gerichtshofs in der Sache „Altmark"[353] bestätigt und präzisiert.[354]

a) Die Rechtslage vor dem Ferring-Urteil

Nach ständiger Rechtsprechung umfasst der Begriff der Beihilfe im Sinne von Art. 87 Abs. 1 EG die von den staatlichen Stellen gewährten Vorteile, die in verschiedener Form die Belastungen vermindern, die ein Unternehmen normalerweise zu tragen hat.[355]

Vor dem Ferring-Urteil wurde bei der Feststellung, ob eine Beihilfe vorliegt, nicht berücksichtigt, ob der durch die staatliche Maßnahme gewährte finanzielle Vorteil nur einen anderweitig bestehenden Nachteil ausgleichen sollte und dem Unternehmen somit, nach der Gegenrechnung von Vor- und Nachteil, tatsächlich kein finanzieller Vorteil verblieb. Das heißt, das Vorliegen einer Beihilfe wurde auch dann angenommen, wenn die staatliche Maßnahme nur einen Ausgleich für finanzielle Belastungen darstellte, die das Unternehmen aufgrund der Erbringung von defizitären Leistungen der Daseinsvorsorge zu tragen hatte. Die Tatsache, dass ein finanzieller Vorteil nur als Ausgleich gewährt wurde, hatte keine Aus-

---

[350] Zu beachten ist, dass hier keine Rechtsprechungsänderung dergestalt vorliegt, dass der Gerichtshof von einer früheren Linie abgerückt ist. Vielmehr hat der Gerichtshof eine vom Gericht erster Instanz abweichende Richtung eingeschlagen.

[351] EuGH (Urteil vom 22.11.2001) Rs. 53/00, (Ferring), Slg. 2001, I-9067.

[352] Bevor das Gericht erster Instanz in diesen Fällen grundsätzlich das Vorliegen einer Beihilfe annahm, hatte die Kommission die Ansicht vertreten, dass Maßnahmen zum Ausgleich der Kosten gemeinwirtschaftlicher Verpflichtungen keine staatlichen Beihilfen im Sinne das Art. 87 Abs. 1 EG seien, vgl. dazu insbesondere Wettbewerbsrecht in den Europäischen Gemeinschaften, Band IIB, Erläuterungen zu den Wettbewerbsregeln für staatliche Beihilfen, 1997, S. 7; vgl. dazu auch die Fundstellen in den Schlussanträgen des GA Tizzano vom 08.05.2001 in der Rs. C-53/00 (Ferring), Slg. 2001, I-9067, Rz. 56.

[353] EuGH (Urteil v. 24.07.2003), Rs. C-208/00, Altmark, Slg. 2003, I-7747

[354] Inwiefern in diesem Urteil eine gewisse „Korrektur" des Ferring-Urteil zu sehen sein könnte, dazu näher im Folgenden unter D II. 3 e.

[355] EuGH (Urteil v. 26.09.1996), Rs. C-241/94, (Frankreich/Kommission), Slg. 1996, I-4551, Rn. 34; EuGH (Urteil v. 11.07.1996), Rs. C-39/94, (SFEI), Slg. 1996, I-3547, Rn. 58; EuGH (Urteil v. 15.03.1994), RS. C-387/92, (Banco Exterior de España), Slg. 1994, I-877, Rn.13.

wirkung auf die Qualifizierung einer Maßnahme als Beihilfe.[356] Die Beihilfe konnte in diesem Fall jedoch regelmäßig gemäß Art. 86 Abs. 2 EG gerechtfertigt werden.[357]

Als Grund dafür, das Vorliegen eines bloßen Ausgleichs erst auf der Ebene der Rechtfertigung und nicht bereits bei der Einstufung einer Maßnahme als Beihilfe zu berücksichtigten, wurde angeführt, dass der Beihilfenbegriff als objektiver Begriff anzusehen sei. Das bedeutete, dass im Rahmen von Art. 87 Abs. 1 EG nicht nach den Gründen oder Zielen der staatlichen Intervention unterschieden wurde, sondern dass diese nach ihren Wirkungen definiert wurde und somit eine Beihilfe immer dann anzunehmen war, wenn eine staatliche Maßnahme einem oder einigen Unternehmen einen Vorteil verschaffte.[358] Die Absicht bei der Gewährung eines finanziellen Vorteils, das heißt Schaffung eines finanziellen Ausgleichs, war somit nur als Ziel der betreffenden Maßnahme einzuordnen, das für die objektive Einstufung als Beihilfe unbeachtlich war.[359]

Insgesamt war vor dem Ferring-Urteil also bei Ausgleichszahlungen für defizitäre Leistungen der Daseinsvorsorge der Anwendungsbereich der Art. 87ff EG grundsätzlich eröffnet.

b) Das Ferring-Urteil

Mit dem Ferring-Urteil sind die Rechtsfolgen bei Gewährung eines angemessenen Ausgleichs wieder in die Diskussion geraten, da der Gerichtshof damit eine Entscheidung entgegen der etablierten Rechtsprechung getroffen hat.[360] Gegenstand des Streits war die Befreiung von einer von den französischen Behörden eingeführten fiskalischen Abgabe auf den Verkauf von Arzneimitteln durch Pharmahersteller.

---

[356] EuG (Urteil v. 10.05.2000), Rs. T-46/97 (SIC/Kommission), Slg. 2000, II-2125, Rz. 84; so auch die Europäische Kommission in ihrem Bericht für den Europäischen Rat in Laeken vom 17.10.2001, KOM (2001) 598 endg., Tz. 14: „Ein finanzieller Ausgleich, der von einem Staat dem Erbringer einer Leistung der Daseinsvorsorge gewährt wird, stellt einen wirtschaftlichen Vorteil im Sinne von Art. 87 Abs. 1 dar."

[357] Vgl. dazu die Rechtsprechung des Europäischen Gerichts erster Instanz, EuG (Urteil v. 27.02.1997), Rs. T-106/95 (FFSA/Kommission) Slg. 1997, II-229 Rn. 172; EuG (Urteil v. 10.05.2000), Rs. T-46/97 (SIC/Kommission), Slg. 2000, II-2125, Rz. 84. Allerdings mussten dafür die oben aufgeführten Voraussetzungen des Art. 86 Abs. 2 EG gegeben sein, siehe D II 2. b).

[358] EuG (Urteil v. 10.05.2000), Rs. T-46/97 (SIC/Kommission), Slg. 2000, II-2125, Rz. 83.

[359] Vgl. Schlussanträge des Generalanwalts Tizziano in der Rs. C-53/00 (Ferring), Slg. 2001, I-9069, Rz. 58.

[360] Borchardt, Empfiehlt es sich das Recht der öffentlichen Unternehmen im Spannungsfeld zwischen öffentlichem Auftrag und Wettbewerb national und gemeinschaftsrechtlich neu zu regeln?, S. O 23.

aa) Sachverhalt

In Frankreich gibt es zwei Vertriebswege für die Belieferung von Apotheken mit Arzneimitteln. Der Vertrieb erfolgt entweder über Großhändler oder über die Pharmahersteller. Den Großhändlern sind durch Vorschriften des nationalen Rechts bestimmte gemeinwirtschaftliche Verpflichtungen auferlegt, die im Wesentlichen darin bestehen, einen ausreichenden Vorrat an Arzneimitteln zu halten und sie in einem bestimmten Gebiet innerhalb einer bestimmten Zeit liefern zu können. Die Pharmahersteller unterliegen keiner gleichartigen Verpflichtung. Dieses Ungleichgewicht in Bezug auf die Wettbewerbsbedingungen der Arzneimittelvertreiber sollte durch eine Abgabe wiederhergestellt werden, die dementsprechend bei den Großhändlern nicht erhoben wurde.

Der Gerichtshof hatte in dem Vorabentscheidungsverfahren zu entscheiden, ob die Nichterhebung der genannten Abgabe bei den Großhändlern dem Grundsatz nach eine staatliche Beihilfe im Sinne der Art. 87 ff EG darstellen kann.

bb) Entscheidung

Der Gerichtshof hat entschieden, dass keine Beihilfe im Sinne des Art. 87 Abs. 1 EG vorliegt. Dies hat er damit begründet, dass die Voraussetzungen für das Vorliegen einer Beihilfe nicht gegeben sind, wenn der finanzielle Vorteil, den der Staat dem Unternehmen gewährt, den für die Erfüllung der gemeinwirtschaftlichen Pflichten entstandenen zusätzlichen Kosten entspricht.[361] Eine Beihilfe läge nur vor, soweit der gewährte Vorteil die zusätzlichen Kosten übersteige, die dem Unternehmen durch die Erfüllung der gemeinwirtschaftlichen Pflichten entstünden.[362]

Mit dieser Rechtsprechung ist bei Vorliegen eines bloßen finanziellen Ausgleichs bereits der Anwendungsbereich der Art. 87 ff EG verschlossen, da keine Beihilfe vorliegt. Eine Rechtfertigung der Ausgleichszahlung über Art. 86 Abs. 2 EG ist deshalb nicht mehr erforderlich.

c) Bewertung

Die Entscheidung des Gerichtshofs ist in verschiedener Hinsicht problematisch. Das zeigt sich nicht zuletzt daran, dass dieses Urteil sogar von Generalanwalt

---
[361] EuGH (Urteil vom 22.11.2001) Rs. 53/00, (Ferring), Slg. 2001, I-9067, Rz. 27.
[362] EuGH, aaO, Rz. 29.

Léger in der Rs. „Altmark Trans" heftig kritisiert und abgelehnt worden ist.[363] Wie die folgenden Ausführungen zeigen, ist er zu Recht der Auffassung, dass das Urteil Ferring geeignet ist, Art. 86 Abs. 2 EG einen großen Teil seiner Nützlichkeit zu nehmen.[364]

aa) Vermischung der Qualifizierung einer staatlichen Maßnahme als Beihilfe und ihrer Rechtfertigung

Ein Kritikpunkt betrifft die Art und Weise, in der der Gerichtshof das Vorliegen einer Beihilfe prüft. Grundsätzlich ist im Gemeinschaftsrecht bei der Prüfung der beihilfenrechtlichen Zulässigkeit einer Maßnahme eine zweistufige Prüfung vorzunehmen. Erst wird geprüft, ob eine Beihilfe gem. Art. 87 Abs. 1 EG vorliegt. Ist das der Fall, ist zu prüfen, ob die Beihilfe anhand anderer Vertragsbestimmungen gerechtfertigt ist.[365]

Von dieser Prüfungsreihenfolge weicht der Gerichtshof in der Rechtssache Ferring ab. Nachdem er zu der Auffassung gelangt ist, dass sämtliche Voraussetzungen einer Beihilfe vorliegen, gelangt er zu dem Ergebnis, dass eine Beihilfe vorliegen *könnte*.[366] Danach prüft er – und dies immer noch im Rahmen der Frage, ob überhaupt eine Beihilfe vorliegt -, ob diese gerechtfertigt ist, soweit sie nur den finanziellen Nachteil ausgleicht, der dem Unternehmen durch staatlich auferlegte Gemeinwohlverpflichtungen entstanden ist. Dies bejaht er. Allerdings gelangt er daraufhin nicht zu dem Ergebnis, dass eine Beihilfe vorliegt, die gerechtfertigt ist. Vielmehr kommt er zu dem Ergebnis, dass *keine* Beihilfe vorliegt.[367] Es scheint einem fast, als habe der Beihilfetatbestand eine Art innere Rechtfertigung, deren Vorliegen den Tatbestand ausschließt. Wie der Gerichtshof zu diesem Prüfungsschema kommt, wird aus dem Urteil nicht klar. Auf jeden Fall vermengt er durch diese Art der Prüfung aber die Einordnung einer staatlichen

---

[363] Schlussanträge des Generalanwalts P. Léger vom 19.03.2002 in der Rs. C-280/00, (Altmark Trans), Slg. 2003, I-7747, Rz. 73ff. Dementsprechend hat er dem Gerichtshof auch vorgeschlagen diese Rechtsprechung in der Sache Altmark nicht zu übernehmen, vgl. Rz. 61 der Schlussanträge.

[364] GA Léger, Schlussanträge vom 19.03.2002 in der Rs. C-280/00 (Altmark Trans), Rn. 79, Slg. 2003, I-7747, Rz. 79ff.

[365] So auch der Generalanwalt Léger, vgl. Schlussanträge des Generalanwalts vom 19.03.2002 in der Rs. C-280/00 (Altmark), Slg. 2003, I-7747, Rz. 77.

[366] EuGH, aaO, Rz. 22.

[367] Zumindest soweit der finanzielle Vorteil den tatsächlich für die Erfüllung der gemeinwirtschaftlichen Pflichten entstandenen zusätzlichen Kosten entspricht, vgl. EuGH, aao, Rz. 29. Aus diesem Grund ist das Schema des Gerichtshofs wohl auch als „Tatbestandsmodell" bezeichnet worden, vgl. Schlussanträge der Generalanwältin Stix-Hackl vom 07.11.2002 in den Verb. Rs. C-34/01 – C-38/01 (Enirisorse SpA/Ministero delle Finanze), noch nicht in der amtlichen Sammlung.

Maßnahme als Beihilfe auf der einen Seite und deren mögliche Rechtfertigung auf der anderen Seite.[368]

Dies scheint insofern bedenklich, als diese Art der Prüfung des Vorliegens einer Beihilfe außer Acht lässt, dass der Beihilfebegriff ein objektiver Begriff ist.[369] Das bedeutet, dass bei der Einordnung einer Maßnahme als Beihilfe allein darauf abgestellt wird, ob sie dem Unternehmen einen Vorteil verschafft. Keinesfalls kann die staatliche Maßnahme anhand des von den staatlichen Stellen verfolgten Ziels beurteilt werden. Diese Ziele können erst in einer späteren Phase der Prüfung im Rahmen der Frage berücksichtigt werden, ob die staatliche Maßnahme im Hinblick auf die Ausnahmebestimmungen des Vertrages gerechtfertigt ist.[370]

bb) Widerspruch zur Systematik der Beihilfebestimmungen

Die Urteilsbegründung ist auch deshalb nicht nachvollziehbar, weil sie mit dem System des Vertrages nicht in Einklang zu bringen ist. Die Vorschrift des Art. 87 Abs. 1 EG enthält keine Rechtfertigungsmöglichkeit für eine Beihilfe. Vielmehr sind nach Art. 87 Abs. 1 EG Beihilfen grundsätzlich verboten. Davon gibt es verschiedene Ausnahmen.

Zunächst erklären Art. 87 Abs. 2 und 3 EG bestimmte Beihilfen für mit dem Gemeinsamen Markt vereinbar bzw. als so anzusehen. Eine weitere Ausnahme enthält der bereits erwähnte Art. 86 Abs. 2 EG. Im Bereich des Verkehrs schließlich erklärt Art. 73 EG bestimmte Beihilfen für mit dem Vertrag vereinbar.

Will man also prüfen, ob eine staatliche Maßnahme beihilferechtlich zulässig ist, so ist zunächst festzustellen, ob die Voraussetzungen des Art. 87 Abs. 1 EG vorliegen. Ist das der Fall, prüft man anhand der oben genannten Vertragsvorschriften, ob die Beihilfe ausnahmsweise mit den Bestimmungen des Vertrages vereinbar ist.

Von diesem Prüfungsschema weicht der Gerichtshof aus nicht ersichtlichen Gründen ab. Er prüft im Anschluss an den Tatbestand keine der genannten Ausnahmen, sondern vielmehr allgemein im Rahmen der Anwendbarkeit des Art. 87

---

[368] So auch die Kritik des Generalanwalts Léger, vgl. Schlussanträge des Generalanwalts vom 19.03.2002 in der Rs. C-280/00, (Altmark-Trans), Slg. 2003, I- 7747, Rz. 76.

[369] GA Léger, Schlussanträge vom 19.03.2002 in der Rs. C-280/00 (Altmark Trans), Slg. 2003, I-7747, Rn. 77.

[370] So GA Léger, Schlussanträge vom 19.03.2002 in der Rs. C-280/00 (Altmark Trans), Slg. 2003, I-7747, Rn. 61, 73, unter Verweis auf EuG (Urteil v. 10.05.2000), Rs. T-46/97 (SIC), Slg. 2000, II-2125.

Abs. 1 EG, ob die Beihilfe gerechtfertigt ist. Mit dieser Prüfung weicht er deshalb von der vom Gemeinschaftsvertrag vorgegeben Systematik des Beihilfenrechts ab.

cc) Aushebelung von Art. 86 Abs. 2 EG

Schließlich ist die Rechtsprechung in der Sache Ferring auch deshalb abzulehnen, weil sie für den Fall der Zahlung eines finanziellen Ausgleichs für Nachteile aufgrund gemeinwirtschaftlicher Verpflichtungen die Regelung des Art. 86 Abs. 2 EG aushebelt. Über Art. 86 Abs. 2 EG soll der bereits näher beschriebene Ausgleich von mitgliedstaatlichen und gemeinschaftlichen Interessen bei der Erbringung von Leistungen der Daseinsvorsorge stattfinden. Diese Ausnahmevorschrift hat verschiedene Anwendungsvoraussetzungen[371], die bei der Prüfung, ob ein Beihilfe vorliegt, keine Berücksichtigung finden. Qualifiziert man eine staatliche Ausgleichszahlung schon nicht als Beihilfe, braucht auch die Möglichkeit der Rechtfertigung nicht mehr geprüft zu werden. Auf diesem Weg werden die speziellen Anwendungsvoraussetzungen des Art. 86 Abs. 2 EG umgangen. Dies führt beispielsweise dazu, dass weder geprüft werden kann, ob die einem Unternehmen auferlegten Verpflichtungen mit dem Ziel der Dienstleistung von allgemeinem Interesse hinreichend in Zusammenhang stehen und unmittelbar zur Befriedigung dieses Interesses beitragen sollen, noch ob das jeweilige Unternehmen mit den entsprechenden Dienstleistungen tatsächlich betraut wurde. Es kann auch nicht mehr gewährleistet werden, dass diese Verpflichtungen für das betroffene Unternehmen spezifisch und hinreichend konkret festgelegt sind.[372] Es ist bei reinen Ausgleichszahlungen dann schlichtweg nicht mehr erforderlich, dass die abgegoltenen Dienste den Anforderungen des Art. 86 Abs. 2 EG entsprechen und dass auch die sonstigen Voraussetzungen dieser Vorschrift erfüllt sind.[373]

Nur soweit eine Überkompensation erfolgt, ist der Beihilfentatbestand erfüllt, so dass für diesen Teil die Vereinbarkeit mit dem Gemeinsamen Markt bzw. seine Freistellung nach Art. 86 Abs. 2 EG zu prüfen wäre. Allerdings wird dies regel-

---

[371] Siehe dazu oben unter C II 3 a, sowie auch die Schlussanträge des Generalanwalts Léger vom 10.07.2001 in der Rechtssache C-309/99 (Wouters u. a.), Slg. 2001, I-1582 Rz. 157 bis 166.

[372] Schlussanträge des GA Léger vom 19.03.2002, Rs. C-280/00 (Altmark Trans), Slg. 2003, I-7747, Rn. 88; Schlussanträge des GA Jacobs vom 30.04.2002, Rs. C-126/01 (GEMO), Rn.116, noch nicht in der amtlichen Sammlung. Bei einer Anwendung von Art. 86 Abs. 2 EG hingegen würde dies geprüft.

[373] Gundel, RIW 2002, S. 227. Insofern ist es auch nicht ganz richtig von einer „Vorverlagerung" der Prüfung von Art. 86 Abs. 2 in den Tatbestand des Art. 87 Abs. 1 EG zu sprechen (so Ruge, in: EuZW 2002, S. 50, 52), da die speziellen Voraussetzungen des Art. 86 Abs. 2 EG bei einem bloßen finanziellen Ausgleich gerade nicht geprüft werden.

mäßig ein negatives Ergebnis bringen, da diese Zuwendungen in der Regel nicht genehmigungsfähig sind und auch eine Überkompensation nicht unter die Ausnahmen des Art. 86 Abs. 2 EG fallen kann, weil Überkompensationen nicht als notwendig betrachtet werden können, um die Erfüllung der besonderen Aufgabe zu ermöglichen.[374] Die Regelung des Art. 86 Abs. 2 EG wird somit samt ihrer sorgfältig entwickelten Tatbestandsvoraussetzungen für die Herstellung eines Ausgleichs von Gemeinwohlinteresse und Daseinsvorsorge ihrer Wirksamkeit beraubt.[375]

dd) Bedeutung der Rechtsprechungsänderung für die Überprüfbarkeit staatlich gewährter finanzieller Vorteile

Es stellt sich die Frage, inwieweit die Nichteinstufung der staatlichen Ausgleichszahlung als Beihilfe auch praktisch von Bedeutung ist, da im Ergebnis kein Unterschied besteht: in beiden Fällen ist die mitgliedstaatliche Maßnahme zulässig. Nach der Rechtsprechung in der Sache Ferring ist das mitgliedstaatliche Verhalten zulässig, weil schon keine Beihilfe vorliegt. Im anderen Fall ist zwar das Vorliegen einer Beihilfe zu bejahen, das mitgliedstaatliche Verhalten ist jedoch durch Art. 86 Abs. 2 EG gerechtfertigt.

Die unterschiedliche Einordnung der Maßnahme spielt jedoch eine wichtige Rolle. Die Differenzierung, ob bei Zahlung eines finanziellen Ausgleichs schon keine Beihilfe vorliegt, oder ob eine Beihilfe vorliegt, die über Art. 86 Abs. 2 EG gerechtfertigt ist, hat nämlich nicht nur formale Bedeutung.[376] Neben der Mög-

---

[374] Borchardt, Empfiehlt es sich das Recht der öffentlichen Unternehmen im Spannungsfeld zwischen öffentlichem Auftrag und Wettbewerb national und gemeinschaftsrechtlich neu zu regeln?, S. O 24; GA Léger, Schlussanträge vom 19.03.2002 in der Rs. C-280/00 (Altmark Trans), Slg. 2003, I-7747, Rn. 81f.

[375] GA Léger, Schlussanträge vom 19.03.2002 in der Rs. C-280/00 (Altmark Trans), Slg. 2003, I-7747, Rn. 81f; Schlussanträge des GA Jacobs vom 30.04.2002, Rs. C-126/01 (GEMO), Rn.116, noch nicht in der amtlichen Sammlung; GAin Stix-Hackl spricht von der Gefahr der „Aushöhlung" des Art. 86 Abs. 2 EG, vgl. Schlussanträge der GAin Stix-Hackl vom 7.11.2002, verbundene Rs. C-34/01 – C-38/01, (Enirisorse SpA/Ministero delle Finanze), Rn. 149, noch nicht in der amtlichen Sammlung; Ruge, in EuZW 2002, S. 52 bezeichnet Art. 86 Abs. 2 EG deshalb nach der Ferring-Rechtsprechung auch als „überflüssig". A.A.: Nettesheim, EWS 2002, S. 261, der im Ergebnis jedoch auch für eine Beibehaltung der Ferring-Rechtsprechung plädiert.

[376] Borchardt, Empfiehlt es sich das Recht der öffentlichen Unternehmen im Spannungsfeld zwischen öffentlichem Auftrag und Wettbewerb national und gemeinschaftsrechtlich neu zu regeln?, S. O 23 spricht von „grundsätzlicher praktischer Bedeutung; aA Drabbe anlässlich eines Vortrags zum Thema „Wettbewerbspolitik: Kontrolle staatlicher Beihilfen und Daseinsvorsorge" am 7.1.2002 in Brüssel, der den Gegensatz der beiden Auffassungen für übertrieben hält, da nach beiden Auffassungen bloße Ausgleichszahlungen zulässig und Überkompensationen unzulässig sind.

lichkeit, Struktur und Systematik der Beihilferegelungen zu beeinflussen,[377] hat die Entscheidung auch weitreichende Konsequenzen für die Überprüfbarkeit von Beihilfen.

Gem. Art. 88 Abs. 3 EG müssen die Mitgliedstaaten die beabsichtigte Einführung oder Umgestaltung von Beihilfen bei der Kommission anmelden, sog. Notifizierungspflicht. Diese Notifizierungspflicht gilt für sämtliche Maßnahmen, die dem Beihilfebegriff unterfallen,[378] also grundsätzlich auch für Ausgleichszahlungen, die als Beihilfe zu betrachten sind. Nach der Rechtsprechung des Gerichtshofs handelt es sich bei der in Art. 88 Abs. 3 EG niedergelegten Verpflichtung zur vorherigen Unterrichtung um eine allgemeine Verpflichtung hinsichtlich sämtlicher Beihilfen, um eine Anwendung von Beihilfen im Widerspruch mit dem Vertrag auszuschließen.[379] Daher muss die Kommission auch vor der Gewährung von Beihilfen unterrichtet werden, wenn eine Beihilfe für eine Ausnahme in Betracht kommt und möglicherweise mit dem Vertrag vereinbar ist.[380] Dabei erstreckt sich die Zuständigkeit der Kommission auch auf staatliche Beihilfen, die den in Art. 86 Abs. 2 EG genannten und insbesondere den von den Mitgliedstaaten mit Dienstleistungen von allgemeinem wirtschaftlichen Interesse betrauten Unternehmen gewährt werden.[381] Die Kommission prüft dann die beabsichtigten Maßnahmen im Hinblick auf ihre Vereinbarkeit mit dem Gemeinsamen Markt. Vor einer Genehmigung darf die Beihilfe nicht gewährt werden, es besteht ein Durchführungsverbot. Sinn und Zweck dieser Regelung ist die Vorbeugung der gemeinschaftswidrigen Bewilligung und Auszahlung neuer Beihilfen durch die Mitgliedstaaten.[382] Die Wettbewerbsregeln müssen eingehalten werden, damit die Errichtung eines Systems des unverfälschten Wettbewerbs im Gemeinsamen Markt nicht in Gefahr gerät.

---

[377] So die Einschätzung des Generalanwalts Léger, der im Ferring-Urteil die Möglichkeit einer „tiefgreifenden Veränderung" der Struktur und Systematik der Vertragsbestimmungen über staatliche Beihilfen sieht, vgl. Schlussanträge des Generalanwalts Léger vom 19.03.2002 in der Rs. C-280/00 (Altmark), Slg. 2003, I-7747, Rz. 61, 73, und nicht zuletzt aus diesem Grund der Rechtsprechung in der Sache Ferring nicht zustimmt.

[378] Cremer, in: Callies/Ruffert, Kommentar zu EUV und EGV, Art. 88 Rn. 8. Dies gilt auch für Beihilfen, die den im Sinne von Art. 86 Abs. 2 EG von den Mitgliedstaaten mit Dienstleistungen von allgemeinem wirtschaftlichem Interesse betrauten Unternehmen gewährt werden, vgl. EuGH (Urteil v. 22.06.2000), Rs. C-332/98, (Frankreich/Kommission), Slg. 2000, I-4833.

[379] EuGH (Urteil v. 22.06.2000), Rs. C-332/98, (Frankreich/Kommission), Slg. 2000, I-4833.

[380] Europäische Kommission: Bericht für den Europäischen Rat von Laeken: Leistungen der Daseinsvorsorge KOM (2001) 598 endg. vom 17.10.2001, ABlEG 2001 Nr. C 17.

[381] EuGH, (Beschluss v. 25.03.1998), Rs. C-174/97 P, (FFSA), Slg. 1998, I 1315, Rz. 165; EuGH (Urteil v. 15.03.1994), RS. C-387/92, (Banco Exterior de España), Slg. 1994, I-877, Rn.17.

[382] Cremer, in: Callies/Ruffert, Kommentar zu EUV und EGV, Art. 88, Rn. 7.

Ist aber bereits der Anwendungsbereich der Art. 87ff EG nicht eröffnet, kann die Kommission die staatlichen Maßnahmen vorab nicht überprüfen. Sie ist auf eine nachträgliche Missbrauchskontrolle beschränkt, die sie aufgrund von Beschwerden oder von Amts wegen vornehmen kann. Dies ist jedoch weit weniger effektiv. Einmal können auf diese Weise wohl kaum alle Fälle erfasst werden, in denen verbotene Beihilfen gezahlt wurden. Außerdem ist bei der Rückforderung verbotener Beihilfen - anders als wenn bereits ihre Auszahlung verhindert wird – eine Verfälschung des Wettbewerbs nicht auszuschließen.[383] Angesichts des Ziels, ein System des unverfälschten Wettbewerbs im Gemeinsamen Markt zu erreichen gem. Art. 3 Abs. 1 lit g EG, kann das nicht wünschenswert sein.

Zusätzlich zur Vorabprüfung hat die Einstufung einer staatlichen Maßnahme noch eine besondere Bedeutung bei den kommunalen Unternehmen, die auch einer gesetzlich geregelten Nachprüfung unterliegen. Für diese Unternehmen gilt, wie für alle öffentlichen Unternehmen, die sog. Transparenzrichtlinie.[384] Nach dieser Richtlinie sind die Mitgliedstaaten verpflichtet, jährlich detailliert über ihre Zuwendungen an öffentliche Unternehmen zu berichten.[385] Dies ermöglicht der Kommission nachzuprüfen, ob Beihilfen unter der Verletzung der Notifizierungspflicht gewährt wurden. Auch diese Überprüfung fällt aber weg, wenn in einer Ausgleichszahlung keine Beihilfe mehr liegt.

ee) Verschiebung der Beweislast

Die Nichteinstufung einer staatlichen Ausgleichszahlung als Beihilfe nach Art. 87 Abs.1 EG hat auch Auswirkungen auf die Beweislast. Wird eine angemessene Ausgleichszahlung als Beihilfe gewertet, tragen die Mitgliedstaaten im Rahmen der Rechtfertigung der Beihilfe nach Art. 86 Abs. 2 EG die Beweislast für die Angemessenheit.[386]

Wird jedoch bei einer Ausgleichszahlung bereits keine Beihilfe angenommen, ist die Kommission nicht nur auf die ex-post Kontrolle beschränkt, sondern trägt in

---

[383] So auch Nettesheim in EWS 2002, S. 261, der in der Kontrolle durch die Kommission einen „wichtigen Beitrag zur Sicherstellung der für das Funktionieren der Integration überragend wichtigen einheitlichen Geltung des EU-Rechts" sieht. Allerdings sieht er die Beschränkung der Kontrolle im Ergebnis nicht als allzu problematisch an, da die Kommission so ihre knappen Ressourcen schone und sich auf die Prüfung problematischer Fälle konzentrieren könne.

[384] RL 80/723/EWG, ABlEG 1980 Nr. L 195/35, zuletzt geändert durch RL 2000/52/EG vom 26.07.2000, ABlEG Nr. L 193 v. 29.07.2000, S. 75.

[385] Vgl. die Mitteilung der Kommission an die Mitgliedstaaten, ABlEG 1991 Nr. C 273/2, geändert durch ABlEG 1993 Nr. C 307/3.

[386] Borchardt, Empfiehlt es sich das Recht der öffentlichen Unternehmen im Spannungsfeld zwischen öffentlichem Auftrag und Wettbewerb national und gemeinschaftsrechtlich neu zu regeln?, S. O 24.

einem möglichen Verfahren auch die Beweislast dafür, dass keine angemessene, sondern eine überhöhte Ausgleichszahlung vorliegt. Auch auf diese Weise erschwert die Nichteinstufung von Ausgleichszahlungen als Beihilfen also der Kommission den Nachweis von Verstößen gegen das Beihilfeverbot.

ff) Stellungnahme

Die Zahlung von staatlichen Mitteln an kommunale Unternehmen ist nach der Ferring-Rechtsprechung leichter möglich und kann wegen der Beschränkung auf die ex-post Prüfung nicht mehr so umfassend überprüft werden, wie das vorher möglich war. Zusätzlich erschwert die Beweislastverschiebung der Gemeinschaft den Nachweis einer verbotenen Beihilfe, da es für die Mitgliedstaaten in Kenntnis des jeweiligen Sachverhalts leichter war zu beweisen, dass ohne den finanziellen Vorteil die Erfüllung der Aufgabe verhindert würde, als es für die Kommission ist nachzuweisen, dass eine überhöhte Zahlung vorliegt.

Der Umstand, dass die staatlichen Zuwendungen, die zur Finanzierung von Dienstleistungen von allgemeinem wirtschaftlichen Interesse an Unternehmen geleistet werden, der vorherigen Kontrolle der Kommission entzogen werden, führt dazu, dass dem Überwachungsauftrag der Kommission und damit auch der einheitlichen Geltung des Gemeinschaftsrechts Schaden zugefügt wird.[387] Außerdem könnte dadurch das System des unverfälschten Wettbewerbs gefährdet werden. Aus diesen Gründen erscheint die im Urteil vorgenommene Nichteinstufung von staatlichen Ausgleichszahlungen als Beihilfen höchst bedenklich. Deshalb ist der Forderung von Generalanwalt Léger zuzustimmen, der sich gegen eine Fortführung dieser Rechtsprechung wendet.[388]

d) Das Urteil in der Rechtssache Altmark

Mit Urteil vom 24. Juli 2003 hat der Gerichtshof das Urteil in der Rechtssache Ferring grundsätzlich bestätigt.[389] Zusätzlich hat er konkrete Ausführungen dazu gemacht, wann ein bloßer finanzieller Ausgleich nicht als Beihilfe anzusehen ist.[390] Inwieweit dies nur eine Präzisierung des Ferring-Urteils darstellt oder

---

[387] Schlussanträge des GA Léger vom 19.03.2002, Rs. C-280/00 (Altmark Trans), Slg. 2003, I-7747, Rn. 91ff.

[388] Vgl. Schlussanträge des Generalanwalts P. Léger vom 19.03.2002 in der Rs. C-280/00, (Altmark Trans), Slg. 2003, I-7747, Rz. 61; a.A.: Nettesheim. EWS 2002, S. 260.

[389] So zumindest die Einordnung des Gerichtshofs, vgl. EuGH, aaO, Rz. 87ff. Inwieweit dieses Urteil tatsächlich eine Bestätigung des Ferring-Urteils ist oder nicht, wird im Folgenden geprüft.

[390] EuGH (Urteil v. 24.07.2003), Rs. C-208/00, Altmark, Slg. 2003, I-7747, Rz. 88ff.

möglicherweise eine gewisse Einschränkung dieser Rechtsprechung, kann nur konkret anhand der Ausführungen des Gerichtshofs beurteilt werden.

Der Gerichtshof legt fest, dass für die Nichtqualifizierung einer Maßnahme als Beihilfe bei einem bloßen finanziellen Ausgleich folgende vier Voraussetzungen erfüllt sein müssen[391]:

- Erstens muss das begünstigte Unternehmen tatsächlich mit der Erfüllung gemeinwirtschaftlicher Verpflichtungen betraut worden sein; diese Verpflichtungen müssen klar definiert worden sein[392];

- zweitens sind die Parameter, anhand deren der Ausgleich berechnet wird, zuvor objektiv und transparent aufgestellt worden[393];

- drittens darf der Ausgleich nicht über das hinausgehen, was erforderlich ist, um die Kosten der Erfüllung der gemeinwirtschaftlichen Verpflichtungen unter Berücksichtigung der dabei erzielten Einnahmen und eines angemessenen Gewinns aus der Erfüllung dieser Verpflichtungen ganz oder teilweise zu decken[394];

- viertens ist die Höhe des erforderlichen Ausgleichs, wenn die Wahl des Unternehmens, das mit der Erfüllung gemeinwirtschaftlicher Verpflichtungen betraut werden soll, nicht im Rahmen eines Verfahrens zur Vergabe öffentlicher Aufträge erfolgt, auf der Grundlage einer Analyse der Kosten zu bestimmen, die ein durchschnittliches, gut geführtes Unternehmen, das so angemessen mit Transportmitteln ausgestattet ist, dass es den gestellten gemeinwirtschaftlichen Anforderungen genügen kann, bei der Erfüllung der betreffenden Verpflichtungen hätte, wobei die dabei erzielten Einnahmen und ein angemessener Gewinn aus der Erfüllung dieser Verpflichtungen zu berücksichtigen sind.[395]

e) **Bewertung**

Hinsichtlich der dritten Voraussetzung bringt das Urteil nichts Neues im Vergleich zum Ferring-Urteil. Auch dort hatte der Gerichtshof bereits entschieden,

---

[391] EuGH, aaO, Rz. 89ff.
[392] EuGH, aaO, Rz. 89.
[393] EuGH, aaO. Rz. 90.
[394] EuGH, aaO, Rz. 92.
[395] EuGH, aaO, Rz. 93.

dass der gewährte Ausgleich die Kosten, die dem Unternehmen aufgrund der gemeinwirtschaftlichen Verpflichtung entstanden sind, nicht übersteigen darf, da andernfalls eine Beihilfe gegeben sei.[396]

Anhand der anderen aufgestellten Kriterien wird deutlich, dass dieses Urteil das Ferring-Urteil nicht nur bestätigt, sondern in gewisser Hinsicht auch abändert.[397] So wird mit der ersten Voraussetzung beispielsweise ein Merkmal geprüft, welches sonst nur im Rahmen des Art. 86 Abs. 2 EG eine Rolle spielte. Dieses wird nun sozusagen „durch die Hintertür" wieder eingeführt, um so die am Ferring-Urteil kritisierte Umgehung der besonderen Anwendungsvoraussetzungen des Art. 86 Abs. 2 EG zu verhindern.[398]

Dass das Urteil in der Rechtssache Altmark die Ferring-Rechtsprechung nicht nur präzisiert, sondern auch abändert, wird auch deutlich, durch die zweite und die vierte der aufgestellten Voraussetzungen. Zur zweiten Voraussetzung führt der Gerichtshof aus: „Gleicht daher ein Mitgliedstaat, ohne dass zuvor die Parameter dafür aufgestellt worden sind, die Verluste eines Unternehmens aus, wenn sich nachträglich herausstellt, dass das Betreiben bestimmter Dienste im Rahmen der Erfüllung gemeinwirtschaftlicher Verpflichtungen nicht wirtschaftlich durchführbar war, so stellt dies ein finanzielles Eingreifen dar, das unter den Begriff der staatlichen Beihilfe im Sinne von Artikel 92 Absatz 1 EG-Vertrag fällt."[399]

Insbesondere die zweite Voraussetzung kann also den Anwendungsbereich der Art. 87ff EG wieder eröffnen, auch wenn nur ein Ausgleich für die aufgrund der Erbringung der Leistung (zu einem bestimmten Preis) gegebene Mehrbelastung vorliegt. Auf diesem Weg ist die Möglichkeit der Überprüfung einer staatlichen Maßnahme als Beihilfe durch die Gemeinschaft wieder verstärkt möglich, da die Tatsache allein, dass mit einer Zahlung nur ein Ausgleich erzielt wurde nicht ausreicht, um die Anwendbarkeit der Beihilfevorschriften auszuschließen.

Ähnliches gilt für die vierte Voraussetzung. Auch hier wird deutlich, dass die Tatsache an sich, dass die staatliche Maßnahme nur einen Ausgleich herbeiführt, allein nicht mehr geeignet ist, das Vorliegen einer Beihilfe auszuschließen. Hat hinsichtlich der zu erbringenden defizitären Leistung kein Vergabeverfahren stattgefunden, dürfen dem Unternehmen nicht generell die gerade ihm angefallenen Mehrkosten erstattet werden. Vielmehr ist die Höhe des Ausgleichs, der ohne

---

[396] EuGH (Urteil vom 22.11.2001) Rs. 53/00, (Ferring), Slg. 2001, I-9067, Rz. 29.
[397] Werner/Köster, in EuZW 2003, S. 504 bezeichnen das Urteil als „wichtigen Beitrag zur Rechtsfortbildung im Beihilfenrecht."
[398] Wernicke, in EuZW 2003, S. 481 spricht davon, dass durch dieses Urteil die „Kriterien des Art. 86 Abs. 2 EG wieder belebt" werden.
[399] EuGH, (Altmark) aaO, Rz. 91.

Annahme des Vorliegens einer Beihilfe gezahlt werden darf, auf der Grundlage einer Analyse der Kosten zu ermitteln, die einem durchschnittlichen, gut geführten Unternehmen, das so angemessen mit Transportmitteln ausgestattet ist, dass es den gestellten gemeinwirtschaftlichen Anforderungen genügen kann, bei der Erfüllung der betreffenden Verpflichtungen entstehen würde, wobei die dabei erzielten Einnahmen und ein angemessener Gewinn aus der Erfüllung dieser Verpflichtungen zu berücksichtigen sind.

Dieses Merkmal stellt nicht nur eine Einschränkung des Ferring-Urteils dar, sondern auch eine Verschärfung gegenüber der Regelung des Art. 86 Abs. 2 EG. Nach dieser Regelung ist nämlich eine Beihilfe gerechtfertigt, wenn sie die Kosten ausgleicht, die dem Unternehmen *tatsächlich* durch die Erfüllung der gemeinwirtschaftlichen Verpflichtung entstanden ist.[400] Trotz entsprechender Forderungen in der Literatur[401] wird im Rahmen von Art. 86 Abs. 2 EG nicht gefordert, dass das Unternehmen wirtschaftlich arbeitet. Das bedeutet, dass ein gut und ein schlecht wirtschaftendes Unternehmen für die Erfüllung der selben Aufgabe unterschiedliche Ausgleichszahlungen erhalten können, solange diese nicht über die entstandenen Kosten hinausgehen.[402] Dies ist für Art. 87 Abs. 1 EG durch das Urteil des Gerichtshofes abweichend geregelt, da hier nicht auf das konkrete, sondern auf ein durchschnittliches und gut geführtes Unternehmen abgestellt wird.[403] Inwieweit dies nur für die Einstufung einer Maßnahme als Beihilfe gilt oder wieweit dies auch im Rahmen der Anwendbarkeit des Art. 86 Abs. 2 EG zu berücksichtigen sein wird, bleibt abzuwarten.

Zusammenfassend lässt sich festhalten, dass das Urteil in der Rechtssache Altmark fühlbare Änderungen gegenüber der Rechtslage nach dem Ferring-Urteil herbeigeführt hat.[404] Es ist für den Ausschluss des Vorliegens einer Beihilfe im Sinne des Art. 87 Abs. 1 EG nun nicht mehr ausreichend, dass die staatliche Maßnahme nur einen Ausgleich der aufgrund der auferlegten Gemeinwohlver-

---

[400] Vgl. Borchardt, Empfiehlt es sich das Recht der öffentlichen Unternehmen im Spannungsfeld von öffentlichem Auftrag und Wettbewerb national und gemeinschaftsrechtlich neu zu regeln?, S. O 22: „Auf die Effizienz des betreffenden Unternehmens kommt es ... nicht an."

[401] So z.B. Streinz-Koenig/Kuehling, EUV/EGV, Art. 86 Rz. 66; Nettesheim in: EWS 2002, S. 262, kritisiert ebenfalls die Nichtberücksichtigung der Effizienz eines Unternehmen , diese Art des Ausgleichs prämiere „Ineffizienz und Verschwendung" und gebe „keinen Anreiz, effizient zu operieren".

[402] Nettesheim, in EWS 2002, S. 262 kritisiert in diesem Zusammenhang, dass „auch dem unwirtschaftlichsten Dienstleistungserbringer ... die entstehenden Kosten ausgeglichen werden" dürften.

[403] Es ist auch auf Kritik gestoßen, dass der Begriff des „durchschnittlichen, gut geführten Unternehmens" durch den Gerichtshof nicht näher präzisiert worden sind. Werner/Köster, in: EuZW 2003, S. 504 sind deshalb der Auffassung, dass „sich trefflich darüber streiten [ließe], ob als Vergleichsmaßstab öffentliche Unternehmen oder die regelmäßig kostengünstiger arbeitenden Privatunternehmen heranzuziehen sind."

[404] Werner/Köster, in: EuZW 2003, S. 503 gehen aufgrund der aufgestellten Voraussetzungen davon aus, dass das Nichtvorliegen einer Beihilfe restriktiv zu bewerten ist.

pflichtung entstandenen finanziellen Nachteile bewirkt. Insgesamt wird aufgrund der aufgestellten zusätzlichen Kriterien wohl zukünftig in den meisten Fällen der Gewährung eines finanziellen Ausgleichs das Vorliegen einer Beihilfe anzunehmen sein. Die Zulässigkeit der staatlichen Maßnahme wird damit dann wohl auch wieder – wie durch die vertragliche Systematik vorgesehen – anhand von Art. 86 Abs. 2 EG zu beurteilen sein. Insofern ist das Urteil auf überwiegend positive Resonanz gestoßen und dem Gerichtshof wurde bescheinigt, dass ihm „mit diesem Ansatz sowohl die Sicherung des Freiraums der Mitgliedstaaten zur Gestaltung des gesellschaftspolitischen Gemeinwohlbestimmung als auch der effektive Schutz des Wettbewerbs"[405] gelungen sei.

f) Quersubventionierung

Im Zusammenhang mit dem Beihilfenrecht ist für die kommunalen Unternehmen auch die Frage der Quersubventionierung und ihrer Zulässigkeit von Bedeutung. Eine beihilfenrechtlich beachtliche Quersubventionierung kann vorliegen, wenn ein öffentliches Unternehmen, dem auf einem lukrativen Sektor eines Marktes ausschließliche Rechte eingeräumt sind, mit den Gewinnen, die es dort aufgrund des Ausschlusses privater Konkurrenten erzielen kann, eine defizitäre Dienstleistung in einem Sektor in dem Wettbewerb stattfindet, gegenfinanziert. Da die kommunalen Unternehmen aufgrund der Pflicht, alle Verbraucher mit den jeweiligen Leistungen der Daseinsvorsorge zu versorgen, auch defizitäre Leistungen erbringen müssen, ist für sie die Frage, inwieweit sie Verluste durch Gewinne, die sie durch den Ausschluss privater Unternehmen vom Markt erreichen, gegenfinanzieren dürfen, von großer Wichtigkeit.

Zunächst einmal ist festzustellen, dass die Quersubventionierung nach dem Gemeinschaftsrecht nicht prinzipiell unzulässig ist. Der Gerichtshof hat diesbezüglich in der Sache Corbeau entschieden, dass die Einschränkung des Wettbewerbs von Seiten einzelner Unternehmer in wirtschaftlich rentablen Bereichen gerechtfertigt sein kann, wenn dies für die Sicherstellung der Erbringung der Dienstleistung von allgemeinem wirtschaftlichem Interesse unter wirtschaftlich ausgewogenen Bedingungen erforderlich ist. Dies begründet des Gerichtshof wie folgt: „Wenn es einzelnen Unternehmen gestattet wäre, mit dem Inhaber ausschließlicher Rechte in Bereichen ihrer Wahl in Wettbewerb zu treten, in denen diese Rechte bestehen, würden sie nämlich in die Lage versetzt, sich auf die wirtschaftlich rentablen Bereiche zu konzentrieren und dort günstigere als die von den Inhabern der ausschließlichen Rechte angewandte Tarife anzubieten, da sie im Gegensatz zu diesen nicht wirtschaftlich gezwungen sind, einen Ausgleich

---
[405] Wernicke, in: EuZW 2003, S. 281.

zwischen den in den unrentablen Bereichen entstandenen Verlusten und den in den rentableren Bereichen erzielten Gewinnen vorzunehmen."[406] Diese Begründung macht deutlich, dass in der Rechtsprechung durchaus Sensibilität für das Problem des „Rosinenpickens" besteht.

Hinsichtlich der Reichweite der Zulässigkeit einer Quersubventionierung macht der Gerichtshof deutlich, dass diese nicht grenzenlos gilt: „Der Ausschluss des Wettbewerbs ist jedoch dann nicht gerechtfertigt, wenn es sich um spezifische, von den Dienstleistungen von allgemeinem wirtschaftlichem Interesse *trennbare* Dienstleistungen handelt, die besonderen Bedürfnissen der Wirtschaftteilnehmer entsprechen und bestimmte zusätzliche Leistungen verlangen, die der herkömmliche (Post-) Dienst nicht anbietet ... und sofern diese Dienstleistungen aufgrund ihrer Art und der Umstände, unter denen sie angeboten werden ... , das wirtschaftliche Gleichgewicht der vom Inhaber des ausschließlichen Rechts übernommenen Dienstleistung von allgemeinem wirtschaftlichen Interesse nicht in Frage stellen."[407]

Abzustellen ist somit auch bei der Prüfung der Zulässigkeit einer Quersubvention, ob ohne diese Art der Finanzierung die Erbringung der Dienstleistung von allgemeinem wirtschaftlichem Interesse rechtlich oder tatsächlich verhindert würde.[408] Inwieweit eine Verhinderung gegeben wäre, richtet sich nach den Merkmalen, die die Rechtsprechung, wie oben dargestellt, entwickelt hat.

Allerdings ist die Möglichkeit einer Quersubvention bei einer Beihilfe, die an ein unter Art. 86 Abs. 2 EG fallendes Unternehmen gezahlt wurde, insoweit ausgeschlossen, als der Betrag der fraglichen Beihilfe unter den Mehrkosten liegt, die durch die Erfüllung der besonderen Aufgabe im Sinne dieser Vorschrift entstehen.[409]

---

[406] EuGH (Urteil v. 19.05.1993). Rs. C-320/91, (Corbeau), Slg. 1993, I-2563, Rz. 18.

[407] EuGH, aaO. Rz. 19.

[408] Dass Art. 86 Abs. 2 EG die maßgebliche Vorschrift für die Zulässigkeit der Quersubventionierung ist, macht nicht nur deshalb Sinn, weil dies die generelle Vorschrift ist, anhand derer Ausnahmen von der Geltung der Vertragsvorschriften für kommunale Unternehmen überprüft werden, sondern auch, wenn man sich vor Augen führt, dass die Quersubventionierung eine Art der staatlichen Beihilfe gem. Art. 87 Abs.1 EG darstellt.

[409] EuGH (Beschluss v. 25.03.1998), Rs. C-174/97 P, (FFSA), Slg. 1998, I-1303, Rz. 188.

III. RESÜMEE DER RECHTLICHEN SITUTION DER KOMMUNALEN UNTERNEHMEN

Hinsichtlich der Rechtslage kommunaler Unternehmen lässt sich festhalten, dass diese umfangreichen Regelungen im nationalen und Gemeinschaftsrecht unterliegen. Dabei betrachten nationales und Gemeinschaftsrecht die kommunalen Unternehmen unterschiedlich.

In Deutschland gelten sie als eine besondere Art der Unternehmen, mit der Folge, dass sie besonderen Regelungen, genauer gesagt, Beschränkungen unterliegen, die für private Unternehmen nicht gelten. Die Möglichkeit kommunaler Unternehmen am Wettbewerb teilzunehmen, ist im Vergleich zu privaten Unternehmen, nach deutschem Recht nur beschränkt möglich.

Der Ansatz im Gemeinschaftsrecht ist ein anderer. Im Gemeinschaftsrecht unterliegen kommunale Unternehmen grundsätzlich denselben Regeln wie ihre privaten Konkurrenten mit der besonderen Maßgabe, dass ihnen durch die Nähe zum Staat keine Vorteile im Wettbewerb entstehen dürfen. Ob ein Unternehmen kommunal oder privat ist, spielt für die Geltung des Gemeinschaftsrechts keine Rolle. Einzige Ausnahme davon ist, wenn die Anwendung des Gemeinschaftsrechts die Erfüllung der Aufgaben eines mit Dienstleistungen von allgemeinem wirtschaftlichen Interesse betrauten Unternehmens verhindert. Allein in diesem Fall ist eine Ungleichbehandlung von privaten und kommunalen Unternehmen dergestalt möglich, dass Letztere von der Geltung der Vertragsvorschriften befreit werden.

IV. ENTSTEHUNG DES SPANNUNGSFELDES

Nachdem erarbeitet wurde, welchen rechtlichen Bindungen die kommunalen Unternehmen unterliegen, soll nun gezeigt werden, warum sich diese Unternehmen durch ihre rechtlichen Bindungen an das Gemeinschaftsrecht und an das nationale Recht bei der Erbringung von Leistungen der Daseinsvorsorge in einem Spannungsfeld sehen.

Die Zuordnung von Daseinsvorsorge und europäischem Wettbewerbsrecht hat für die deutschen Kommunen – insbesondere angesichts des zunehmenden Wettbewerbs - eine ganz grundsätzliche Bedeutung. Dies hängt damit zusammen, dass sie auf der Grundlage des Rechts der kommunalen Selbstverwaltung in Deutschland einen großen Teil der Daseinsvorsorgeleistungen entweder selbst durchführen oder zumindest die Verantwortung für deren Durchführung tragen. Viele dieser Aufgaben sind eingebettet in gewachsene kommunale Strukturen, die wiederum ihren Einfluss auf die Ausgestaltung und die Durchführung von Aufgaben haben.[410]

Die europäischen Regelungen tangieren in immer stärkerem Maß die kommunalen Angelegenheiten,[411] insbesondere da die Befreiung der Bereiche der Daseinsvorsorge von der Anwendung des gemeinschaftlichen Wettbewerbsrechts immer mehr abgebaut wird. Da Deutschland, im Vergleich zu anderen Mitgliedstaaten der EU eine sehr umfangreiche Gewährleistung der kommunalen Selbstverwaltung hat, wird diese durch die Weiterentwicklung des europäischen Gemeinschaftsrechts und dessen vermehrte Anwendbarkeit entsprechend stärker betroffen, als in anderen Mitgliedstaaten.[412] Die relativ schwache Position der Kommunen dabei resultiert aus der Bezogenheit der EU auf die Mitgliedstaaten, welche nicht durchbrochen werden kann durch eine Aufwertung der Kommunen.[413]

Die kommunalen Unternehmen in Deutschland sehen sich zunehmend in einem Konflikt. Fraglich ist, wodurch dieser Konflikt entstanden ist. Wie die Situation in einigen Marktbereichen zeigt, schließen sich grundsätzlich Daseinsvorsorge und Wettbewerb nicht gegenseitig aus. Folglich muss es andere Gründe geben, die dazu führen, dass sich die kommunalen Unternehmen bei der Erbringung von Daseinsvorsorgeleistungen in einem Konflikt sehen.

4. Gegensätzlichkeit von wettbewerblicher Grundausrichtung des Gemeinschaftsrechts und Marktabschottung der Daseinsvorsorge

Angelegt ist das Spannungsfeld darin, dass die wettbewerbliche Grundausrichtung des Gemeinschaftsrechts im Widerspruch steht zu einer grundsätzlichen Freistellung des Bereichs der Daseinsvorsorge vom Wettbewerb.[414] Der Gemeinschaftsvertrag hat die Herstellung eines Binnenmarktes zum Ziel. Hindernisse für den freien Waren-, Personen-, Dienstleistungs- und Kapitalverkehr zwischen den

---

[410] Stellungnahme der Bundesvereinigung der kommunalen Spitzenverbände in: Information Hessischer Städtetag 2001, S.47.

[411] Prämböck für den Europäischen Rat der Gemeinden und Regionen in einer Stellungnahme vor dem WSA vom 6.3.2001, vgl. HSGZ 2001, S.105.

[412] Magiera, in: Grupp / Ronellenfitsch, Kommunale Selbstverwaltung in Deutschland und Europa, S. 18, 19.

[413] Frenz, Kommunale Selbstverwaltung und europäische Integration, S. 27.

[414] So auch Ehlers, Empfiehlt es sich, das Recht der öffentlichen Unternehmen im Spannungsfeld von öffentlichem Auftrag und Wettbewerb national und gemeinschaftsrechtlich neu zu regeln?, S. E 65f.; Weiß, in: EuR 2003, S. 183; Hobe/Biehl/Schroeter, in: DÖV 2003, S. 804.

Mitgliedstaaten sind zu beseitigen.[415] Weiterhin ist die Wirtschaftsordnung der Gemeinschaft gem. Art. 4 Abs. 1 EG grundsätzlich auf eine offene Marktwirtschaft mit freiem Wettbewerb ausgelegt.[416] Dementsprechend enthält der EG-Vertrag Wettbewerbsregeln, die beispielsweise durch ein grundsätzliches Verbot staatlicher Beihilfen[417] den Wettbewerb innerhalb des Binnenmarktes vor Verfälschungen schützen sollen. Dabei erfasst das Gemeinschaftsrecht, das die Unterscheidung in einen öffentlichen und einen privaten Sektor nicht kennt, jede nicht hoheitlich erbrachte Leistung der Daseinsvorsorge als wirtschaftlichen Vorgang, der dem Gemeinschaftsrecht unterfällt.[418]

Dem gegenüber steht, dass viele Mitgliedstaaten einen bedeutenden öffentlichen Wirtschaftssektor haben, der lange Zeit fast überwiegend von der Anwendung der gemeinschaftsrechtlichen Wettbewerbsregeln befreit war.[419] Dazu kommt, dass die Wirtschaftpolitik nach wie vor in die Zuständigkeit und Verantwortlichkeit der Mitgliedstaaten fällt.[420] In fast allen Mitgliedstaaten ist es ein mehr oder weniger stark ausgeprägter Bestandteil nationaler Wirtschaftspolitik, die Erfüllung öffentlicher Aufgaben unter Teilnahme der öffentlichen Hand am Wirtschaftsverkehr zu gewährleisten.

Die Erbringung von Daseinsvorsorgeleistungen von Unternehmen, die in der Regel nicht gewinnorientiert arbeiten, sondern mit dem Ziel einer flächendeckenden Versorgung für alle Bürger zu einem bezahlbaren Preis[421] und eine marktwirtschaftlich orientierte Ausrichtung des Gemeinschaftsrechts stehen sich zunächst einmal als Gegensätze gegenüber.[422] Dazu kommt, dass die kommunalen Unternehmen bei den Tätigkeiten im Bereich der Daseinsvorsorge unter Berufung auf die Erfüllung öffentlicher Aufgaben in Anspruch nehmen, dass diese Form der Verfolgung öffentlicher Zwecke und Zielsetzungen als eine Art der hoheitlichen und hoheitlich privilegierten Leistungsbereitstellung von der

---

[415] Bocklet, Leistungen der Daseinsvorsorge im Konflikt mit EU-Wettbewerbsrecht, S. 14; Mombaur, WUR 1990, S. 7.
[416] Mestmäcker, Offene Märkte im System unverfälschten Wettbewerbs in der EWG, S.345ff; Müller-Graff, EuR 1997, S.434f, 439ff. m. w. N.
[417] Vgl. Art. 87 Abs. 1 EGV.
[418] Hermes, Staatliche Infrastrukturverantwortung, S. 68.
[419] Borchardt, Empfiehlt es sich das Recht der öffentlichen Unternehmen im Spannungsfeld von öffentlichem Auftrag und Wettbewerb national und gemeinschaftsrechtlich neu zu regeln?, S. O 11. Dies gilt insbesondere für die romanischen Länder, in denen die Regierungen traditionell Aufgaben der Daseinsvorsorge und Allgemeinversorgung auf öffentliche Unternehmen mit spezifischen Gemeinwohlverpflichtungen übertragen, vgl. Jung, in: Callies/Ruffert (Hrsg.), Kommentar zu EUV und EGV, Art.16 Rn.1.
[420] Häde, in: Callies/Ruffert, Kommentar zu EUV und EGV, Art. 98 Rn. 1; Hattenberger, in: Schwarze, EU-Kommentar, Art. 98, Rn. 4.
[421] Jung, in: Callies/Ruffert (Hrsg.), Kommentar zu EUV und EGV, Art.16 Rn.1.
[422] Zimmermann, in: informationen hessischer städtetag 2003, S. 96.

Einhaltung der Wettbewerbsregeln ausgenommen sein muss.[423] Dieser Anspruch tritt in offenen Widerspruch mit dem auf die Gewährleistung eines freien Wettbewerbs ausgerichteten gemeinsamen Marktes.[424]

Auch die gleichsam automatische Finanzierung der kommunalen Unternehmen mit öffentlichen Geldern, steht im Widerspruch zum Gemeinschaftsrecht. Denn wenn die kommunalen Unternehmen im Wettbewerb mit Privaten stehen, müssen sie sich auch dem europäischen Wettbewerbsrecht stellen.[425] Dazu gehört auch, dass staatliche finanzielle Vorteile, die ihnen gewährt werden, nach dem Beihilfenrecht zu beurteilen und daher grundsätzlich zunächst verboten sind.[426]

5. Kompetenzkonflikt

Das Spannungsfeld existiert aber nicht nur, weil öffentliche Unternehmen, die Daseinsvorsorgeleistungen erbringen, nun im Wettbewerb stehen. Ein weiterer Grund, warum die kommunalen Unternehmen in ein Spannungsfeld zwischen europäisches Wettbewerbsrecht und ihren Gemeinwohlauftrag geraten, ist auch, dass das Wettbewerbsrecht, das die Liberalisierung der meisten Daseinsvorsorgemärkte erst mit sich gebracht hat, europäisches Gemeinschaftsrecht ist. Demgegenüber geht es bei der Daseinsvorsorge um Aufgaben, die kraft staatlicher Souveränität dem bloßen Marktgeschehen entzogen waren und für den Inhalt des Begriffs der Daseinsvorsorge gerade nur die Mitgliedstaaten zuständig sind. Indem Daseinsvorsorgeleistungen nun im Wettbewerb erbracht werden müssen, dessen Bedingungen weitgehend auf Gemeinschaftsebene geregelt sind, können die Kommunen nicht mehr völlig frei bestimmen, wie ihre Unternehmen die jeweiligen Leistungen erbringen. Die kommunalen Unternehmen müssen sich, wie jedes andere Unternehmen auch, an die Regeln des Gemeinschaftsvertrages halten. Dies hat teilweise zu der Ansicht geführt, die Gemeinschaft würde über die Anwendung der Wettbewerbsregeln weitere Kompetenzen an sich ziehen, die ihr nicht von den Mitgliedstaaten übertragen worden sind und so die nationale Kompetenz im Bereich der Daseinsvorsorge antasten. Geht man davon aus, dass

---

[423] So votierte der europäische Zentralverband der öffentlichen Wirtschaft (CEEP) für eine weitgehende Streichung von Art. 86 EG aus dem Gemeinschaftsvertrag, vgl. Vorschäge des CEEP zur Änderung des EG-Vertrages und für eine Europäische Charta, ZögU 1995, 456f.; vgl. dazu weiterhin unten E I. 1.

[424] Borchardt, Empfiehlt es sich das Recht der öffentlichen Unternehmen im Spannungsfeld zwischen öffentlichem Auftrag und Wettbewerbs national und gemeinschaftsrechtlich neu zu regeln?, S. O 9.

[425] Ehlers, Empfiehlt es sich, das Recht der öffentlichen Unternehmen im Spannungsfeld von öffentlichem Auftrag und Wettbewerb national und gemeinschaftsrechtlich neu zu regeln?, S. E 65f.

[426] Zur Anwendbarkeit des Beihilfenrechts auf kommunale Unternehmen s.o., D II.

es bei der Daseinsvorsorge um Aufgaben geht, die kraft staatlicher Souveränität dem bloßen Marktgeschehen entzogen sein sollen, wird über die Einführung des Wettbewerbs im Bereich der Daseinsvorsorge die Souveränitätsfrage, das heißt die Frage, wer in welchem Bereich zuständig ist, die Gemeinschaft oder die Mitgliedstaaten, und wieweit die der Gemeinschaft übertragenen Kompetenzen reichen, wiederbelebt.[427] Auch dies trägt zu einem Spannungsfeld zwischen Daseinsvorsorge und Wettbewerb bei.[428]

6. Verstärkte Einführung von Wettbewerb im Bereich der Daseinsvorsorge

Das Spannungsfeld resultiert weiterhin daraus, dass sich durch die gemeinschaftsrechtlich veranlasste Liberalisierung der Märkte, die Abschaffung von Monopolen und die voranschreitende Verwirklichung eines Raums ohne Binnengrenzen, der Markt, auf dem die kommunalen Unternehmen Leistungen der Daseinsvorsorge anbieten, verändert hat. Der von der Gemeinschaft angestrebte Binnenmarkt bedeutet eine Öffnung nahezu aller Märkte, das heißt auch der Märkte, auf denen die Leistungen der Daseinsvorsorge erbracht werden.

Lange Zeit herrschte trotz des Ziels, einen Markt ohne Binnengrenzen einzurichten, auf den klassischerweise von kommunalen Unternehmen beherrschten Märkten kein Wettbewerb, da grundlegende Bereiche der Daseinsvorsorge wie Telekommunikation, die Versorgung mit Gas oder auch der Verkehr von der Anwendbarkeit des Wettbewerbsrechts generell ausgenommen waren. Die Daseinsvorsorge hatte zu einem großen Teil den Charakter einer Bereichsausnahme vom Wettbewerb. Sie galt als eine originäre Aufgabe und Domäne des Staates bzw. der Kommunen, die die Leistungen der Daseinsvorsorge direkt und ohne private Konkurrenz, also auf abgeschirmten Märkten erbrachten, sei es durch die öffentliche Verwaltung oder durch eigene öffentliche Unternehmen. Diese exklu-

---

[427] So z.B. Hellermann, Daseinsvorsorge im europäischen Vergleich, S. 90. Koenig/Kühling, in: Streinz, EUV/EGV, Art. 86 Rz. 64: „Gerade in der Diskussion um die Daseinsvorsorge, ist der Konflikt zwischen der Einhaltung der Wettbewerbsregeln einerseits und der Wahrung der mitgliedstaatlichen Gestaltungsspielräume andererseits besonders virulent geworden."

So lässt sich auch erklären, warum von kommunaler Seite in Bezug auf die Daseinsvorsorge einerseits eine Festschreibung der Kompetenzen – insbesondere der kommunalen Ebene – gefordert wird, man andererseits von der Gemeinschaft angestrebte Regelungen in diesem Zusammenhang, wie beispielsweise eine Rahmenrichtlinie, kritisch betrachtet mit dem Argument, die Gemeinschaft könnte sich so Kompetenzen aneignen, die eigentlich den Mitgliedstaaten zustehen, wie z.B. die Festlegung, was unter Dienstleistungen von allgemeinem wirtschaftlichen Interesse zu verstehen ist.

[428] Möhlenkamp äußerte in diesem Zusammenhang auf der Interdisziplinären Tagung zum Thema Öffentliche Daseinsvorsorge: Nationale Einrichtungen und Europäische Integration am 13./14.06.2002 in Bonn, der Streit um die Daseinsvorsorge berge die Gefahr einer Renationalisierungsdebatte.

sive Staatstätigkeit im Bereich der Daseinsvorsorge wurde und wird durch die aufgrund des Gemeinschaftsrechts fortschreitende Liberalisierung seit den 90er Jahren zunehmend in Frage gestellt.[429]

Die Zielsetzung eines funktionierenden Binnenmarktes enthält auch die Prärogative, dass die kommunalen und lokalen Märkte der Daseinsvorsorgeleistungen dem Wettbewerb geöffnet werden und Wettbewerbsbeschränkungen so weit wie möglich abgebaut werden. Mit der Öffnung dieser Märkte findet zunehmend eine Öffnung von Märkten für den Wettbewerb statt, in denen die kommunalen Unternehmen lange allein, das heißt konkurrenzlos tätig waren. Dies gilt vor allem für den Bereich der Leistungen der Daseinsvorsorge, die überwiegend von kommunalen Unternehmen erbracht wurden.[430]

Da die kommunalen Unternehmen die Bevölkerung in einem erheblichen Ausmaß mit Strom, Gas, Wärme und Wasser versorgen, sich mit der Abwasserbeseitigung und der Abfallwirtschaft befassen, als Verkehrsunternehmen in Erscheinung treten, in Gestalt der Sparkassen eine führende Rolle bei der geld- und kreditwirtschaftlichen Versorgung der Bevölkerung wahrnehmen und sich auch in fast allen anderen Bereichen der Daseinsvorsorge betätigen,[431] tangiert die europäische Rechtsentwicklung auf dem Gebiet der Versorgung die Gemeinden in erheblicher Weise.[432] Die Marktliberalisierung, verbunden mit der verstärkten Durchdringung des nationalen Rechtsraums mit dem Gemeinschaftsrecht und insbesondere der Auswirkungen auf die Gemeinden, führt zu einer Spannung zwischen den Kommunen und Europa.[433]

Insbesondere führt die Marktöffnung aber auch zu einer Konkurrenzsituation zwischen öffentlichen und privaten Unternehmen, der sich die öffentlichen Unternehmen im Bereich der Daseinsvorsorge erstmalig stellen müssen. Zunehmend werden private Anbieter in diesem Bereich ebenfalls tätig und treten in Wettbewerb zu den Kommunen und ihren Unternehmen.[434] Die Bereiche, in denen sich Berührungspunkte zwischen Gemeinschaftsrecht und Daseinsvorsorge ergeben,

---

[429] Cox, Zur Organisation der Daseinsvorsorge in Deutschland, S. 32.

[430] Hellermann, Örtliche Daseinsvorsorge und gemeindliche Selbstverwaltung, S.47

[431] Ehlers, Empfiehlt es sich, das Recht der öffentlichen Unternehmen im Spannungsfeld von öffentlichem Auftrag und Wettbewerb national und gemeinschaftsrechtlich neu zu regeln?, S. E 18f.

[432] Seele, Der Kreis aus europäischer Sicht, S. 105.

[433] Diese Problematik wird auch von der Kommission wahrgenommen, vgl. Mitteilung der Kommission zu „Leistungen der Daseinsvorsorge in Europa" vom 20.09.2000, KOM (2000) 580 endg., Rz. 5, ABlEG 2001 Nr. C 17, S. 4ff.

[434] Marktveränderungen im kommunalen Bereich gab es insbesondere in den Bereichen Energieversorgung, Abfallsorgung und Öffentlicher Personennahverkehr.

sind vielseitig[435] und betreffen z.B. Abfall- und Abwasserbeseitigungseinrichtungen, Energie- und Gasversorgung sowie Wärme- und Wasserversorgungseinrichtungen.[436] Kommunen und ihre Unternehmen verfügen immer weniger über ein kommunales Daseinsvorsorgemonopol.[437]

Zwar sind Städte und Gemeinden nicht grundsätzlich gegen einen fairen Wettbewerb und teilen grundsätzlich auch das Ziel eines gemeinsamen Marktes in der EU.[438] Allerdings werden die nationalen Restriktionen kommunalen Wirtschaftens immer spürbarer, da sich die kommunalen Unternehmen nun in direkter Konkurrenz zu privaten Anbietern befinden. Die kommunalen Unternehmen können sich nicht wie private Unternehmen im Wettbewerb verhalten, sondern sind in ihrer Möglichkeit, am Wettbewerb teilzunehmen, eingeschränkt. Durch die Liberalisierung der Märkte der Daseinsvorsorge haben die kommunalen Unternehmen Wettbewerber bekommen, die sich im Wettbewerb viel freier verhalten dürfen, als sie selbst. Dies führt dazu, dass die kommunalen Unternehmen die nationalen Restriktionen zunehmend als unfair und insofern nicht vereinbar mit einem fairen Wettbewerb halten.[439] Beschränkt in ihren Möglichkeiten am Wettbewerb teilzunehmen, sehen sich die kommunalen Unternehmen „im Würgegriff"[440] der Europäischen Wettbewerbspolitik. Aus diesem Grund fordern die kommunalen Unternehmen gerade in den letzten Jahren besonders nachdrücklich eine Veränderung ihrer rechtlichen Position.

Dass das beschriebene Spannungsfeld von einigem Umfang ist, verdeutlicht ein Blick auf die Anzahl kommunaler Unternehmen in Deutschland. So gibt es nach Schätzung des Europäischen Zentralverbandes der öffentlichen Wirtschaft, CEEP, in Deutschland rund 3500 kommunale Unternehmen mit 530.000 Beschäftig-

---

[435] Ambrosius, Kommunale Selbstverwaltung im Zeichen des Subsidiaritätsprinzips in Europa, S.60, spricht sogar von einer Betroffenheit fast aller bzw. praktisch aller Felder kommunaler Politik und Verwaltung.

[436] Schäfer, Die deutsche kommunale Selbstverwaltung in der EU, S.68f.

[437] Britz, NVwZ 2001, S.380.

[438] Prämböck für den Europäischen Rat der Gemeinden und Regionen in einer Stellungnahme vor dem WSA vom 6.3.2001, vgl. HSGZ 2001, S.105.

[439] Vgl. Beschluss Nr. 1 des 64. DJT, Abteilung Öffentliches Recht, in: Verhandlungen des 64. Deutschen Juristentages, Berlin 2002, Band II/2, Sitzungsberichte (Referate und Beschlüsse), S. O 65.

[440] Steckert, Neue Aufgaben der Kommunalwirtschaft – Im Würgegriff von Privatisierung, Wettbewerb, Staatsaufsicht und öffentlicher Meinung; Brede, in: ZögU 2003, S. 176, nennt das „in der Zange".

ten.[441] Der Verband kommunaler Unternehmen (VkU) hatte im Jahr 2001 fast 1000 Mitglieder.[442]

---

[441] So eine Schätzung des Europäischen Zentralverbandes der öffentlichen Wirtschaft (CEEP).

[442] Ehlers, Empfiehlt es sich, das Recht der öffentlichen Unternehmen im Spannungsfeld von öffentlichem Auftrag und Wettbewerb national und gemeinschaftsrechtlich neu zu regeln?, S. E 18f.

E. GEBIETET DAS GEMEINSCHAFTSRECHT EINE VERÄNDERUNG DER NATIONALEN SITUATION DER KOMMUNALEN UNTERNEHMEN?

Die umfassende Bindung der kommunalen Unternehmen an das Gemeinschaftsrecht und das oben beschriebene Spannungsfeld haben dazu geführt, dass verschiedene Forderungen bezüglich einer Änderung der rechtlichen Lage der kommunalen Unternehmen gestellt wurden. Die unterschiedlichen Forderungen sollen in diesem Kapitel dargestellt und erläutert werden. Den Schwerpunkt wird dann die Prüfung bilden, inwieweit Änderungen der rechtlichen Situation der kommunalen Unternehmen im nationalen Recht durch das Gemeinschaftsrecht geboten sind.

Hintergrund der Forderungen ist, dass sich durch die Änderung ihrer Lage auch das Verhalten der kommunalen Unternehmen geändert hat. Solange sie ohne private Konkurrenz im Bereich der Daseinsvorsorge tätig waren, musste es nicht ihr vorrangiges Ziel sein, besonders wirtschaftlich zu sein bzw. Gewinne zu erwirtschaften. Sie konnten sich auf die Verfolgung anderer Ziele, wie beispielsweise die Beeinflussung des Arbeitsmarktes konzentrieren. Nun, in der Situation verstärkten Wettbewerbs, rückt der Preis des Produkts und damit die Wirtschaftlichkeit des Unternehmens in den Vordergrund. Um konkurrenzfähig zu sein, müssen die kommunalen Unternehmen vergleichbare Preise wie ihre private Konkurrenz anbieten.

Um sich gegenüber der Konkurrenz zu behaupten und sich im Markt zu positionieren, sind jedoch nicht nur strikte Wirtschaftlichkeit und strategisches Denken gefragt, vielmehr muss das Unternehmen auch auf Markt und Kunden ausgerichtet werden. Auch das führt dazu, dass immer mehr der Unternehmensertrag in den Vordergrund rückt. Insgesamt zwingen die tatsächlichen Veränderungen und die damit verbundenen veränderten Anforderungen die kommunalen Unternehmen dazu, einen „Kommerzialisierungs-Prozess"[443] zu durchlaufen, in dem sie den privaten Wirtschaftsunternehmen immer ähnlicher werden und ihr ursprünglicher öffentlicher Auftrag zurücktritt.[444]

---

[443] Schöneich, Das Beispiel der Wasserversorgung in der Diskussion um Daseinsvorsorge, S. 146, Steckert, in: DfK 2002, S. 77: „Gerade die dem Wettbewerb ausgesetzten [kommunalen] Unternehmen sind aus Gemeinwohlmotiven gegründet worden, aber heute überwiegend „normale" Unternehmen mit üblichen Renditeerwartungen."

[444] Schöneich, Das Beispiel der Wasserversorgung in der Diskussion um Daseinsvorsorge, S. 146; Cox, Öffentliche Unternehmen und Europäischer Binnenmarkt, S. 10 spricht von einer „Angleichung der öffentlichen Unternehmen an privatwirtschaftliche Strukturen"; Brede, in: ZögU 2003, S. 179f: „öffentliche Unternehmen ... versuchen, das Korsett gemeinwirtschaftlicher Ziele abzustreifen und dasselbe Verhalten wie rein erwerbswirtschaftliche Unternehmen der Privatwirtschaft an den Tag zu legen."; Steckert, in: DfK 2002, S. 61.

Dies konfligiert aber einerseits mit dem öffentlichen Zweck der kommunalen Unternehmen[445] und mit den nationalen Restriktionen, denen die kommunalen Unternehmen gegenüber privaten Unternehmen im Wettbewerb unterliegen.[446] Andererseits führen ihre verstärkte wirtschaftliche Ausrichtung und ihr vermehrtes Wirtschaften, in Verbindung mit den durch die Nähe zur Kommune verbundenen Vorteilen, zu Konflikten mit den gemeinschaftsrechtlichen Wettbewerbsregeln. So sehen sich die kommunalen Unternehmen immer mehr in einem Spannungsfeld zwischen Daseinsvorsorge und Wettbewerb. Dies führt dazu, dass sie nachdrücklich Änderungen ihrer Situation fordern. Aber auch die privaten Unternehmen fordern eine Änderung der Situation der kommunalen Unternehmen. Die Forderungen beider Seiten sind naturgemäß völlig konträr.

Die kommunalen Unternehmen – ihrer Einschätzung nach - „im Würgegriff"[447] der Europäischen Wettbewerbspolitik - fordern entweder eine Freistellung der Daseinsvorsorge vom Wettbewerb oder eine verbesserte Möglichkeit der Teilnahme am Wettbewerb durch Beseitigung nationaler Restriktionen kommunalen Wirtschaftens. Es wird argumentiert, der Einsatz gerade öffentlicher Unternehmen im Bereich der Daseinsvorsorge sei notwendig, um die Versorgungssicherheit zu gewährleisten und um sozial-, umwelt- oder wirtschaftspolitische Ziele unmittelbarer und damit leichter von der öffentlichen Hand verfolgt zu können.[448]

Von Seiten der privaten Unternehmen wird hingegen kritisiert, die öffentliche Hand lasse sich von den Wettbewerbsregeln freistellen unter dem „Deckmantel Daseinsvorsorge"[449] und dementsprechend wird gefordert, dass sich kommunale Unternehmen ganz aus der Erbringung von Leistungen der Daseinsvorsorge im Wettbewerb zurückziehen sollen bzw., sofern sie in der Leistungserbringung bleiben, ihre Bindung an die nationalen Restriktionen und die gemeinschaftsrechtlichen Wettbewerbsregeln sichergestellt werden wird.

---

[445] Der bei reinem Gewinnstreben nicht gegeben ist, siehe dazu oben unter D I. 1. b) aa).

[446] Vgl. zu den nationalen Anforderungen an kommunale Unternehmen sowie insbesondere zum öffentlichen Zweck oben, D I.

[447] Steckert, Neue Aufgaben der Kommunalwirtschaft – Im Würgegriff von Privatisierung, Wettbewerb, Staatsaufsicht und öffentlicher Meinung.

[448] Vgl. Weiß, in: EuR 2003, S. 189; Decker, Die Organisation des Energiebinnenmarkts, S. 23: „Das Problem bei einer Erbringung der Daseinsvorsorgeleistungen im freien Wettbewerb ist, dass Ziele, die nicht auf Rentabilitätserwägungen beruhen, wie z.B. der Umweltschutz, Arbeitsmarktgesichtspunkte oder die Bindung an Tarifverträge gefährdet werden könnten" (am Beispiel des Strommarkts).

[449] BDI, Deckmantel Daseinsvorsorge.

Auch wenn die Forderungen unterschiedlicher nicht sein könnten, stützen sie sich größtenteils argumentativ jeweils auf Gemeinschaftsrecht.[450] Fraglich ist, ob das Gemeinschaftsrecht überhaupt eine Änderung der nationalen Rechtslage der kommunalen Unternehmen gebietet.

I. VON KOMMUNALER SEITE GEFORDERTE ÄNDERUNGEN

Das Problem, in dem sich die kommunale Ebene sieht, ist, dass durch den Zusammenschluss der Mitgliedstaaten zur Europäischen Gemeinschaft, neben den Ebenen Bund, Länder und Gemeinden noch eine neue Ebene hinzugekommen ist, so dass sich immer mehr Ebenen den Bestand an öffentlichen Aufgaben teilen. Die Kommunen sehen sich dadurch in Bezug auf die Kompetenzverteilung in gewisser Weise „entmachtet".[451] Teilweise wird konstatiert, dass die Kommunen, je stärker der Integrationsprozess in Europa fortschreitet und damit zunehmend verbindliche Regelungen auf Gemeinschaftsebene getroffen werden, ihre Interessen nicht nur gegenüber den nationalen Regierungen, sondern vermehrt auch gegenüber den Organen der Europäischen Gemeinschaften verteidigen müssen.[452]

Aus Sicht der Kommunen betreffen die besonders spürbaren Auswirkungen des Gemeinschaftsrechts auf die Kommunen unter anderem die Bereiche Wasser-, Gas-, Elektrizitäts- und Fernwärmeversorgung, Wirtschaftsförderung.[453]

Aus diesem Grund sind die Kommunen der Auffassung, dass die kommunale Selbstverwaltung und die öffentliche Daseinsvorsorge durch Länder und Kommunen auf europäischer Ebene verteidigt werden muss.[454] Der Europäische Rat der Gemeinden und Regionen forderte in einer Diskussionsrunde am 9.2.2001 in Brüssel, dass die Leistungen der Daseinsvorsorge trotz der Liberalisierungsbemühungen der EU unter der Kontrolle der kommunalen Selbstverwaltungseinrichtungen bleiben müssen.[455] In diesem Zusammenhang wurde ebenfalls die Forderung laut, die Bundesregierung solle eine engagierte positive Haltung zur

---

[450] Soweit zur Begründung der Forderungen nationales Recht herangezogen wird, ist dies grds. nicht Gegenstand dieser Arbeit.
[451] Stöß, EU und kommunale Selbstverwaltung, S.61.
[452] Siedentopf, in: DÖV 1988, S. 997.
[453] Magiera, in: Grupp/Ronellenfitsch, Kommunale Selbstverwaltung in Deutschland und Europa, S. 20.
[454] Aufforderung der Dt. Städtetages an die Bundesregierung in einer Sitzung des Präsidiums am 4.4.2000, vgl. Informationen Hessischer Städtetag, 2000, S.62.
[455] vgl. HSGZ 2001, S.104.

kommunalen Grundversorgung der Bevölkerung mit Strom, Wasser und öffentlichem Nahverkehr einnehmen.[456]

Vor diesem Hintergrund sehen die Kommunen auch die zunehmende Öffnung des Bereichs der Daseinsvorsorge für den Wettbewerb und die damit verbundene Konkurrenz durch private Unternehmen eher kritisch. Sie sehen die zunehmende Wahrnehmung von Aufgaben der Daseinsvorsorge durch Private als Eindringen in den ihnen zugewiesenen Aufgabenbereich. Die Kommunen befürchten eine Aushöhlung ihres verfassungsrechtlich verankerten Rechts auf kommunale Selbstverwaltung.[457] Sie sehen in der fortschreitenden Liberalisierung einen Angriff auf ihre Autonomie.[458] Teilweise wird sogar von einer „Krise der kommunalen Selbstverwaltung"[459] gesprochen.

Ein noch bedrohlicheres Bild soll einem die von kommunaler Seite angeführte Furcht um den Bestand der Kommunen vermitteln. Es drängt sich einem der Eindruck auf, die Gemeinschaft sei ein die Kommunen schluckendes Ungetüm, wenn diese angeben, sie fürchten, gänzlich vom Markt verdrängt zu werden und darauf verweisen, dass Europa die Kommunen brauche, da es nur Bestand haben könne, wenn es in der Bevölkerung verankert sei und nur so den Grundsätzen der Subsidiarität (Art. 5 Abs.2 EGV, Präambel sowie Art.2 Abs.2 EUV) und Bürgernähe (Präambel sowie Art.1 Abs.2 EUV) Rechnung getragen werden kann.[460]

Fraglich ist, ob dies der Realität entspricht. Fakt ist, dass sich die Situation der Kommunen durch das Gemeinschaftsrecht verändert hat. Untersucht werden muss jedoch, ob das Gemeinschaftsrecht den Kommunen tatsächlich „etwas wegnimmt", oder ob die ihre Leistungen nach wie vor erbringen können, nur jetzt unter Wettbewerbsbedingungen.

Der Konflikt, in dem sich die kommunalen Unternehmen sehen, resultiert aus einer Änderung der Situation, die sich durch das Gemeinschaftsrecht ergeben hat. Weil die Änderung der Situation der kommunalen Unternehmen in tatsächlicher Hinsicht (Abbau von Monopolen, Zunahme von Wettbewerb) durch das Gemeinschaftsrecht erfolgt ist, begehren die kommunalen Unternehmen nun auch eine Änderung der rechtlichen Situation unter Berufung auf das Gemeinschaftsrecht.

---

[456] siehe dazu: Informationen Hessischer Städtetag, 2000, S.62.

[457] Vgl. Bocklet, Leistungen der Daseinsvorsorge im Konflikt mit EU-Wettbewerbsrecht, S. 11; Timm, in: EU-Magazin 2000, S. 26ff.

[458] Timm, in: EU-Magazin 2000, S. 26ff.

[459] So angeführt von Ambrosius, Kommunale Selbstverwaltung im Zeichen des Subsidiaritätsprinzips in Europa, S.55.

[460] Mombaur/v. Lennep, Europarecht und deutsche kommunale Selbstverwaltung, S.39.

Dazu kommt, dass den kommunalen Unternehmen durch das Gemeinschaftsrecht, insbesondere durch das Wettbewerbsrecht, zunehmend ihre Sonderstellung, die sie durch die enge Bindung an den Staat haben, beschnitten wird. Das Gemeinschaftsrecht verlangt eine Gleichstellung von allen Wettbewerbsteilnehmern, unabhängig davon, ob dies öffentliche oder private Unternehmen sind. Weil das Gemeinschaftsrecht den kommunalen Unternehmen also keine Sonderrechte gegenüber privaten Unternehmen im Wettbewerb (mehr) zugesteht, wollen sie auch keine Nachteile mehr gegenüber diesen im Wettbewerb haben und fordern deshalb eine Befreiung von den Restriktionen, denen sie im Gegensatz zu ihren privaten Mitbewerbern unterliegen.

Die kommunalen Unternehmen verlangen, dass die nationalen Regelungen so geändert werden, dass sie sich dem Wettbewerb besser stellen können und eine bessere Chance haben, im Wettbewerb mit privaten Anbietern zu bestehen. So begehren die kommunalen Unternehmen unter Berufung auf das Gemeinschaftsrecht, von ihren besonderen Bindungen, wie z.B. dem Örtlichkeitsprinzip, dem öffentlichen Zweck oder auch dem Subsidiaritätsgrundsatz freigestellt zu werden, damit sie wie die privaten Unternehmen am Wettbewerb teilnehmen können. Derartige Änderungen sind nach Ansicht der kommunalen Unternehmen auch durch das Gemeinschaftsrecht geboten.

Fraglich ist, inwieweit das Gemeinschaftsrecht die von den kommunalen Unternehmen geforderten Änderungen tatsächlich gebietet. Dies soll im Folgenden Stück für Stück anhand der einzelnen Forderungen geprüft werden.

1. Bereichsausnahme für die Daseinsvorsorge

Im Zuge der fortschreitenden Liberalisierung fordern Vertreter der kommunalen Unternehmen, dass diese auch zukünftig von den Wettbewerbsregeln befreit bleiben müssten (wie dies vereinzelt noch der Fall ist) bzw. dass für die Daseinsvorsorge eine sog. Bereichsausnahme von der Anwendung des gemeinschaftlichen Wettbewerbsrechts geschaffen werden muss (das heißt die privaten Unternehmen sollen von diesem Markt ausgeschlossen werden).[461]

Ihre Forderung rechtfertigen die kommunalen Unternehmen wie folgt: Grundsätzlich erschwere ihnen die Anwendbarkeit der Wettbewerbs- und Beihilfevorschrif-

---

[461] Europäischer Zentralverband der öffentlichen Wirtschaft (CEEP), in: ZögU 18 (1995), 455ff., der auch für eine weitgehende Streichung von Art. 86 EG aus dem Gemeinschaftsvertrag votiert hatte; Steckert, in: DfK 2002, S. 83 ist beispielsweise der Ansicht, dass den kommunalen Verkehrsunternehmen durch eine Nichtanwendung der allgemeinen Vergabevorschriften im Rahmen der EG-Verkehrsverordnungen geholfen werden könnte.

ten die Wahrnehmung der klassischen Daseinsvorsorgeaufgaben.[462] Gebunden an die Regeln des Gemeinschaftsrechts könnten sie ihre Leistungen nicht immer wie gewohnt erbringen, sondern müssten die besonderen Regeln des Gemeinschaftsrechts beachten.

Die kommunalen Unternehmen befürchten zudem, dass durch die Öffnung der Märkte, die die Daseinsvorsorge kennzeichnende flächendeckende Versorgung aller Bürger zu erschwinglichen Preisen sowie die Qualität der Leistungen gefährdet werden könnte, da diese nicht mehr finanzierbar sein könnten.[463] Dies könnte ihrer Auffassung nach daraus resultieren, dass durch die Liberalisierung private Unternehmen auf Märkte der Daseinsvorsorge drängen, die lange den kommunalen Unternehmen allein vorbehalten waren.

Die privaten Wirtschaftunternehmen orientieren sich naturgemäß daran, auf welchem Markt die größten Gewinne zu machen sind. Märkte, auf denen nur mit Verlust gewirtschaftet werden kann, sind für sie ohne Interesse. Kein privates Unternehmen will sich mit den Kosten von unrentablen Grundversorgungspflichten oder teuren Netzen in abgelegenen Regionen belasten.[464] Folglich beschränken sie sich in ihrem Leistungsangebot auf die rentablen Leistungen, wie beispielsweise die Versorgung der Bürger in Ballungsgebieten (sog. „Rosinenpicken"[465]).[466]

Eine derartige Beschränkung ist den kommunalen Unternehmen nicht möglich, da kennzeichnend für die Daseinsvorsorge eine Versorgung *aller* zu erschwinglichen Preisen ist.[467] Verdrängen die privaten Unternehmen die kommunalen Konkurrenten also von den rentablen Märkten der Daseinsvorsorge, entbindet dies letztere nicht von ihrer Pflicht, die Leistungserbringung in unrentablen Randbereichen[468] des Marktes sicherzustellen. Diese sind regelmäßig nur unter großem finanziellen Aufwand zu versorgen. Dadurch entstehen finanzielle Defizite. Diese konnten die kommunalen Unternehmen vor Geltung des Gemeinschaftsrechts durch Gewinne, die sie in anderen Bereichen gemacht haben, wieder ausgleichen. Dies ist jetzt nur noch sehr begrenzt möglich, da die kommunalen Unternehmen einmal in den

---

[462] Cathaly-Stelkens, Kommunale Selbstverwaltung und Ingerenz des Gemeinschaftsrechts, S.171.

[463] Vgl. Storr, Der Staat als Unternehmer, S. 31.

[464] Löwenberg, Service public und öffentliche Dienstleistungen in Europa, S. 61f.

[465] Zum Begriff: Wieland, DV 28 (1995), S. 329.

[466] Vgl. dazu Löwenberg, Service public und öffentliche Dienstleistungen in Europa, S. 61f.

[467] S.o. C I. 1. c) bb).

[468] Beliebte Beispiele sind in diesem Zusammenhang, die Hütte auf der Alm oder das Dörfchen auf der Hallig, denen auch die Post zugestellt werden muss, bzw. die auch mit Strom, Wasser u.ä. versorgt werden müssen.

rentableren Bereichen, in denen die privaten Unternehmen schon „den Rahm abgeschöpft haben," nur noch schwerlich Gewinne erzielen können. Außerdem ist den kommunalen Unternehmen die Möglichkeit der Quersubventionierung weitgehend untersagt.

a) Gebotensein durch das Gemeinschaftsrecht, Art. 16 EG

Fraglich ist, ob auf das Gemeinschaftsrecht die Schaffung einer Bereichsausnahme gestützt werden kann. Die Forderung wird im Gemeinschaftsrecht insbesondere unter Berufung auf Art. 16 EG geäußert, da dieser die Bedeutung und den Schutz der Dienste von allgemeinem wirtschaftlichem Interesse zum Inhalt hat.

Grundsätzlich ist in der europäischen Binnenmarktkonzeption das Wettbewerbsprinzip vorherrschend.[469] Nach diesem Konzept führt grundsätzlich der von Wettbewerbsbeschränkungen freie Markt zu optimalen Marktergebnissen.[470] Deshalb legt der Gemeinschaftsvertrag eine wettbewerbsorientierte Wirtschaftsverfassung als Regelfall fest, während das Konzept der gemeinwohlorientierten Daseinsvorsorge die Ausnahme darstellt.[471] Dieser Gewichtung von Wettbewerb und Daseinsvorsorge entsprechend, gelten im Gemeinschaftsrecht gem. Art. 86 Abs. 1 EG die Vorschriften des Vertrages grundsätzlich für alle, das heißt auch für kommunale Unternehmen, die Leistungen der Daseinsvorsorge erbringen. Wie bereits erörtert,[472] ist eine Befreiung von der Anwendung dieser Bestimmungen nur in Ausnahmefällen möglich. Die Unternehmen, die Leistungen der Daseinsvorsorge erbringen, sind von der Anwendung der Wettbewerbs- und Beihilfevorschriften nur insoweit ausgenommen, als das unbedingt nötig ist, um ihnen die Erfüllung des Versorgungsauftrags zu ermöglichen.

Keinesfalls ist jedoch nach dieser Vorschrift die Schaffung einer generellen Bereichsausnahme für die Daseinsvorsorge möglich.

Zu überlegen ist, ob sich diese Systematik der grundsätzlichen Einordnung der öffentlichen Unternehmen in das System des Wettbewerbs durch die Einführung von Art. 16 EG verändert haben könnte.

---

[469] Müller-Graff, EuR 1997, S. 434.
[470] Cox, Entscheidungskriterien und Prinzipien für öffentliche Dienste, S. 13.
[471] So van Miert, Competition Policy Newsletter 1997, Nr.2, S.2f.
[472] S.o. D II.

aa) Entstehungsgeschichte von Art. 16 EG

Art. 16 EG wurde 1997 neu in den Gemeinschaftsvertrag aufgenommen durch den Amsterdamer Vertrag, in dessen Rahmen das Thema Subsidiarität und Sicherung nationaler Kompetenzen eine besondere Rolle gespielt hat.[473] Im Vorfeld der Vertragskonferenz von Amsterdam stellte sich die Frage nach dem Verhältnis zwischen den Diensten von allgemeinem wirtschaftlichen Interesse und dem Wettbewerbsrecht.[474] Kommission und Parlament waren diesbezüglich nicht der Meinung, dass das bestehende Vertragswerk für ein angemessenes Gleichgewicht ausreiche.[475]

Dies und die Zielsetzung der Förderung eines vor allem auf Menschenrechten und Solidarität basierenden „Europäischen Gesellschaftsmodells" durch „Stärkung der sozialen Dimension" waren Gründe für die Aufnahme des Art. 16 EG in das Vertragswerk.[476] Hintergrund des Wunsches nach einer Stärkung der Dienstleistungen von allgemeinem wirtschaftlichen Interesse war, dass „der gleichberechtigte Zugang der Bürger zu Universaldiensten sowie zu Versorgungs- und Dienstleistungen, die der solidarischen Daseinsvorsorge dienen"[477] zu den allen europäischen Gesellschaften gemeinsamen Wertvorstellungen gehört.[478] Auf diese Weise ging man mit der Schaffung von Art. 16 EG auch auf die Forderungen der Mitgliedstaaten mit einem starken öffentlichen Sektor ein, die Bedingungen für die Erbringung von Leistungen der Daseinsvorsorge zu verbessern. Die Mitgliedstaaten verfolgten mit der Aufnahme von Art. 16 EG in den Vertrag das Ziel, „gemeinwohlorientierte Wirtschaftsformen in der Verfassung des EGV gegenüber dem Modell der Marktwirtschaft zu stärken".[479]

Ergänzt wird die Vorschrift durch die 13. Erklärung zur Schlussakte des Amsterdamer Vertrages, in der die Mitgliedstaaten ihre Absicht bekräftigen, Art. 16 EG umsetzen zu wollen mit dem Ziel, dies aufgrund der Gewährleistung der Kriterien einer bestimmten Qualität, Dauerhaftigkeit und gleicher Zugangsmöglichkeit aller Bürger nachzuweisen.[480]

---

[473] Vgl. Harms, Daseinsvorsorge im Wettbewerb, S.29, Fn.13.

[474] Lenz, in: Lenz, EGV-Kommentar, Art.16 Rn. 9.

[475] vgl. Lenz, in: Lenz, EGV-Kommentar, Art.16 Rn. 9.

[476] So von der Reflexionsgruppe angesprochen (Bulletin der EU 12-1995, S.26, S.52ff.) und von der Kommission befürwortet (Bulletin der EU 1/2-1996, S.9, S.166).

[477] Bulletin der EU 1/2-1996, S.166.

[478] Tettinger, Daseinsvorsorge und öffentliche Dienstleistungen in der EU, S. 107.

[479] Jung, in: Callies / Ruffert, Kommentar zu EUV und EGV, Art.16 Rn.7.

[480] Vgl. Vertrag von Amsterdam, Fassung vom 2.10.1997, 13. Erklärung zur Schlussakte, Erklärung zu Artikel 7d des Vertrages zur Gründung der Europäischen Gemeinschaft, ABlEG 1997 Nr. C 340/1, 133.

bb) Bedeutung von Art. 16 EG

Über die Bedeutung von Art. 16 EG herrscht Uneinigkeit. Bevor jedoch eine Bewertung erfolgen kann, wie die Bedeutung von Art. 16 EG einzuordnen ist, muss zunächst einmal festgehalten werden, was Art. 16 EG überhaupt regelt bzw. gerade nicht regelt. Gemäß Art. 16 EG „tragen die Gemeinschaft und die Mitgliedstaaten im Rahmen ihrer jeweiligen Befugnisse im Anwendungsbereich dieses Vertrages dafür Sorge, dass die Grundsätze und Bedingungen für das Funktionieren dieser Dienste so gestaltet sind, dass sie ihren Aufgaben nachkommen können." Dies gilt „unbeschadet der Artikel 73, 86 und 87" des Vertrages.

Zu beachten ist auch die Stellung der Vorschrift im Vertragsgefüge. Art. 16 EG ist am Ende des Ersten Teils des Gemeinschaftsvertrages positioniert und somit den Grundsätzen des Vertrages zugeordnet.[481]

Ohne bereits eine Wertung vorzunehmen, lässt sich weiterhin festhalten, dass nach Art. 16 EG sowohl die Gemeinschaft als auch die Mitgliedstaaten im Hinblick auf die Dienstleistungen von allgemeinem wirtschaftlichen Interesse Sorge tragen für das Funktionieren dieser Dienste.

Beachtlich ist auch, dass die Vorschrift des Art. 16 EGV „trägerneutral"[482] formuliert ist. Das bedeutet, dass Art. 16 EG den Stellenwert und die Bedeutung der Dienste von allgemeinem wirtschaftlichen Interesse anerkennt und dass dafür Sorge getragen wird, dass die Grundsätze und Bedingungen für das Funktionieren dieser Dienste so gestaltet sind, dass sie ihren Aufgaben nachkommen können. Dies ist jedoch nach dem Wortlaut nicht an einen bestimmten Unternehmenstyp, also kommunales oder privates Unternehmen gebunden.

(1) Marginale Bedeutung der Einführung von Art. 16 EG

Teilweise misst man der Einführung von Art. 16 EG kaum Bedeutung bei.[483] So sieht Lecheler in dieser Bestimmung lediglich die Unterstreichung von Art. 86 EG.[484] Auch Tettinger sieht die Bedeutung der Aussage des Art. 16 EG zwischen der schlichten Wiederholung von Selbstverständlichem und einem willkommenen

---

[481] Tettinger, Dienstleistungen von allgemeinem wirtschaftlichem Interesse in der öffentlichen Versorgungswirtschaft, S.105.

[482] Burgi, in: VerwArch 2002, S. 266.

[483] So z.B. Hochbaum, in: G/T/E, Art. 86, Rn. 55; Lecheler/Gundel, in: RdE 1998, 92, 93; Jung, in: Callies/Ruffert, Art. 16 Rn. 13 spricht von einer politischen Absichtserklärung mit geringen rechtlichen Wirkungen.

[484] Lecheler, in: NJW 1998, S. 397, zustimmend Tettinger, in: Daseinsvorsorge und öffentliche Dienstleistungen in der EU, S.106.

Signal zur Aufrechterhaltung liebgewonnener Konzeptionen. Eine direkte Veränderung durch die Einführung des Art.16 EG schließt er aus, mittelbare rechtliche Auswirkungen, wie etwa einen Appell an den Gesetzgeber zu thematisch präzisierter Gestaltung, hält er jedoch für möglich.[485] Auch die Einordnung von Art. 16 EG als „programmatischer Leitsatz"[486] misst der Vorschrift keine besondere Wichtigkeit zu.

(2) Stärkung der Dienstleistungen von allgemeinem wirtschaftlichen Interesse durch die Einführung von Art. 16 EG

Überwiegend sieht man in Art. 16 EG jedoch eine Aufwertung, Stärkung und Absicherung der Dienstleistungen von allgemeinem wirtschaftlichen Interesse, da durch diese Vorschrift der Stellenwert, den diese Dienste innerhalb der gemeinsamen Werte der Union einnehmen, ausdrücklich anerkannt wird.[487] So bezeichnet die Kommission die Leistungen der Daseinsvorsorge als „ein Schlüsselelement des europäischen Gesellschaftsmodells" und sieht diese Stellung der Dienste von allgemeinem wirtschaftlichen Interesse innerhalb der gemeinsamen Werte der Union und ihre Rolle bei der Förderung von sozialer und territorialer Kohäsion durch die Einführung von Art. 16 EG bestätigt.[488]

Die Stärkung der Dienste von allgemeinem wirtschaftlichen Interesse durch Art. 16 EG wird einmal darauf zurückgeführt, dass die Dienste von allgemeinem wirtschaftlichen Interesse durch die Einführung dieses Artikels von einem bloßen Zugeständnis an nationale Interessen und von einer Ausnahme im Gemeinschaftsrecht zu einem Prinzip der gemeinschaftlichen Tätigkeit aufgewertet wurden.[489] Aus diesem Grund und auch weil Art. 16 EG seinem Telos nach den Stellenwert der Dienste von allgemeinem wirtschaftlichen Interesse aufwerte, ist Löwenberg der Ansicht, dass Art. 16 EG ein neuer Grundsatz, ein Grundprinzip der Gemeinschaft sei.[490] Stober bezeichnet Art. 16 EG als „Gemeinschaftsstrukturprinzip"

---

[485] Tettinger in Daseinsvorsorge und öffentliche Dienstleistungen in der EU, S.107.

[486] Kruse, in: NVwZ 2000, 721, 724.

[487] So z.B. von Burchard, in: Schwarze (Hrsg.), EU-Kommentar, Art. 86 , Rn.55; Jung, in: Callies/Ruffert, Kommentar zu EGV und EUV, Art. 86, Rn.34; Badura, Wirtschaftliche Betätigung der öffentlichen Hand zur Gewährleistung von Daseinsvorsorge, S. 30; Bundesvereinigung der kommunalen Spitzenverbände, Stellungnahme in: Informationen Hessischer Städtetag, S.49; Jung, in: Callies/Ruffert, Kommentar zu EUV und EGV, Art.16 Rn.9.

[488] Mitteilung der Kommission zu Leistungen der Daseinsvorsorge in Europa vom 20.09.2000, KOM (2000) 580 endg. ABlEG 2001 Nr. C 17, S. 4ff.

[489] Löwenberg, Service public und öffentliche Dienstleistungen in Europa, S. 297.

[490] Löwenberg, Service public und öffentliche Dienstleistungen in Europa, S. 303; ebenso: Schweitzer, Daseinsvorsorge, „service public", Universaldienst, S. 402.

und stützt dies darauf, dass die Vorschrift aufgrund ihrer prominenten Verortung im Teil „Grundsätze" zu den Grundpfeilern des Primärrechts zähle.[491]

Die Stärkung der Daseinsvorsorge durch Art. 16 EG wird auch noch darauf gestützt, dass nach dem Wortlaut der Vorschrift nicht nur die Mitgliedstaaten, sondern auch die Gemeinschaft Sorge trägt für das Funktionieren der Dienste von allgemeinem wirtschaftlichen Interesse. Dies zeige, dass mit der Einführung des Art. 16 EG in das Vertragswerk erstmals (auch) die Gemeinschaft nach dem Primärrecht Verantwortung für den Bereich der Daseinsvorsorge übernehme.[492]

In diesem Sinne konstatiert Borchardt, die Bedeutung von Art. 16 EG liege darin, dass er „zu einer „Vergemeinschaftung" des Konzepts der Dienstleistungen von allgemeinem wirtschaftlichen Interesse führe. Zwar werde ausdrücklich auf die jeweiligen der Gemeinschaft und den Mitgliedstaaten nach dem Gemeinschaftsvertrag zugewiesenen Befugnisse hingewiesen, woraus sich schließen lasse, dass durch Art. 16 EG keine neuen Kompetenzen begründet werden. Allerdings enthielte die Bezugnahme des territorialen und sozialen Zusammenhalts auch eine gemeinschaftliche Dimension, die das Konzept der Dienstleistungen von allgemeinem wirtschaftlichen Interesse aus der rein staatlichen Betrachtung herausnehme und in eine gemeinschaftsrechtliche Bestands- und Entwicklungsgarantie erhebe.[493]

Ähnlich ist die Einschätzung von Drabbe, der Art. 16 EGV für eine Regelung hält, „die die besondere Bedeutung von Leistungen der Daseinsvorsorge für das europäische Gesellschaftsmodell unterstreicht und somit gemeinschaftsrechtlich aufwertet."[494]

(3) Stellungnahme

Der Auffassung, dass die Einführung von Art. 16 EG die Daseinsvorsorge gestärkt hat, ist zuzustimmen. Dies ergibt sich einmal daraus, dass die Gemeinschaft aufgrund von Art. 16 EG tatsächlich erstmals eine vertraglich festgelegte Verantwortung für die Dienste von allgemeinem wirtschaftlichen Interesse erhält.

---

[491] Stober, NJW 2002, S. 2361.

[492] Löwenberg, Service public und öffentliche Dienstleistungen in Europa, S. 312.

[493] Borchardt, Empfiehlt es sich das Recht der öffentlichen Unternehmen im Spannungsfeld zwischen öffentlichem Auftrag und und Wettbewerbs national und gemeinschaftsrechtlich neu zu regeln?, S. O 11f.

[494] Drabbe, Mitglied der Europäischen Kommission, anlässlich eines Vortrags zum Thema „Wettbewerbspolitik: Kontrolle staatlicher Beihilfen und Daseinsvorsorge" am 7.1.2002 in Brüssel.

Außerdem haben nun die vorher rein mitgliedstaatlichen Interessen an der Erbringung von Leistungen der Daseinsvorsorge durch Art. 16 EG auch gemeinschaftsrechtlich eine Verankerung erfahren. Zwar wurden auch vor der Einführung von Art. 16 EG mitgliedstaatliche Interessen in Bezug auf die Erbringung von Leistungen der Daseinsvorsorge berücksichtigt,[495] allerdings ist nun durch die Schaffung von Art. 16 EG klargestellt, dass die Erbringung dieser Leistungen nicht nur im mitgliedstaatlichen Interesse und deren Verantwortung ist, sondern dass auch die Gemeinschaft dafür verantwortlich ist. Schlussendlich ist eine Stärkung der Daseinsvorsorge durch Art. 16 EG wohl auch schon deshalb anzunehmen, weil die Aufnahme in den Vertrag von einer Vorschrift, die nichts Neues regelt, völlig sinnlos wäre.

cc) Bedeutung der Stärkung der Daseinsvorsorge: Veränderung des grundlegenden Verhältnisses zwischen Daseinsvorsorge und Wettbewerb?

Die Schlussfolgerungen, die aus der Stärkung der Daseinsvorsorge gezogen worden sind, divergieren. Während größtenteils vertreten wird, dass diese Stärkung keine grundlegende Bedeutung für das Verhältnis Daseinsvorsorge – Wettbewerb hat, wird teilweise vertreten, dass durch Art. 16 EG das Verhältnis zwischen Daseinsvorsorge und Wettbewerb verschoben wurde, weil sich Daseinsvorsorge und Wettbewerb nunmehr als gleichwertige Prinzipien gegenüberstünden.

(1) Veränderung des grundlegenden Verhältnisses zwischen Wettbewerb und Daseinsvorsorge durch Einführung von Art. 16 EG

Die wohl weitreichendste Ansicht in Bezug auf eine Veränderung des Verhältnisses von Daseinsvorsorge und Wettbewerb vertritt Schwarze. Dieser ist der Auffassung, dass durch die in Art. 16 EG erfolgte Art der Aufgabenformulierung das Verhältnis von Wettbewerb und Dienstleistungen von allgemeinem wirtschaftlichen Interesse zugunsten letzterer verschoben wird. Die Daseinsvorsorge sei nun ein dem Wettbewerb gleichrangiger Grundsatz. Dass das Konzept der gemeinwohlorientierten Daseinsvorsorge nicht mehr allein als rechtfertigungsbedürftiger Ausnahmefall zu interpretieren ist, ergebe sowohl die Tatsache, dass Art. 16 EG erst später bewusst in den Vertrag eingefügt wurde, als auch die gegenüber dem

---

[495] Wie beispielsweise bei der Abwägung im Rahmen von Art. 86 Abs. 2 EG.

älteren Art. 86 Abs. 2 EG positiv gewendete Formulierung in Form einer Aufgabenzuweisung.[496]

Als Auflösung des Spannungsverhältnisses schlägt er auf dieser Grundlage vor, Daseinsvorsorge und Wettbewerbsprinzip im Wege praktischer Konkordanz in Einklang zu bringen. Zwischen beiden Prinzipien solle ein möglichst schonender Ausgleich durchgeführt werden. Keins der Prinzipien dürfe im Konfliktfall ohne weiteres aufgegeben werden. Vielmehr müsse man beide einander so zuordnen, dass ein verhältnismäßiger Ausgleich gelänge.[497]

Einen ähnlichen Standpunkt – was die Gewichtung von Daseinsvorsorge und Wettbewerb angeht - vertreten Cronauge und Gruneberg. Diese sind der Auffassung, dass sich sowohl aus der Entstehungsgeschichte von Art. 16 EG als auch aus dem systematischen Zusammenhang mit Art. 86 EG ergebe, dass die Vorschrift den Stellenwert der Dienste von allgemeinem wirtschaftlichem Interesse im Binnenmarkt bestimme und das Ziel verfolge, dem Wettbewerbsprinzip das Prinzip der öffentlichen Dienstleistung als gleichgewichtigen Gegenpol entgegenzusetzen.[498] Nicht zuletzt deshalb schränke Art. 16 EG die Bedeutung des Art. 86 Abs. 2 EG ein.[499]

Die Vertreter der Auffassung, dass sich durch Art. 16 EG das Verhältnis zwischen Wettbewerb und Daseinsvorsorge verschiebe, machen dies häufig an der Stellung des Art. 16 EG im Ersten Teil des Gemeinschaftsvertrages mit der Überschrift „Grundsätze" fest.
So ist Schweitzer der Auffassung, dass mit dieser Stellung die Dienste von allgemeinem wirtschaftlichen Interesse künftig – entsprechend den Forderungen der französischen Seite – zu den Grundsätzen des EG-Vertrages zählen, was bedeute, dass diese nicht länger nur einen Grund zur Gewährung einer Ausnahme von den Wettbewerbsvorschriften oder Verkehrsvorschriften bilden würden. Vielmehr läge darin eine deutliche Aufwertung der Dienste von allgemeinem wirtschaftlichen Interesse und der diesen zugrunde liegenden Wertvorstellungen im Vertragsgefüge. Zugleich entspräche die systematische Stellung des Art. 16 EG der französischen Forderung, die Anerkennung des positiven Wertes der Dienste von allgemeinem wirtschaftlichen Interesse auf Gemeinschaftsebene in unmittelbarer räumlicher Nähe zur Anerkennung des Binnenmarkts- und Wettbewerbsprinzip zu regeln, um die Gleichwertigkeit der Prinzipien zu betonen.[500]

---

[496] Schwarze, EuZW 2001, S.336f.
[497] Schwarze, aaO, S.339.
[498] Cronauge / Gruneberg, Abfallwirtschaft in der EU, S.151.
[499] Steindorff, in: ZHR 163 (1999), S. 426.
[500] Schweitzer, Daseinsvorsorge, „service public", Universaldienst, S. 402, Hervorhebungen nicht vom Verfasser.

Schweitzer zieht jedoch nicht nur daraus, dass Art. 16 EG in einem bestimmten Teil des Vertrages steht Schlussfolgerungen, sondern auch daraus, was in den Art. 16 EG direkt vorangehenden Vorschriften geregelt ist. Die Vorschrift schließe sich an, an die Anerkennung des Binnenmarktziels in Art. 14 und 15 EG, also an das Ziel der Schaffung eines Raums ohne Binnengrenzen, in dem der freie Verkehr von Waren, Personen, Dienstleistungen und Kapital gemäß den Bestimmungen des Vertrages gewährleistet ist (Art. 14 Abs. 2 EGV).[501] Insbesondere weil Art. 16 EG direkt hinter der in Art. 15 EG geregelten Möglichkeit einer (vorübergehenden) Ausnahme von der Verwirklichung des Binnenmarktzieles folgt, werde ein Verständnis auch des Art. 16 EG als Vorbehalt bzw. Gegenprinzip zu den Grundprinzipien des Gemeinsamen Marktes nahe gelegt.[502]

Dieselbe Autorin sieht durch Art. 16 EG noch in anderer Weise eine Veränderung. Diese setzt an bei der Bedeutung von Art. 16 EG für die Auslegung des Art. 86 Abs. 2 S. 2 EG. Im Rahmen dieser Abwägung des mitgliedstaatlichen Interesses an der Erfüllung der besonderen Aufgabe gegen das Interesse der Gemeinschaft sei Art. 16 EG geeignet, das Gewicht, welches dem mitgliedstaatlichen Interesse beizumessen ist, erheblich zu steigern – zumal dieses durch Art. 16 EG zugleich zu einem Gemeinschaftsinteresse aufgewertet sei. Art. 16 EG bewirke mithin eine wesentliche Entschärfung des Art. 86 Abs. 2 S. 2 EG als Schranken-Schranke für Freistellungen von der Anwendung des Gemeinschaftsrechts.[503]

Auch wenn Schweitzer somit in der Aufwertung der Daseinsvorsorge einen erheblichen Einfluss auf das Verhältnis Daseinsvorsorge – Wettbewerb sieht, nimmt sie im Ergebnis durch Art. 16 EG keinen offenen Bruch mit der bisherigen Rechtslage an. Nach ihrer Auffassung könnten sich die Auswirkungen von Art. 16 EG vor allem da zeigen, „wo die Rechtslage noch offen ist bzw. in Bewegung oder generell Werterwägungen zugänglich ist – letzteres etwa dort, wo das Gemeinschaftsrecht den Gemeinschaftsorganen ein Ermessen belässt."[504] Dies deutet darauf hin, dass sie schlussendlich - anders als Schwarze – keine Gleichwertigkeit von Wettbewerb und Daseinsvorsorge annimmt. Das für sie nahe liegende Verständnis von Art. 16 EG als Gegenprinzip zum Wettbewerbsprinzip scheint sie in letzter Konsequenz dann doch abzulehnen.

Die Argumentation von Löwenberg nimmt einen ähnlichen Weg. Auch nach seiner Auffassung spricht die Aufwertung der Daseinsvorsorge, zum Grundprin-

---

[501] Schweitzer, aaO, S. 402.
[502] Schweitzer, aaO, S. 403.
[503] Schweitzer, aaO, S. 412.
[504] Schweitzer, aaO, S. 404.

zip der Gemeinschaft, für seine Gleichwertigkeit mit dem Wettbewerbsprinzip.[505] Diese Aussage schränkt er dann allerdings direkt wieder ein, da er dies angesichts der Formulierung in Art. 16 EG „unbeschadet der Artikel 73, 86 und 87..." für eher unwahrscheinlich hält.

Auch Storr ist der Auffassung, dass durch die Einführung von Art. 16 EG das grundlegende Verhältnis von Daseinsvorsorge und Wettbewerb modifiziert worden ist. Indem Art. 16 EG im Ersten Teil des Vertrages als Grundsatz ausgestaltet sei und durch die Anerkennung der öffentlichen Dienste als Integrationsfaktoren der Gemeinschaft, sei die Regulierung des Wettbewerbs als (primäres) Interesse der Gemeinschaft relativiert. Die in Art. 86 Abs. 2 EG enthaltene Regel-Ausnahme-Struktur werde zugunsten gemeinwohlorientierter Dienstleistungen verschoben. Zwar hält er fest, dass die Einführung von Art. 16 EG nicht geeignet sei, die Regelungssystematik des Art. 86 EG selbst zu modifizieren. Allerdings habe die Daseinsvorsorge eine deutliche Aufwertung erfahren, da sie nicht mehr nur als rechtfertigungsbedürftiger Ausnahmezustand zu interpretieren sei und damit auch der Regelungsbereich der Mitgliedstaaten im Bereich der öffentlichen Dienste stärker betont werde.[506] Kern von Art. 16 EG sei es, unter Aufrechterhaltung der Regelungen in Art. 86 EG, den Grundsatz, dass ein Gleichgewicht zwischen den Wettbewerbsregeln und der Erfüllung öffentlicher Versorgungsaufträge hergestellt werden muss, zu stärken.[507] Außerdem ist er der Auffassung, dass durch Art. 16 EG öffentliche Unternehmen als unentbehrlich angesehen werden, um die Funktionsfähigkeit des Gemeinwesens zu garantieren.[508]

Ambrosius lässt offen, ob Art. 16 EG einen stärkeren Schutz von Unternehmen, die Leistungen der Daseinsvorsorge erbringen vor der Anwendbarkeit des europäischen Wettbewerbsrechts bewirken und damit den Anwendungsbereich von Art. 86 Abs. 2 EG ausdehnen wird. Im Ergebnis geht er aber zumindest davon aus, dass sich in Zukunft politisch die Tendenz durchsetzt, den öffentlichen Sektor gegen Wettbewerb und Deregulierung verstärkt abzuschirmen.[509]

---

[505] Löwenberg, Service public und öffentliche Dienstleistungen in Europa, S. 306.

[506] Storr, in: DÖV 2002, S. 361; so auch Ehricke, in: EuZW 1998, S. 741 (747), der die Auffassung vertritt, Art. 16 EG verdeutliche „die Tendenz zur Gewährung von nationalen Freiräumen zur Gestaltung öffentlicher Sektoren für Dienste von allgemeinem wirtschaftlichem Interesse".

[507] Storr, in: DÖV 2002, S. 358.

[508] Storr, aaO, S. 359.

[509] Jung in Callies/Ruffert, Art. 86 Rn.49.

(2) Keine Veränderung des grundlegenden Verhältnisses zwischen Wettbewerb und Daseinsvorsorge durch Einführung von Art. 16 EG

Auch wenn die Vertreter der Ansicht, dass in Art. 16 EG eine Veränderung des grundlegenden Verhältnisses von Daseinsvorsorge und Wettbewerbs zu sehen ist, nicht als bloße Mindermeinung einzuordnen sind, ist doch nach wie vor die Ansicht vorherrschend, dass Art. 16 EG trotz einer Stärkung des Daseinsvorsorge das grundlegende Verhältnis Daseinsvorsorge – Wettbewerb nicht verändert hat.

So wendet sich Koenig vehement dagegen, dass Daseinsvorsorge und Wettbewerb gleichberechtigte Prinzipien sein könnten.[510] Es sei verfehlt, die Wettbewerbsregeln als konfligierende Positionen zu einem Prinzip der Daseinsvorsorge darzustellen. Vielmehr solle durch die Anwendung der Wettbewerbsregeln im Bereich der Daseinsvorsorge deren Erbringung optimiert werden. Er spricht daher von „Daseinsvorsorge durch Wettbewerb."[511]

Auch Nettesheim ist der Auffassung, dass durch Art 16 EG der marktwirtschaftlich geprägten Wirtschaftsverfassung der EU kein Gegenprinzip entgegengestellt werde.[512] Dass es den Mitgliedstaaten bei der Schaffung des Art. 16 EG nicht darum ging, die Rechtsgehalte des europäischen Wettbewerbsrechts zu durchbrechen, ließe sich deutlich der 13. Erklärung zur Schlussakte von Amsterdam entnehmen. Art. 16 EG ließe sich nicht als Vorschrift begreifen, die geeignet wäre, eine Überlagerung oder Durchbrechung der europäischen Wirtschaftsverfassung zu bewirken.[513] Vielmehr sei anzunehmen, dass die Hauptbedeutung des Art. 16 EG im programmatisch-politischen Bereich liege. Die Norm leite die politisch handelnden Organe der EU dabei an, im Rechtssetzungsprozess einen angemessenen Ausgleich zwischen den widerstreitenden Interessen herzustellen: auf der einen Seite, die Marktöffnung sowie die Herstellung von Wettbewerbsfairness und Wettbewerbsgleichheit, auf der anderen Seite, die Bewahrung der mitgliedstaatlichen Möglichkeit, elementare, gerade aus sozialstaatlicher Sicht unverzichtbare Dienste zu erbringen oder erbringen zu lassen.[514]

---

[510] Den Ansatz von Schwarze in EuZW 2001, S. 334 (336f.), der im vorangegangenen Abschnitt dargestellt wurde, bezeichnet er deshalb ausdrücklich als „verfehlt" und spricht von der „Fehlerhaftigkeit der Prämisse" eines Kollisionsverhältnisses zwischen Wettbewerb und Daseinsvorsorge, vgl. König, EuZW 2001, S. 481.

[511] Koenig, in: EuZW 2001, S. 481 in Auseinandersetzung mit dem Ansatz von Schwarze, in: EuZW 2001, S. 334ff., Wettbewerb und Daseinsvorsorge seien als gleichberechtigte Prinzipien im Sinne praktischer Konkordanz zu einem möglichst schonenden Ausgleich zu bringen.

[512] So auch Weiß, EuR 2003, S. 186: „keine Gleichrangigkeit von Wettbewerb und Gemeinwirtschaftlichkeit".

[513] Nettesheim, Mitgliedstaatliche Daseinsvorsorge im Spannungsfeld zwischen Wettbewerbskonformität und Gemeinwohlverantwortung, S. 50.

[514] Nettesheim, aaO, S. 51.

Borchardt ist der Auffassung, dass auch nach Einführung von Art. 16 EG der gemeinschaftsrechtliche Ausgleich zwischen Wettbewerb und Daseinsvorsorge stark wettbewerbsorientiert ist.[515] Zwar sei das Bekenntnis des Art. 16 EG zu den Diensten von allgemeinem wirtschaftlichen Interesse bei der Anwendung der Wettbewerbsregeln in die Betrachtung einzubeziehen. Jedoch sei durch die Rückverweisung auf Art. 86 Abs. 2 EG und die Beihilfenregelungen vorgegeben, dass diese Regelungen nach wie vor den Maßstab für die Lösung des Spannungsverhältnisses darstellen.[516]

Auch die Kommission vertritt den Standpunkt, dass durch Art. 16 EG kein Gegenprinzip zum Wettbewerb geschaffen wurde, da die Vorschrift keine weitergehenden Ausnahmen von der Anwendung der Wettbewerbs- und Binnenmarktregeln erlaube als bereits nach Art. 86 Abs. 2 EG zulässig seien, sondern deren Bedeutung lediglich bekräftige. Für den im konkreten Einzelfall gegebenenfalls notwendigen Ausgleich zwischen Wettbewerbs- und Binnenmarktprinzipien einerseits und dem guten Funktionieren der legitim definierten Daseinsvorsorgeleistungen andererseits bleibe Art. 86 Abs. 2 EG – wie bereits vor Erlass des Art. 16 EG – der Dreh- und Angelpunkt.[517]

Nach Auffassung der Kommission ändere daran auch die Tatsache nichts, dass sich Art. 16 EG im Ersten, mit „Grundsätze" überschriebenen Teil des EG-Vertrages stehe. Denn einmal würden nach Art. 3 Abs.1 lit. c und g des Gemeinschaftsvertrages der Binnenmarkt sowie ein System, das den Wettbewerb innerhalb des Binnenmarkts vor Verfälschungen schützt, ebenfalls zu den Grundsätzen der Gemeinschaft gehören. Davon abgesehen werde die Bedeutung des Art. 86 Abs. 2 EG im Wortlaut des Art. 16 EG ausdrücklich anerkannt: „unbeschadet der Artikel 73, 86 und 87..."[518]

Die Kommission sieht in Art. 16 EGV ein Signal, das diejenigen beruhigen müsse, die zu Unrecht glaubten, dass auf Gemeinschaftsebene die Empfänglichkeit für Fragen des Allgemeininteresses fehle. Durch Art. 16 EGV werde das bestehende Gleichgewicht im Wesentlichen bestätigt.

---

[515] Borchardt, Empfiehlt es sich, das Recht der öffentlichen Unternehmen im Spannungsfeld zwischen öffentlichem Auftrag und Wettbewerb national und gemeinschaftsrechtlich neu zu regeln?, S.O 11.
[516] Borchardt, aaO, S. O 12 so auch Weiß, in EuR 2003, S. 186.
[517] Dohms, Die Vorstellungen der Kommission zur Daseinsvorsorge, S. 64f.
[518] Dohms, Die Vorstellungen der Kommission zur Daseinsvorsorge, S. 64f; zustimmend Jung, in: Callies / Ruffert, Kommentar zu EUV und EGV, Art.16 Rn.12, der annimmt, dass durch Art. 16 EG keine völlige Gleichgewichtung von Daseinsvorsorge und Wettbewerb geschaffen wurde und das zugunsten des Wettbewerbsprinzips bestehende Ungleichgewicht nicht grundlegend verschoben werden sollte.

Auch Drabbe, ebenfalls Mitglied der Kommission, ist der Auffassung, dass trotz einer Aufwertung der Daseinsvorsorge die bisherigen Zuständigkeiten und Prinzipien wegen des Verweises auf die bestehenden Vorschriften durch Art. 16 EG unberührt bleiben.[519]

Weitere Anhaltspunkte zum gemeinschaftsrechtlichen Verständnis von Art. 16 EG lassen sich der erneuerten Mitteilung der Kommission zu Leistungen der Daseinsvorsorge in Europa[520] entnehmen, die die Kommission im Jahre 2000 verfasste, also im Gegensatz zum Vorgänger von 1996, nach der Aufnahme des Art. 16 EG in das Vertragsgefüge. In der erneuerten Mitteilung geht die Kommission nämlich von einer weitgehend unveränderten Auslegung und Anwendung von den Wettbewerbsregeln, insbesondere Art. 86 Abs. 2 EG und den Beihilfevorschriften auf Entscheidungen der Mitgliedstaaten im Bereich der Daseinsvorsorge aus.[521] Die Kommission bekräftigt ihren Willen, die Marktöffnung und Einführung von Wettbewerb in vormals abgeschotteten nationalen Märkten voranzutreiben und das zeigt deutlich, dass Art. 16 EG von Gemeinschaftsseite nicht als Einschränkung des Art. 86 Abs. 2 EG verstanden wird oder die Daseinsvorsorge gar als gleichwertiges Prinzip zum Wettbewerb aufgewertet werden soll.[522]

Bestätigt wird dies auch noch mal durch das Grünbuch der Kommission zur Daseinsvorsorge. Darin äußert die Kommission zum wiederholten Male die Auffassung, dass die Unternehmen, die Leistungen der Daseinsvorsorge erbringen, von der Anwendung der Wettbewerbs- und Beihilfevorschriften nur insoweit ausgenommen sind, als das unbedingt nötig ist, um ihnen die Erfüllung des Versorgungsauftrags zu ermöglichen.[523]

Die Auffassung, dass Art. 16 EG das Verhältnis zwischen Wettbewerb und Daseinsvorsorge nicht grundlegend geändert hat, lässt sich auch an der Einschätzung, dass durch die Vorschrift kein „neues Kapitel aufgeschlagen" sei, able-

---

[519] Drabbe, Mitglied der Europäischen Kommission, anlässlich eines Vortrags zum Thema „Wettbewerbspolitik: Kontrolle staatlicher Beihilfen und Daseinsvorsorge" am 7.1.2002 in Brüssel.
[520] Mitteilung der Europäischen Kommission zu Leistungen der Daseinsvorsorge in Europa v. 20.9.2000, KOM (2000) 580 endg., AblEG 2001 Nr. C 17.
[521] So auch Schweitzer, Daseinsvorsorge, „service public", Universaldienst, S. 417.
[522] Mitteilung der Europäischen Kommission zu Leistungen der Daseinsvorsorge in Europa v. 20.9.2000, KOM (2000) 580 endg., AblEG 2001 Nr. C 17, Rz. 54ff
[523] Kommission der Europäischen Gemeinschaften, Grünbuch zu Dienstleistungen von allgemeinem Interesse v. 21.05.2003, KOM (2003) 270 endg., AblEG 2003 Rz. 29.

sen.[524] Gleiches gilt für die Ansicht, Art 16 EG erweitere trotz Stärkung der Daseinsvorsorge die Bereichsausnahme des Art. 86 Abs. 2 EG nicht[525] und letztere Vorschrift sei nach wie vor restriktiv auszulegen.[526] Neben den bereits genannten Argumenten wird dies auch noch damit begründet, dass Art. 16 EG keinen (mit einer konditionierten Rechtsfolge verknüpften) Regel- sondern nur einen Prinzipiencharakter habe. Daher ändere die Vorschrift nichts an dem Normprogramm des Art. 86 Abs. 2 EG, sondern unterstreiche nur die im Rahmen der Interpretation der Vorschrift mit zu berücksichtigende Bedeutung allgemeinwirtschaftlich handelnder Dienstleistungsunternehmen.[527]

Der Ablehnung der Gleichwertigkeit von Daseinsvorsorge und Wettbewerb entsprechend, wird auch die Durchführung eines verhältnismäßigen Ausgleichs im Sinne einer praktischen Konkordanz zwischen beiden Prinzipien abgelehnt.[528] Dies wird damit begründet, dass Art. 16 EG nur die Begründung von Ausnahmen erleichtern könne, die Vorschrift aber eben nicht das Regel-Ausnahmeverhältnis als solches aufhebe.[529]

Das bedeutet nicht, dass Art. 16 EG als bedeutungslos angesehen wird. Auswirkungen der Einführung von Art. 16 EG ergeben sich insofern, als die Vorschrift den staatlichen Gestaltungsraum für die in Art. 86 Abs. 2 EG erfassten Unternehmen erweitert, was dazu führt, dass die Mitgliedstaaten in erleichterter Weise Verantwortung für wirtschaftliche Leistungen tragen können, wie dies ihrer Tradition und Identität entspricht.[530]

Außerdem wird eine Bedeutung von Art. 16 EG auch dergestalt angenommen, dass er bei der Auslegung der in der Vorschrift genannten Artikel 73, 86 und 87 EG von Bedeutung sein kann. Art. 16 EG sei für die Unternehmen, die Leistungen der Daseinsvorsorge erbringen von Bedeutung, da er die Dienstleistungen

---

[524] Budäus/Schiller, in: ZögU 2000, S. 101, ähnlicher Ansicht ist Thun-Hohenstein, Der Vertrag von Amsterdam, S. 92, der der Auffassung ist, die Stärkung der Daseinsvorsorge sei vor allem „optischer" Natur.

[525] Badura, Wirtschaftliche Betätigung der öffentlichen Hand zur Gewährleistung von Daseinsvorsorge, S. 30, der auch noch mal ausdrücklich festhält (S. 32), dass Art. 16 EG nicht im Sinne einer Freistellung gemeinwohlorientierter Unternehmen von den normativ festgelegten Interessen der Gemeinschaft oder als Ausschluss der Gemeinschaftskompetenz verstanden werden dürften; zustimmend Weiß, in AöR 2003, S. 130.

[526] Jung, in: Callies/Ruffert, Kommentar zu EGV und EUV, Art. 86, Rn.35.

[527] Ehlers, Empfiehlt es sich, das Recht der öffentlichen Unternehmen im Spannungsfeld von öffentlichem Auftrag und Wettbewerb national und gemeinschaftsrechtlich neu zu regeln?, S. E 53.

[528] So z.B. Koenig, EuZW 2001, 481.

[529] Burgi, in: VerwArch 2002, S. 266.

[530] Steindorff, in: ZHR 163 (1999), S. 426.

von allgemeinem wirtschaftlichen Interesse aufwerte und damit verbiete, andere Artikel in daseinsvorsorgeabträglicher Weise zu interpretieren.[531] Insofern werde durch Art. 16 EG der Grundsatz betont, dass ein rechtliches Gleichgewicht zwischen den Wettbewerbsregeln und der Erfüllung öffentlicher Versorgungsaufträge hergestellt werden muss.[532]

Aus der Stellung von Art. 16 EG im Vertragsteil über die Grundsätze der Gemeinschaft wird zwar nicht gefolgert, dass die Daseinsvorsorge dem Wettbewerb als gleichberechtigtes Prinzip gegenübergestellt wird. Die Stellung von Art. 16 EG bei den Grundsätzen findet aber insofern Berücksichtigung, als bei der Interpretationen von Vertragsvorschriften, der Stellenwert und die Bedeutung der Dienste von allgemeinem wirtschaftlichen Interesse, soweit relevant, zu berücksichtigen sind.[533] Dies könnte möglicherweise die Auslegung von Art. 86 Abs. 2 EG dahingehend beeinflussen, dass die Wettbewerbsregeln des Vertrages weniger strikt angewendet werden.[534]

(3) Bewertung

Feststellen ist sowohl für die Daseinsvorsorge als auch für den Wettbewerb, dass dies Begriffe und Aufgaben sind, die das Gemeinschaftsrecht anerkennt. Auf der einen Seite ist die Durchsetzung eines unverfälschten Wettbewerbs gemäß Art. 3 Abs. 1 lit. G EGV ausdrückliches Ziel der Gemeinschaft, andererseits erkennt das Gemeinschaftsrecht die Bedeutung der Daseinsvorsorge durch die Regelungen der Art. 86 Abs. 2 und Art. 16 EG ausdrücklich an und schützt sie auch.[535] Allerdings war die Einführung von Art. 16 EG in das Vertragswerk nicht dazu geeignet, das System des Gemeinschaftsvertrages zu verändern. Dies ergibt sich im Wesentlichen aus drei Argumenten: aus dem Wortlaut der Vorschrift, aus dem Charakter von Art. 86 Abs. 2 EG als Ausnahmevorschrift und aus der Tatsache, dass Art. 16 EG keinen bestimmten Unternehmenstyp mit der Erbringung der betreffenden Dienste in Verbindung bringt.

---

[531] Püttner, in: ZögU 2000, S. 376.

[532] Mann, in: JZ 2002, S. 823. Allerdings gilt dies eben nur im Rahmen der Interpretation einzelner Vertragsvorschriften und gerade nicht, indem man die Daseinsvorsorge dem Wettbewerb als gleichwertiges Prinzip gegenüberstellt.

[533] Lenz, EGV-Kommentar, Art.16 Rn.10; Bundesvereinigung der kommunalen Spitzenverbände, Stellungnahme in: Informationen Hessischer Städtetag, S.49f.

[534] Van Miert, in: Competition Policy Newsletter 1997, S.5. Die Möglichkeit einer weniger strikten Anwendung der Wettbewerbsregeln würde jedoch nichts daran ändern, dass der Wettbewerb das vorherrschende Prinzip des Gemeinschaftsrechts ist.

[535] Insoweit ist Schwarze noch ausdrücklich zuzustimmen, vgl. Schwarze, EuZW 2001, S.339.

Zunächst einmal ließe die Annahme, dass durch Art. 16 EG das Verhältnis von Wettbewerb und Daseinsvorsorge grundlegend verändert sei, den Wortlaut der Vorschrift außer Acht, nachdem die Vorschrift gerade nur „unbeschadet der Artikel 73, 86 und 87" gilt. Eine Vorschrift, die nur unbeschadet bestimmter anderer Vorschriften gelten soll, kann deren Wirksamkeit gerade nicht einschränken.[536]

Nicht zu übersehen ist auch, dass sich die Formulierung „unbeschadet" direkt zu Beginn der Vorschrift findet, nämlich noch bevor man liest, was die Vorschrift eigentlich regelt und nicht (wie es auch möglich gewesen wäre) in Form eines zweiten Absatzes der Vorschrift, der festlegen würde: „Die Regelung in Absatz 1 gilt nur unbeschadet folgender Vorschriften". Dies verdeutlicht noch mal, dass das, was Art. 16 EG regelt, eben nur gelten kann, ohne dass es die Geltung der genannten Vorschriften verändert.

Dies zeigt im Übrigen auch der Wortlaut der Erklärung Nr. 13 der Schlussakte des Amsterdamer Vertrages.[537] Dort ist festgelegt, dass Art. 16 EG unter uneingeschränkter Beachtung der Rechtsprechung des Gerichtshofes, u.a. in Bezug auf die Grundsätze der Gleichbehandlung, der Qualität und der Dauerhaftigkeit der Dienste, umgesetzt wird. Dass diese Erklärung zu Art. 16 EG in den Vertrag von Amsterdam aufgenommen wurde, macht deutlich, dass die Mitgliedstaaten durch Art. 16 EG das grundlegende Verhältnis von Daseinsvorsorge und Wettbewerb nicht verschieben wollten.

Auch die Tatsache, dass Art. 86 Abs. 2 EG eine Ausnahmeregelung ist, die eng auszulegen ist, verdeutlicht, dass durch Art. 16 EG nicht das grundlegende Verhältnis zwischen Daseinsvorsorge und Wettbewerb verschoben worden sein kann.[538] Denn auch nach der Einführung von Art. 16 EG behält Art. 86 Abs. 2 EG seinen Charakter als eng auszulegende Ausnahme.[539] Darauf kann Art. 16 EG

---

[536] So auch Hobe/Biehl/Schroeter, in: DÖV 2003, S. 807: „Jedenfalls lässt sich aus dem Umstand, dass die Geltung von Art. 86 EG explizit von der Anwendung des Art. 16 EG ausgenommen wurde, nur die Folgerung ziehen, dass dessen Grundaussage nicht in ihr Gegenteil verkehrt werden darf, es also grundsätzlich beim Vorrang des Wettbewerbs bleiben soll."

[537] Erklärung (Nr. 13) zu Art. 16 des Vertrages zur Gründung des Europäischen Gemeinschaft, Schlussakte des Vertrages von Amsterdam, vom 2.10.1997.

[538] Daran hat auch die oben beschriebene Rechtsprechungsänderung zu Art. 86 Abs. 2 EG nichts geändert. Diese hatte nur Einfluss darauf, dass die Voraussetzungen für das Vorliegen einer „Verhinderung" der Aufgabenerfüllung gelockert wurden. Der Gerichtshof hatte jedoch gerade in diesem Zusammenhang extra nochmals betont, dass Art. 86 Abs. 2 EG als Ausnahmebestimmung eng auszulegen sei, vgl. EuGH, (Urteil v 23.10.1997), Rs. 157/94, (Ein- und Ausfuhrmonopole für Gas und Strom), Slg. 1997, I-5768, Rz. 37.

[539] Dass Art. 86 Abs. 2 EG eine eng auszulegende Ausnahmevorschrift ist, hat der Gerichtshof auch nach dem Vertrag von Amsterdam entschieden, vgl. EuGH, (Urteil v 23.10.1997), Rs. 157/94, (Ein- und Ausfuhrmonopole für Gas und Strom), Slg. 1997, I-5768, Rz. 37. Siehe dazu auch oben D II. 2. b) bb) (3).

gerade keinen Einfluss nehmen, weil diese Regelung nur unbeschadet von Art. 86 EG und damit auch unbeschadet seines Absatzes 2 gilt. Daran ändert sich auch nichts durch die Annahme, dass die Begründung von Ausnahmen nach Art 86 Abs. 2 EG durch Art. 16 EG erleichtert werden könnte. Denn diese Erleichterung ändert nicht das Regel-Ausnahmeprinzip des Art. 86 Abs.2 EG.

Gegen eine grundlegende Veränderung des Verhältnisses von Daseinsvorsorge und Wettbewerb und damit auch gegen die Schaffung einer Bereichsausnahme für die Daseinsvorsorge zugunsten der kommunalen Unternehmen durch Art. 16 EG spricht weiterhin, dass die Vorschrift nur die Dienste von allgemeinem wirtschaftlichen Interesse an sich in den Vordergrund stellt, dies jedoch völlig unabhängig von ihrem Erbringer.[540] Art. 16 EG fasst für die Leistungen von allgemeinem wirtschaftlichen Interesse keinen bestimmten Erbringer ins Auge. Die Vorschrift rückt die gemeinwohlorientierte Leistung selbst in den Vordergrund. Die Frage durch wen und mit welchen Mitteln diese Leistungen erbracht werden sollen, tritt in den Hintergrund.[541] Insofern lassen die Bestimmungen des Gemeinschaftsvertrages völlig offen, wer und in welcher Form Daseinsvorsorgeleistungen zu erbringen hat. Das Gemeinschaftsrecht überlässt es den Mitgliedstaaten, darüber zu entscheiden, ob Leistungen der Daseinsvorsorge über öffentliche Einrichtungen erbracht oder einem Privaten anvertraut werden sollen.[542] Maßgeblich ist nur, dass faire Wettbewerbsbedingungen gewährleistet werden.[543] Denn dem Gemeinschaftsrecht kommt es gerade nicht darauf an, einen bestimmten Leistungserbringer zu stärken oder zu schützen, sondern nur die Dienste als solches und das bedeutet, Erbringung durch das bestmöglichste Unternehmen, unabhängig davon, ob es kommunal ist oder privat.[544] Dies macht auch die Kommission in ihrer Mitteilung zu Leistungen der Daseinsvorsorge noch mal deutlich, in dem sie konstatiert, „die europäische Politik setzt bei der Daseinsvorsorge, also bei dem Auftrag und den Bedingungen, unter denen er erfüllt wird, und nicht bei der Rechtsstellung an"[545].

Das europäische Wettbewerbsrecht unterscheidet auch bei der Daseinsvorsorge nicht zwischen privaten und öffentlichen Unternehmen. Maßgeblich ist nicht das Unternehmen (öffentlich oder privat), sondern die „Dienstleistung von allgemei-

---

[540] Knauff, in: EuZW 2003, S. 455.

[541] Löwenberg, Service public und öffentliche Dienstleistungen in Europa, S. 305.

[542] Borchardt, Empfiehlt es sich das Recht der öffentlichen Unternehmen im Spannungsfeld zwischen öffentlichem Auftrag und Wettbewerbs national und gemeinschaftsrechtlich neu zu regeln?, S. O 19.

[543] Langen in einer Stellungnahme vor dem WSA am 6.3.2001, vgl. HSGZ 2001, S.105.

[544] Püttner, Das grundlegende Konzept der Daseinsvorsorge, S. 38.

[545] Mitteilung der Kommission zu Leistungen der Daseinsvorsorge in Europa vom 29.06.1996, KOM (1996) 443 endg., AB1EG 1996 C, 181, S. 3ff, Rn.11.

nem wirtschaftlichen Interesse", durch die dem wahrnehmenden Unternehmen Sonderrechte eingeräumt werden können. Die Ausnahmen gelten für alle Unternehmen; öffentliche Unternehmen dürfen nicht besonders begünstigt werden. Dies wäre sonst eine Diskriminierung privater Unternehmen, die Dienstleistungen von allgemeinem wirtschaftlichen Interesse ebenfalls erbringen können.[546]

Daran zeigt sich, dass aus Art. 16 EG - unabhängig davon, dass die Vorschrift insgesamt keine Bereichsausnahme für die Daseinsvorsorge gebietet - insbesondere keine Bereichsausnahme zugunsten der *kommunalen* Unternehmen gefolgert werden kann. Wenn schon die Vorschrift keine Trennung von Leistungserbringern in öffentliche und private Unternehmen enthält, kann sie auch nicht einer von beiden Gruppen zugute kommen.

Angesichts der trägerneutralen Formulierung des Art 16 EG ließe sich aus der Vorschrift allenfalls schließen, dass wenn die Erbringung von Diensten von allgemeinem wirtschaftlichen Interesse im Wettbewerb verhindert würde, die Erbringung außerhalb des Wettbewerbs geschehen könnte.[547] Ob dies dann durch ein kommunales oder durch ein privates Unternehmen geschehen müsste, lässt sich Art. 16 EG gerade nicht entnehmen. Deshalb ist es ungenau zu formulieren, Art. 16 EG unterstreiche „den Stellenwert der von den öffentlichen Unternehmen erbrachten Dienste von allgemeinem wirtschaftlichen Interesse für die Gemeinschaft."[548] Den Art. 16 EG unterstreicht nur den Stellenwert der Dienste von allgemeinem Interesse selbst und gerade keinen bestimmten Erbringer.

Insofern bestätigt Art. 16 EG die vor seiner Aufnahme in den Vertrag getroffene Annahme, dass Art. 86 Abs. 2 EG eine Funktionsgarantie zugunsten der legitim definierten Daseinsvorsorgeleistungen, jedoch keine Bestandsgarantie zugunsten der Strukturen der Wahrnehmung von Daseinsvorsorgeaufgaben durch kommunale Unternehmen bietet.[549]

Fraglich ist, ob sich die Ansicht, dass Art. 16 EG das grundlegende Verhältnis zwischen Wettbewerbsrecht und Daseinsvorsorge nicht verändert, nicht entgegenhalten lassen muss, dass die Vorschrift wohl kaum geschaffen und in den Vertrag aufgenommen worden wäre, wenn sie keine Wirkung haben solle.[550] Schließlich enthalte Art. 16 EG - anders als Art. 86 Abs. 2 S. 1 EGV, der den

---

[546] Fuest/Kroker/Schatz, Die wirtschaftliche Betätigung der Kommunen und die Daseinsvorsorge, S. 31.
[547] Das entspricht insofern dem, was bereits durch Art. 86 Abs. 2 EG geregelt ist.
[548] Stober, in: NJW 2002, S. 2364.
[549] Dohms, Die Vorstellungen der Kommission zur Daseinsvorsorge, S. 64f.
[550] So Lenz, EGV-Kommentar, Art.16 Rn. 9.

Schutz der Dienstleistungen von allgemeinem Interesse negativ formuliert (soweit ... nicht ... verhindert) - eine positive Aufgabenfestlegung, durch die der Gemeinschaft und den Mitgliedstaaten die Verpflichtung auferlegt wird, dafür Sorge zu tragen, dass „die Grundsätze und Bedingungen für das Funktionieren dieser Dienste so gestaltet sind, dass sie ihren Aufgaben nachkommen können".

Dazu ist zu sagen, dass die Auffassung, Art. 16 EG ändere nicht das grundlegende Verhältnis zwischen Daseinsvorsorge und Wettbewerb, nicht bedeutet, dass die Vorschrift bedeutungslos ist. Die Bedeutung liegt in der Aufwertung der Dienste von allgemeinem wirtschaftlichen Interesse als solchen und in deren ausdrücklicher Anerkennung auf Gemeinschaftsebene. Die Bedeutung, die die Kommission den Dienstleistungen von allgemeinem wirtschaftlichen Interesse bereits in ihrer Mitteilung zu Leistungen der Daseinsvorsorge von 1996 bestätigt hat[551], wird durch Art. 16 EG auch primärrechtlich verankert. So soll durch diese Vorschrift unter anderem die Qualität und die Verfügbarkeit öffentlicher Dienstleistungen durch marktkonforme Mechanismen für die Unionsbürger garantiert werden.[552] Insofern ist in Art. 16 EG eine „gemeinschaftsrechtliche Bestands- und Entwicklungsgarantie"[553] zu sehen.
Die Einführung von Art. 16 EG hatte somit eine Bedeutung für die Daseinsvorsorge, allerdings nicht dergestalt, dass das grundlegende Verhältnis zwischen Daseinsvorsorge und Wettbewerb zugunsten ersterer verschoben wurde oder gar eine Bereichsausnahme für die Daseinsvorsorge geschaffen wurde.[554]

Es wäre auch geradezu widersinnig, die Schaffung einer Bereichsausnahme für die Daseinsvorsorge aus dem Gemeinschaftsrecht herzuleiten, wenn die konsequente Anwendung der gemeinschaftsrechtlichen Wettbewerbsregeln erst dazu geführt hat, dass Wettbewerb auch im Bereich der Daseinsvorsorge eingeführt wurde. Eine generelle Bereichsausnahme für die Erbringung der Dienste von allgemeinem wirtschaftlichen Interesse ist aus gemeinschaftsrechtlicher Sicht auch deshalb abzulehnen, weil sie dazu führen würde, dass der Binnenmarkt geschwächt würde, da er unterlaufen werden könnte.

---

[551] Mitteilung der Kommission zu Leistungen der Daseinsvorsorge in Europa vom 29.06.1996, KOM (1996) 443 endg. ABlEG 1996 C 181, S. 3ff., z.B. in Tz. 1: „Kern des europäischen Gesellschaftsmodells".

[552] Schulte-Beckhausen, Energieversorgung als öffentliche Aufgabe im europäischen Ordnungsrahmen, S.116f.

[553] Borchardt, Empfiehlt es sich das Recht der öffentlichen Unternehmen im Spannungsfeld von öffentlichem Auftrag und Wettbewerb national und gemeinschaftsrechtlich neu zu regeln?, S. O 19.

[554] So auch Ehricke, in: EuZW 1998, S. 741 (747), der angesichts der neueren Rechtsprechung des Gerichtshofs zu Art. 86 Abs. 2 EG keine Schaffung einer Bereichsausnahme für die Daseinsvorsorge annimmt.

Die Einführung von Art. 16 EG hat das grundlegende Verhältnis zwischen Daseinsvorsorge und Wettbewerb somit nicht beeinflusst.[555] Trotz gemeinschaftsrechtlicher Anerkennung der Daseinsvorsorge sollen diese Leistungen aufgrund der Vorrangstellung des Wettbewerbs primär unter Wettbewerbsbedingungen erbracht werden.[556]

Außerdem muss dem Argument, dass sich kommunale Ziele durch kommunale Unternehmen leichter erreichen lassen als durch die Regulierung privater Unternehmen entgegen gehalten werden, dass diese Behauptung in der Realität keine Stütze findet. In vielen Städten haben sich kommunale Unternehmen zugunsten der Privatwirtschaft aus der Leistungserbringung zurückgezogen, ohne dass dies zu Versorgungsschwierigkeiten oder einer Nichtbeachtung kommunaler Ziele führte. Wenn die angestrebten Ziele von den Kommunen gesetzlich festgelegt werden, ist nicht ersichtlich, warum ihre Verfolgung bei der Leistungserbringung durch Private weniger effektiv sein sollte als bei der Erbringung durch kommunale Unternehmen.[557] Insofern kann ein möglicherweise erhöhter regulatorischer Aufwand kein Argument für den Ausschluss privater Unternehmen von der Leistungserbringung im Bereich der Daseinsvorsorge sein.

Unzutreffend ist in diesem Zusammenhang auch das bisweilen vorgebrachte Argument, dass über den Rückzug kommunaler Unternehmen aus der Daseinsvorsorge und die daraus folgende notwendige Regulierung privater Unternehmen, das Streben nach weniger Staat faktisch zu mehr Staat führe.[558] Denn auch, wenn die Erbringung von Leistungen der Daseinsvorsorge durch private Unternehmen möglicherweise die Zunahme staatlicher Regulierung mit sich bringt, beschränkt sich dieser staatliche Einfluss doch auf die Regelung der Leistungserbringung. Im Bereich der Leistungserbringung selbst führt der Rückzug kommunaler Unternehmen aber gerade zu weniger Staat.

---

[555] Auch wenn die Forderung nach einer Bereichsausnahme nicht verstummt ist, hat sich doch auch auf kommunaler Ebene zumindest teilweise die Ansicht durchgesetzt, dass Art. 16 EG bei einer Abwägung im Einzelfall Berücksichtigung finden kann, dass die Vorschrift aber trotz einer Stärkung der Daseinsvorsorge weder zu einer gleichgewichtigen Berücksichtigung der Aspekte des Gemeinwohls und des Wettbewerbs führt noch zur Schaffung einer Bereichsausnahme, vgl. Bundesvereinigung der kommunalen Spitzenverbände, Stellungnahme in: Informationen Hessischer Städtetag, 2001, S.50.

[556] So auch Harms, Daseinsvorsorge im Wettbewerb, S.30.

[557] So auch Weiß, in: EuR 2003, S. 189: „Doch sind Zweifel angebracht, ob ... diese Ziele nicht auf anderem Weg zwar eventuell mit mehr regulatorischem Aufwand, aber dennoch besser erreicht werden könnten."

[558] Vgl. dazu den Überblick bei König/Benz, Zusammenhänge von Privatisierung und Regulierung, in: König/Benz, Privatisierung und staatliche Regulierung: Bahn, Post und Telekommunikation, Rundfunk, S. 13ff., S. 67ff.

Auch wenn hier keinesfalls dafür plädiert wird, dass sich kommunale Unternehmen aus der Leistungserbringung im Bereich der Daseinsvorsorge zurückziehen sollen, soll hier doch genauso deutlich gemacht werden, dass eine effektive Leistungserbringung, in der auch sozial-, umwelt- oder andere politische Ziele mitverfolgt werden sollen, nicht nur durch die alleinige Erbringung kommunaler Unternehmen gewährleistet werden kann. So wie bei der Beurteilung, ob eine Befreiung von den Regeln des Vertrages gerechtfertigt ist gemäß Art. 86 Abs. 2 EG, zwischen daseinsvorsorgenden und sonstigen Unternehmen unterschieden werden muss (und nicht zwischen öffentlichen und privaten Unternehmen)[559] muss auch in Bezug auf die Dienstleistung unterschieden werden zwischen Dienstleistungen, die im freien Wettbewerb erbracht werden können und Dienstleistungen, die nur unter Einschränkung oder Ausschluss des Wettbewerbs erbracht werden können. Liegt eine solche Dienstleistung vor, die nicht im freien Wettbewerb erbracht werden kann, heißt das nicht zwangsläufig, dass sie von einem kommunalen Unternehmen erbracht werden muss. Der beste Erbringer ist das Unternehmen, das die für die Dienstleistung aufgestellten Kriterien am Besten erfüllt und dabei die geringsten Subventionen verlangt bzw. den höchsten Betrag bietet. Da nicht im Vorhinein gesagt werden kann, ob dies ein kommunales oder ein privates Unternehmen ist, kann auch deshalb aus der Tatsache, dass bei bestimmten Leistungen der Daseinsvorsorge eine Erbringung im Wettbewerb nicht möglich ist, keine Bereichsausnahme für die kommunalen Unternehmen gefolgert werden.

b) Exkurs: Kein Ausschluss der Wettbewerbsregeln im Bereich der Daseinsvorsorge durch Art. 28 Abs. 2 GG

Nur ergänzend soll hier kurz darauf eingegangen werden, wie sich Art. 28 Abs. 2 GG zum gemeinschaftlichen Wettbewerbsrecht verhält, da sich diese Vorschrift auch immer wieder im Zusammenhang mit der Forderung einer Bereichsausnahme findet.

Die Argumentation für die Einführung der Bereichsausnahme für die Daseinsvorsorge ist, auch soweit sie sich darauf stützt, dass den kommunalen Unternehmen die Erbringung der Daseinsvorsorgeleistungen wegen des Rechts auf kommunale Selbstverwaltung aus Art. 28 Abs. 2 GG vorbehalten bleiben müssen, abzulehnen. Diese Begründung greift deshalb nicht, weil die Nichtanwendbarkeit von Gemeinschaftsrecht gerade nicht auf nationales Recht gestützt werden kann, weil

---

[559] S.u. E II 3. c).

dieses im Kollisionsfall unanwendbar ist.[560] Die Vorschrift des Art. 28 Abs. 2 EG ist nicht „europafest".[561]

Außerdem wird dadurch, dass die Erbringung von Leistungen der Daseinsvorsorge öffentlichen oder privaten Monopolen vorbehalten bleibt, nicht nur das Wettbewerbsrecht außer Kraft gesetzt. Es könnte dadurch auch gegen die Grundfreiheiten verstoßen werden, so z.b. durch Einschränkung der Dienstleistungsfreiheit oder des freien Warenverkehrs.[562]

2. Forderung nach klarer Aufgabenteilung

Eine weitere Forderung, die von den hinter den kommunalen Unternehmen stehenden Kommunen erhoben wird, ist die Forderung nach einer klaren Aufgabenteilung. Da die Kommunen befürchten, dass von den Gemeinschaftsregelungen früher oder später auch nichtmarktbezogene Tätigkeiten wie Bildungspolitik oder Kultur erfasst werden könnten, wird eine klare Festschreibung der Zuständigkeiten verlangt.[563] Die Kommunen fürchten in letzter Zeit verstärkt um ihre Autonomie und wollen eine Aushöhlung ihres grundgesetzlich verankerten Rechts auf kommunale Selbstverwaltung verhindern. Immer wieder wurde deshalb sowohl von Seiten der Länder als auch von den Gemeinden, insbesondere auch im Vorfeld des Amsterdamer Gipfels, aber auch noch danach, eine Festlegung einer klaren Aufgabenteilung zwischen Gemeinschaft und Mitgliedstaaten verlangt. So forderte beispielsweise der Präsident des Deutschen Städtetages: „Es muss gelingen, in der Europäischen Union die Entscheidungskompetenzen der Länder und Kommunen auf dem Gebiet der Daseinsvorsorge besser abzusichern."[564]

Die Forderung der Kommunen ist auf europäischer Ebene nicht ungehört geblieben. So stellt die Kommission in ihrem Grünbuch vom 22. Mai 2003 die Frage

---

[560] Ständige Rechtsprechung des EuGH seit dem Urteil v. 15.07.1964, Rs. 6/64 (Costa/ENEL), Slg. 1964, 1251.

[561] S.o. C I 2 d) bb).

[562] Bocklet, Leistungen der Daseinsvorsorge im Konflikt mit EU-Wettbewerbsrecht, S. 14.

[563] Vgl. Schwarze, Einführung: Daseinsvorsorge im Lichte des Wettbewerbsrecht, S. 21. Allerdings ist diese Forderung nicht einhellig. Teilweise steht man einer solchen Festschreibung eher ablehnend gegenüber, vgl. im selben Gliederungspunkt weiter unten.

[564] Aussage des Präsidenten des Deutschen Städtetages, Hajo Hoffmann, am 4.4.2000 in Wismar während einer Präsidiumssitzung des Deutschen Städtetages, vgl. Informationen Hessischer Städtetag, 2000, S.62.

zur Diskussion: „Müssen die Zuständigkeitsbereiche von Gemeinschaft und mitgliedstaatlichen Verwaltungen klarer voneinander abgegrenzt werden?"[565]

Gerade aus diesem Grünbuch ergibt sich aber auch, dass eine Festschreibung von Zuständigkeiten nicht erforderlich ist. Die Gemeinschaft erkennt nicht nur an, dass es in die Zuständigkeit der nationalen, regionalen und örtlichen Behörden fällt, die Dienstleistungen von allgemeinem Interesse zu definieren, zu organisieren und zu überwachen.[566] Hinsichtlich der Dienstleistungen von allgemeinem Interesse, die mit der Wohlfahrt- und Sozialschutzaufgabe in Zusammenhang stehen, hat die Kommission in ihrem Grünbuch sogar noch mal ausdrücklich festgehalten, dass diese „eindeutig in die einzelstaatliche, regionale und lokale Zuständigkeit" fallen.[567]

Im Übrigen zählen zur Daseinsvorsorge zwar sowohl wirtschaftliche als auch nichtwirtschaftliche Leistungen. Allerdings hat die Kommission im Grünbuch noch mal festgehalten, dass es für nichtwirtschaftliche Dienstleistungen von allgemeinem Interesse und Dienstleistungen ohne Auswirkungen auf den Handel zwischen den Mitgliedstaaten, auf Gemeinschaftsebene keine spezifischen Regelungen gibt. Sie unterliegen auch nicht den Vertragsvorschriften für den Binnenmarkt, den Wettbewerb und die staatlichen Beihilfen.[568] Zusätzlich betont die Kommission, der europäische Integrationsprozess habe weder die Zuständigkeit noch die Fähigkeit der staatlichen Behörden jemals in Frage gestellt, die notwendigen politischen Entscheidungen zur Regulierung der Markttätigkeit zu treffen.[569] Es besteht somit kein Anlass zu befürchten, die Gemeinschaft könne die Regelung der nichtmarktbezogenen Tätigkeiten ohne Ermächtigungsgrundlage an sich ziehen.

Eine spezifische Aufgabenfestschreibung von Kommunen und Gemeinschaft im Bereich der Daseinsvorsorge durch das Gemeinschaftsrecht ist deshalb nicht notwendig.[570]

---

[565] Kommission der Europäischen Gemeinschaften, Grünbuch zu Dienstleistungen von allgemeinem Interesse v. 21.05.2003, KOM (2003) 270 endg., Rz. 36, (2).

[566] Kommission der Europäischen Gemeinschaften, Rz. 29, 77.

[567] Kommission der Europäischen Gemeinschaften, aaO., Rz. 31.

[568] Kommission der Europäischen Gemeinschaften, aaO, Rz. 32. Dies ist eine konstante Einordnung der Kommission, die auch in ihrer Mitteilung zu Leistungen der Daseinsvorsorge in Europa vom 29.06.1996, KOM (1996) 443 endg., ABlEG 1996 C, 181, S. 3ff, Rn.18 bereits festgehalten hatte: „Nichtwirtschaftliche Tätigkeiten (z.B. Pflichtschulwesen und soziale Sicherheit) sowie hoheitliche Aufgaben, bei denen es um die Ausübung von Staatsgewalt geht (insbesondere Sicherheit, Justiz, diplomatische Beziehungen, Aufgaben des Standesamtes) fallen nicht unter Art. 90 (Art. 86 n.F.) des Vertrages."

[569] Kommission der Europäischen Gemeinschaften, aaO., Rz. 26.

[570] So hat es die Kommission in ihrem Bericht für den Europäischen Rat in Laeken auch nicht nur für unmöglich, sondern auch für nicht erstrebenswert erklärt, ein endgültiges A-priori-

Im Übrigen bestehen gegenüber einer solchen Aufgabenfestschreibung auch Bedenken. Als die Kommission in ihrem Bericht für den Europäischen Rat von Laeken ankündigte, die dem Artikel 16 EG zugrunde liegenden Prinzipien der Leistungen der Daseinsvorsorge zu konsolidieren und näher festzulegen,[571] und zwar gegebenenfalls in einer Rahmenrichtlinie, wurde dies von kommunaler Seite eher kritisch betrachtet. Es wurde befürchtet, dass durch eine europäische Rahmenrichtlinie in diesem Bereich letztendlich die „EU-Kompetenz" herbeigeführt werde, europaweite Inhalte und Formen der Dienstleistungen von allgemeinem wirtschaftlichen Interesse zu bestimmen, statt der von der Präzisierung von Art. 16 EG erwarteten Möglichkeit, Eingriffe in die kommunalen und regionalen Kompetenzen auf dem Gebiet der Daseinsvorsorge abzuwehren.[572]

3. Forderung nach Abschaffung der nationalen Restriktionen, Gleichstellung mit den privaten Unternehmen

Vereinzelt wird davon ausgegangen, dass die kommunalen Unternehmen bereits jetzt nicht mehr in ihrer Teilnahme am Wettbewerb beschränkt seien. Wegen des Vorrangs des Gemeinschaftsrechts, das keine Beschränkung kommunaler Unternehmen in Bezug auf ihre Teilnahme am Wettbewerb enthalte, seien die Bindung an den öffentlichen Zweck, das Örtlichkeitsprinzip und auch das Subsidiaritätsprinzip „überwunden".[573]

Ganz überwiegend wird jedoch davon ausgegangen, dass die kommunalen Unternehmen (noch) an die nationalen Restriktionen kommunalen Wirtschaftens ge-

---

Verzeichnis sämtlicher Dienstleistungen von allgemeinem Interesse aufzustellen, die als „nichtwirtschaftlich" anzusehen sind, KOM (2001) 598 vom 17.10.2001 (Nr. 30).

[571] Kommission der Europäischen Gemeinschaften, Bericht für den Europäischen Rat in Laeken, „Leistungen der Daseinsvorsorge" v. 17.10.2001, KOM (2001) 598 endg. ABlEG 2001 Nr. C 17 Ziff. 53 (2).

[572] Zimmermann, informationen hessischer städtetag 2002, S. 92. So auch Bocklet, Leistungen der Daseinsvorsorge im Konflikt mit EU-Wettbewerbsrecht, S. 18ff. Ähnliche Befürchtungen wurden auch vor Erscheinen des Grünbuchs zur Daseinsvorsorge geäußert, vgl. eine Mitteilung in der Hessischen Städte- und Gemeinde-Zeitung 2002, S. 390: „Eine grundsätzliche Befassung mit dem Thema Daseinsvorsorge auf europäischer Ebene kann für die Städte und Gemeinden in Deutschland den Vorteil haben, dass der Stellenwert dieser vielfach kommunalen Dienstleistungen innerhalb des europäischen Gesellschafts- und Wirtschaftsmodells angehoben wird. Andererseits besteht aber auch die Gefahr, dass die Europäische Ebene eine verstärkte Regelungskompetenz in diesem Bereich für sich in Anspruch nimmt. Durch solche Regelungen könnte die bisher bestehende Gestaltungsfreiheit der deutschen Kommunen bei der Erbringung der Leistungen der Daseinsvorsorge eingeschränkt werden."

[573] Schwintowski, in: ZögU 2003, S. 283, 296 der die Anwendbarkeit des Gemeinschaftsrechts damit begründet, dass die öffentlichen Unternehmen zumindest potentiell in der Lage seien, grenzüberschreitend tätig zu werden.

bunden seien.[574] Dementsprechend wird eine Gleichstellung von privaten und öffentlichen Unternehmen im Wettbewerb gefordert.[575] Die Vertreter der Kommunalwirtschaft verlangen die Abschaffung der nationalen Regelungen, denen die öffentlichen Unternehmen im Wettbewerb unterliegen. Um weiter wirtschaftlich tätig sein zu können, wollen die kommunalen Unternehmen ihre Aktivitäten über die Gemeindegrenzen hinweg ausdehnen. Sie wollen im Wettbewerb wie die privaten Unternehmen agieren.[576] Aus diesem Grund verlangen sie, von den aus ihrer Sicht unangemessenen Beschränkungen, vor allem des Gemeindewirtschaftsrechts, befreit zu werden.[577] Konkret bedeutet dies die Forderung, an die Bindung an den öffentlichen Zweck weniger strenge Anforderungen zu stellen bzw. diese Bindung ganz zu streichen.

Weiterhin verlangen sie von der Bindung an den Örtlichkeitsgrundsatz befreit zu werden.[578] Wenn die Bereiche, in denen öffentliche Unternehmen Leistungen der Daseinsvorsorge erbringen, nach und nach auch privaten Anbietern geöffnet werden, so dürften auch die kommunalen Unternehmen nicht mehr daran gehindert werden, ihre Kunden außerhalb des Gemeindegebiets zu gewinnen.[579] Auch von den Subsidiaritätsklauseln in den Gemeindeordnungen wollen die kommunalen Unternehmen befreit werden.[580] Das Interesse, von Zweck- und Zuständig-

---

[574] Schwintowski, in: ZögU 2003, 297 geht in konsequenter Fortsetzung seiner Auffassung davon aus, der Deutsche Juristentag, der im Jahr 2002 eine Lockerung der Anforderungen an den öffentlichen Zweck, sowie eine Aufgabe des Subsidiaritäts- und Örtlichkeitsprinzips forderte, übersehe den „Vorrang der Gemeinschaftsrecht und damit die Tatsache, dass bereits de lege lata öffentliche Unternehmen, die marktmäßige Leistungen erbringen, von jedem öffentlichen Zweck befreit, am Wettbewerb teilnehmen können und dürfen und dabei nur den Regeln unterworfen sind, die für jedes andere private Unternehmen auch gelten. Sie sind folglich schon heute nicht mehr an das Erfordernis der Subsidiarität und an das Örtlichkeitsprinzip gebunden."

[575] Steckert, in: DfK 2002, S. 87: „Wirtschaften und am Wettbewerb teilnehmen zu dürfen wie jedes Unternehmen ... bleibt der Anspruch von kommunalen Unternehmen."

[576] Vgl. z.B. Steckert, in DfK 2002, S. 61. [577] Vgl. Nagel, in NVwZ 2000, S. 761, die „rechtlichen Diskriminierungen" sind „durch Gesetzesänderungen zu beseitigen"; Mann, in: JZ 2002, S. 825 nennt das: „den Aktionsradius kommunaler Unternehmen entgrenzen".

[578] Cronauge, Geschäftsführer des VKU, Privatisierung aus Sicht der kommunalen Unternehmen, S. 163.

[579] So für den Bereich der Energieversorgung v. Seelen, in: ET 1996, S. 430; Schöneich, Empfiehlt es sich, das Recht der öffentlichen Unternehmen im Spannungsfeld von öffentlichem Auftrag und Wettbewerb national und gemeinschaftsrechtlich neu zu regeln?, S. O 56: „In dem Maß, wie sich kommunale Unternehmen im Wettbewerb behaupten müssen und insoweit keine Vorrechte genießen, müssen sie auch rechtlich wie „normale" Unternehmen behandelt werden. Für die kommunalen Unternehmen muss das Problem also durch Einräumung gleicher Unternehmensfreiheit gelöst werden, wie sie die anderen Wettbewerber haben."

[580] Schöneich, als Geschäftsführer des VKU, Das Beispiel der Wasserversorgung in der Diskussion um Daseinsvorsorge, S. 155; ders, Empfiehlt es sich, das Recht der öffentlichen Unternehmen im Spannungsfeld von öffentlichem Auftrag und Wettbewerb national und gemeinschaftsrechtlich neu zu regeln?, S. O 58f.; Cronauge, Geschäftsführer des VKU, Privatisierung aus Sicht der kommunalen Unternehmen, S. 163.

keitsbindungen möglichst frei gemäß den Bedingungen des Wettbewerbs wirtschaftlich handeln zu können, wächst.[581]

Die Beschränkungen, denen die kommunalen Unternehmen unterliegen, werden von diesen als Diskriminierung und deshalb als Verstoß gegen das Gemeinschaftsrecht angesehen, weil dieses die Mitgliedstaaten zur Gleichbehandlung öffentlicher und privater Unternehmen verpflichte. Außerdem würden diese Beschränkungen einen fairen Wettbewerb verhindern. Da ein System des unverfälschten Wettbewerbs aber von der Gemeinschaft angestrebt wird, ziehen sie zur Begründung ihrer Forderungen gemeinschaftsrechtliche Regelungen heran. So wird angeführt, es widerspräche dem Wettbewerbsprinzip, kommunale Unternehmen nur subsidiär am Wettbewerb teilnehmen zu lassen. Vielmehr entspräche es dem Grundsatz eines freien Wettbewerbs, kommunale und private Unternehmen chancengleich zum Wettbewerb zuzulassen und den Kunden dann entscheiden zu lassen, wessen Leistung er in Anspruch nehmen will. Schließlich könne ja nur dieser im Wettbewerb entscheiden, wessen Leistung er präferiert, mithin welche Leistung besser und wirtschaftlicher ist.[582]

Um die aus Sicht der kommunalen Unternehmen bestehende Ungerechtigkeit zu illustrieren, die aus der Bindung an die Restriktionen des nationalen Rechts im Wettbewerb resultieren soll, wird auch immer wieder das folgende oder ein vergleichbares Beispiel angeführt:
Aufgrund des national verankerten Territorialitätsprinzips ist es den deutschen Kommunen grundsätzlich verwehrt, sich auf den Gebieten von Nachbargemeinden zu betätigen. Nun kann es aber in grenznahen Gebieten dazu kommen, dass sich ein ausländischer Konkurrent als Versorger auf dem Gebiet der Nachbargemeinde betätigt, diese beispielsweise mit Strom versorgt, und damit genau das tut, was den deutschen Kommunen verboten ist. Der Stromversorger des anderen Mitgliedstaats ist nicht an die deutschen Gesetze gebunden und somit den deutschen kommunalen Unternehmen gegenüber im Vorteil. Dieser Konkurrent kann auch ein staatliches Unternehmen sein, weil für diese die deutschen gemeindewirtschaftlichen Beschränkungen nicht gelten und im Übrigen die Einschränkung ihrer Betätigung auch aufgrund des Gemeinschaftsrechts unmöglich wäre. Im konkreten Fall führt dies dazu, dass die nationalen Restriktionen der wirtschaftlichen Betätigung der kommunalen Unternehmen diese schlechter stellen als ausländische öffentliche Unternehmen (sog. Inländerdiskriminierung). Die kommunalen Unternehmen fühlen sich deshalb nicht nur im Wettbewerb mit Privaten

---

[581] Vgl. Steckert, Der Städtetag 1996, S. 284.
[582] So verschiedene mündliche Stellungnahmen auf dem 64. Deutschen Juristentag im September 2002 in Berlin.

benachteiligt, sondern auch gegenüber öffentlichen Unternehmen anderer Mitgliedstaaten.

Hinsichtlich der Wettbewerbssituation mit den privaten Unternehmen sehen sich die kommunalen Unternehmen dadurch benachteiligt, dass sie nicht dieselben Möglichkeiten haben, am Wettbewerb teilzunehmen. Sie bemängeln, dass keine Chancengleichheit gewährleistet sei, da sie durch die nationalen Beschränkungen, denen sie unterliegen, wie z.b. Subsidiaritätsprinzip oder Territorialitätsgrundsatz, gegenüber den Privaten im Nachteil sind.

Die Vertreter der kommunalen Unternehmen meinen, dass sich aus dem Gemeinschaftsrecht ergäbe, dass sie im Wettbewerb mit den Privaten gleichzustellen seien.[583] Einerseits werden ihnen unter Berufung auf die Gleichstellung im Wettbewerb, die aus der Nähe zum Staat resultierenden Vorteile gestrichen. Was die Nachteile gegenüber privaten Wettbewerbern betrifft, so sind die öffentlichen Unternehmen in der Bundesrepublik immer an den öffentlichen Zweck – also an Gemeinwohlverpflichtungen – gebunden und können nur auf dieser Grundlage tätig werden. Auch sind sie in ihrem Wirkungskreis auf das Gemeindegebiet beschränkt, was ihnen die Perspektive einer wirkungsvollen Teilnahme am landes- oder gar europaweiten Wettbewerb verschließt.[584] Von kommunaler Seite wird zur Beseitigung der nur für die kommunalen Unternehmen geltenden Beschränkungen argumentiert, dass das Gemeinschaftsrecht mit seinen Wettbewerbsregeln darauf abziele, gleiche Wettbewerbsbedingungen für alle Wettbewerbsteilnehmer zu schaffen. Daraus sei nicht nur zu folgern, dass die Vorteile, die kommunale Unternehmen gegenüber privaten haben, zu streichen sind, sondern daraus müsse auch gefolgert werden, dass die kommunalen Unternehmen gegenüber den privaten nicht durch nationale Restriktionen benachteiligt sein dürften. Die kommunalen Unternehmen wollen eine absolute Gleichstellung dergestalt, dass ihnen aus der Nähe zum Staat auch keine Nachteile gegenüber den Privaten erwachsen sollen.

Fraglich ist, ob das Gemeinschaftsrecht eine derartige Gleichbehandlung von kommunalen und privaten Unternehmen vorsieht. Unstreitig verpflichtet das Europarecht selbst nicht zur Verfolgung eines öffentlichen Zwecks und es enthält auch keine Subsidiaritätsklausel für öffentliche Unternehmen. Auch einer überörtlichen, ja grenzüberschreitenden Wettbewerbsteilnahme kommunaler Unterneh-

---

[583] Vgl. z.B. Schöneich, Empfiehlt es sich, das Recht der öffentlichen Unternehmen im Spannungsfeld von öffentlichem Auftrag und Wettbewerb national und gemeinschaftsrechtlich neu zu regeln?, S. O 56.

[584] Bundesvereinigung der kommunalen Spitzenverbände, Stellungnahme in: Informationen Hessischer Städtetag, 2001, S.49.

men stehen aus Sicht des Gemeinschaftsrechts keine Hindernisse entgegen.[585] Zu prüfen ist, ob das Gemeinschaftsrecht darüber hinaus eine Abschaffung der Beschränkungen kommunalen Wirtschaftens gebietet. Dies wäre der Fall, wenn das Gemeinschaftsrecht eine völlige Gleichstellung von kommunalen und privaten Unternehmen gebietet.

a) Art. 86 EG

Der Grundsatz der Gleichbehandlung von kommunalen und privaten Unternehmen im Wettbewerbrecht könnte sich aus Art. 86 EG ergeben.[586] Die Vorschrift des Art. 86 EG zielt darauf ab, sicherzustellen, dass die Mitgliedstaaten ihren Einfluss auf öffentliche Unternehmen nicht in vertragswidriger Weise ausnutzen.[587] Art. 86 EG ist eine Ausprägung des Grundsatzes, dass die Mitgliedstaaten das Prinzip des unverfälschten Wettbewerbs gem. Art. 3 Abs. 1 lit. g) zu respektieren haben.[588] Die Vorschrift des Art. 86 Abs. 2 EG gilt jedoch nur für wettbewerbswidrige Verhaltensweisen der Unternehmen selbst und nicht für staatliche Maßnahmen.[589]

Durch Art. 86 EG wird das Verhalten der Mitgliedstaaten als Unternehmer erfasst.[590] Es ist die einzige Vorschrift des Vertrages, in der öffentliche Unternehmen genannt werden. Die Bindung der öffentlichen Unternehmen an das Gemeinschaftsrecht ist deshalb so wichtig, damit sich die Mitgliedstaaten nicht selbst einen den Gemeinschaftszielen widersprechenden Freiraum verschaffen, indem sie öffentliche Unternehmen zum Einsatz bringen. Die Bindung der öffentlichen Unternehmen an das Gemeinschaftsrecht soll somit verhindern, dass sich die Mitgliedstaaten unter Zuhilfenahme von öffentlichen Unternehmen den gemeinschaftsrechtlichen Wettbewerbsregeln entziehen[591] und so das Gemeinschaftsrecht unterwandert werden könnte.

---

[585] Burgi, in: VerwArch 2002, S. 264.

[586] Teilweise wird die Forderung auf Gleichstellung von öffentlichen und privaten Unternehmen auch auf Art. 3 Abs. 2 EG gestützt, vgl. Nagel, Gemeindeordnung als Hürde?, S. 48f, 54f, 71f,74, ders., in: NVwZ 2000, 761. Da Art. 86 EG als speziellere Vorschrift dieser Regelung vorgeht, soll hier auf Art. 3 Abs. 2 EG nicht eingegangen werden.

[587] Hochbaum, in: GTE, Kommentar zum EU-/EG-Vertrag, Art. 86 Rn. 4.

[588] von Burchard, in: Schwarze, EU-Kommentar, Art. 86 Rn. 5.

[589] EuGH (Urteil v. 13.12.1991), Rs. C-18/88, (RTT), Slg. 1991, I-5941, Rn. 20; EuGH (Urteil v. 19.05.1993), Rs. C-320/91, Slg. 1993, I-2533, Rn. 10.

[590] Hochbaum, in: GTE, Kommentar zum EU-/EG-Vertrag, Art. 86 Rn. 4.

[591] Hochbaum, in: GTE, Kommentar zum EU-/EG-Vertrag, Art. 86 Rn. 1; Weiß, in: EuR 2003, S. 169 bezeichnet die Vorschrift deshalb als „Fortsetzung des ... Gedankens des Verbots der Flucht ins Privatrecht."

Art. 86 EG erfasst den spezifischen Fall der Gefährdung des unverfälschten Wettbewerbs im Binnenmarkt dadurch, dass der Staat unternehmerisch handelt.[592] Indem die Vorschrift festlegt, dass den öffentlichen Unternehmen aus ihrer Nähe zum Staat keine Wettbewerbsvorteile erwachsen dürfen, konkretisiert sie die Gleichbehandlung von öffentlichen und privaten Unternehmen nach dem Gemeinschaftsrecht.[593] Durch Art. 86 EG sollte ein Kompromiss hergestellt werden zwischen Mitgliedstaaten mit überwiegend privatwirtschaftlich organisierter Wirtschaft und Mitgliedstaaten mit ausgeprägtem öffentlichen Sektor.[594]

Bis zum Ende der 80er Jahre wurde Art. 86 EG nur sehr begrenzt angewandt. Dass die Vorschrift danach vermehrt angewandt wurde und dementsprechend auch die Rechtsprechung zu Art. 86 EGV angewachsen ist, resultiert nicht zuletzt aus der zunehmenden Regulierung der Wirtschaftszweige, die gerade aufgrund ihrer Staatsnähe in den Anwendungsbereich von Art. 86 EG fallen.[595] Dazu gehört insbesondere auch der Bereich der Daseinsvorsorge, so dass die Kommunalwirtschaft in Zusammenhang mit Art. 86 EG erst seit Anfang der 80er Jahre in vollem Umfang Berücksichtigung fand.[596]

Die Vorschrift des Art. 86 EG ist in zwei Absätze unterteilt, mit denen unterschiedliche Zielsetzungen verfolgt werden. Art. 86 Abs. 1 EG verfolgt die Gleichstellung zwischen öffentlichen und privaten Unternehmen[597] sowie die Verhinderung einer mittelbaren Vertragsverletzung durch die Mitgliedstaaten über ihren beherrschenden Einfluss auf öffentliche Unternehmen.[598] Die Ausnahmeregelung des Art. 86 Abs. 2 EG hingegen soll einen Ausgleich zwischen Allgemeinwohlinteressen einerseits und Liberalisierungspolitik andererseits herbeiführen.[599] Sucht man also nach einer Regelung, die die Forderung der kommunalen Unternehmen auf Abschaffung der nationalen Restriktionen unter Berufung auf den Gleichheitssatz stützt, könnte diese allenfalls in Abs. 1 von Art. 86 EG enthalten sein.

---

[592] Jung, in: Callies/Ruffert, Kommentar zu EUV und EGV, Art. 86, Rn. 1.
[593] Jung, aaO, Art.86 Rn.3.
[594] von Burchard, in: Schwarze, EU-Kommentar, Art. 86 Rn. 1.
[595] von Burchard, aaO.
[596] Ambrosius, in: Daseinsvorsorge und öffentliche Dienstleistungen in der EU, S. 27.
[597] Ob dies nur die Gleichstellung dergestalt erfasst, dass die öffentlichen Unternehmen den Wettbewerbsregeln genauso wie die privaten Unternehmen unterliegen oder auch eine Chancengleichheit der öffentlichen Unternehmen dergestalt gewährleisten soll, dass diese im Wettbewerb gegenüber den privaten Unternehmen nicht benachteiligt werden, soll an späterer Stelle erörtert werden, vgl. dazu unter E I 3.
[598] EuGH (Urteil v. 06.07.1982), Verb. Rs. 188-190/80, (Transparenzrichtlinie), Slg. 1982, 2545, Rn. 26; EuGH (Urteile v. 23.10.1997) Rs. C-157-159/94, (Kommission/Frankreich, Italien, Niederlande), Slg. 1997, I-5815, Rz. 47; 5699, Rz. 30; 5789, Rz. 41.
[599] Jung, in: Callies/Ruffert, Kommentar zu EUV und EGV, Art. 86, Rn. 3.

aa) Art. 86 Abs. 1 EG

Zwischen den in Art. 86 Abs. 1 EG genannten Unternehmen und den jeweiligen Mitgliedstaaten besteht eine Sonderbeziehung, die auf dem beherrschenden öffentlichen Einfluss hinsichtlich öffentlicher Unternehmen oder auf der Gewährung von Sonderrechten an öffentliche oder private Unternehmen beruht. In dieser Situation manifestiert Art. 86 Abs. 1 EG die besondere Verantwortung der Mitgliedstaaten, nicht durch Maßnahmen in Bezug auf diese Unternehmen grundlegende Prinzipien des EG-Vertrages wie das Diskriminierungsverbot, die Wettbewerbsregeln und z.b. auch die Binnenmarktregeln zu verletzen oder zu gefährden.[600]

Durch Art. 86 Abs.1 EG wird zunächst festgelegt, dass die Mitgliedstaaten bei der Gewährung ausschließlicher Rechte an öffentliche Unternehmen, der Anwendung des Kartell- und Beihilfenrechts nicht entzogen sind.[601] Zwar lässt der EG-Vertrag laut Art. 295 EG die Eigentumsordnung in den Mitgliedstaaten unberührt und erlaubt damit die Unterhaltung öffentlicher Unternehmen durch die Mitgliedstaaten. Nach Art. 86 Abs. 1 EG darf es für diese jedoch keine Sonderbehandlung geben, insbesondere keine den Regeln des Vertrages widersprechenden Maßnahmen. Daraus ist von Wissenschaft und Praxis das Prinzip der Gleichbehandlung öffentlicher und privater Unternehmen abgeleitet worden.[602]

Adressaten der Regelung des Art. 86 Abs. 1 EG sind neben den staatlichen Ebenen auch die Ebenen der Provinzen, Regionen und Gemeinden.[603] Kein Adressat von Art. 86 EG sind hingegen die Unternehmen, für diese gelten die Vorschriften der Art. 81 und 82 EG.[604] Art. 86 EG gilt also nur hinsichtlich von Maßnahmen, die die Mitgliedstaaten gegenüber den Unternehmen treffen, nicht jedoch bei wettbewerbswidrigem Verhalten der Unternehmen selbst.[605]

Durch Art. 86 Abs. 1 EG soll die Staatswirtschaft in den verschiedenen Mitgliedstaaten und damit auch die öffentlichen Unternehmen in die Wettbewerbsordnung der Gemeinschaft einbezogen werden.[606] Es sollen die Unternehmen erfasst werden, die eine besondere Rechtsbeziehung zum Staat haben, welche sich von

---

[600] Dohms, Die Vorstellungen der Kommission zur Daseinsvorsorge, S. 55.

[601] Els, Daseinsvorsorge und öffentliche Dienstleistungen in der EU, S.127.

[602] Vgl. dazu Püttner, in: ZögU 2000, S. 373, ders., in: DÖV 2002, S. 732, EuGH (Urteil v. 21.03.1991), Rs. C 303/88, (Textilbeihilfen), Slg. 1991, I-1433, Rn. 19.

[603] EuGH (Urteil v. 04.05.1988) Rs. 30/87 (Pompes Funèbres), Slg. 1988, 2479, Rn.33.

[604] von Burchard, in: Schwarze (Hrsg.), EU-Kommentar, zu Art. 86 Rn.10.

[605] von Burchard, aaO, Art. 86 Rn. 7.

[606] Jung, in: Callies/Ruffert, Kommentar zu EUV und EGV, Art. 86, Rn. 10.

der Rechtsposition sonstiger Unternehmen deutlich unterscheidet.[607] Grund für die Regelung des Art. 86 Abs. 1 EG ist der Einfluss, den der Staat auf seine Unternehmen hat.[608]

Durch Art. 86 Abs. 1 EG soll verhindert werden, dass die Mitgliedstaaten aus ihren Beziehungen zu den in der Vorschrift genannten Unternehmen Nutzen in dem Sinne ziehen, dass sie die Verbote der Vorschriften des Vertrages, deren Adressaten sie unmittelbar sind, wie Art. 28, 29 und 31 EG, umgehen, indem sie diese Unternehmen zu einem Verhalten veranlassen oder verpflichten, welches als ihr eigenes Verhalten diesen Vorschriften widersprechen würde.[609] Die Mitgliedstaaten haben, soweit sie sich über öffentliche Unternehmen am Wettbewerb beteiligen, dafür zu sorgen, dass diese sich den Wettbewerbsregeln genauso wenig entziehen können wie private Unternehmen.[610]

bb) Gleichbehandlungsgebot des Art. 86 Abs. 1 EG

Aus Art. 86 Abs. 1 EG wird das Gebot der umfassenden Gleichbehandlung von öffentlichen und privaten Unternehmen im Gemeinschaftsrecht hergeleitet.[611] Durch Art. 86 Abs. 1 EG soll gewährleistet werden, dass die öffentlichen Unternehmen mit den privaten Unternehmen gleichgestellt werden und Chancengleichheit im Wettbewerb herrscht.[612] Öffentliche und private Unternehmen haben gleichermaßen alle Vorschriften des Gemeinschaftsrechts, insbesondere des Wettbewerbsrechts zu beachten. Außerdem werden alle staatlichen Maßnahmen in Bezug auf öffentliche und private Unternehmen gleichbehandelt. Dies gilt zum Beispiel für staatliche Beihilfen zugunsten von öffentlichen und zugunsten von privaten Unternehmen. Unzweifelhaft enthält Art. 86 Abs. 2 EG also ein Verbot, öffentliche Unternehmen aufgrund ihrer Nähe zur öffentlichen Hand mit Vorteilen auszustatten, die den Wettbewerb verfälschen würden.[613]

Fraglich ist, ob das Gleichstellungsgebot auch eine Gleichstellung dergestalt beabsichtigt und gebietet, dass öffentliche Unternehmen aufgrund ihrer Nähe zum Staat auch keine Nachteile im Wettbewerb gegenüber privaten Unternehmen

---

[607] Jung, aaO, Art. 86, Rn. 15.
[608] von Burchard, in: Schwarze, EU-Kommentar, Art. 86 Rn. 8.
[609] von Burchard, aaO, Art. 86 Rn. 8.
[610] Jung, in: Callies/Ruffert, Kommentar zu EUV und EGV, Art. 86, Rn. 3.
[611] Vgl. z.B. Püttner, in: DÖV 2002, S. 732; Dohms, Die Vorstellungen der Kommission zur Daseinsvorsorge, S. 54f., Cox, Zur Organisation der Daseinsvorsorge in Europa, S. 32; Burgi, in: VerwArch 2002, S. 263; Weiß, in EuR 2003, S. 172.
[612] Burgi, in: VerwArch 2002, S. 263.
[613] Dohms, Die Vorstellungen der Kommission zur Daseinsvorsorge, S. 54.

haben dürfen (sog. umgekehrtes Diskriminierungsverbot). Würde die Regelung des Art. 86 Abs. 1 EG ein derartiges Gebot enthalten, so könnten sich die öffentlichen Unternehmen darauf berufen und in Anstrebung einer Gleichstellung mit den privaten Unternehmen die Abschaffung der ihr wirtschaftliches Tätigwerden beschränkenden kommunalrechtlichen Restriktionen verlangen.

cc) Absolutes Gleichbehandlungsgebot?

Es stellt sich die Frage, ob Art. 86 Abs. 1 EG ein absolutes Gleichbehandlungsgebot im Sinne eines umgekehrten Diskriminierungsverbots enthält. Dafür könnte sprechen, dass es für den Wettbewerb gut ist, möglichst viele und vor allem gleichberechtigte Wettbewerber zu haben. Jede Intensivierung des Wettbewerbs durch zusätzliche Marktteilnehmer – unabhängig davon, ob dies öffentliche oder private Unternehmen sind – fördert das wettbewerbliche Verteilungsverfahren.[614] Da die Abschaffung der für die kommunalen Unternehmen geltenden Beschränkungen diesen eine bessere und auch räumlich unbegrenzte Möglichkeit gäbe, am Wettbewerb teilzunehmen, würde durch eine absolute Gleichstellung der Wettbewerb intensiviert. In Hinblick auf das Ziel, einen möglichst lebhaften Wettbewerb zu erreichen, könnte die absolute Gleichstellung zwischen kommunalen und privaten Unternehmen somit geboten sein.

Die Gründe, die gegen ein absolutes Gleichbehandlungsgebot sprechen, überwiegen das Wettbewerbsargument jedoch bei Weitem. Gegen ein absolutes Gleichstellungsgebot spricht, dass die Regelung der Wirtschaftspolitik in der Kompetenz der Mitgliedstaaten verblieben ist. Betrachtet man dies in Zusammenhang mit der aus Art. 295 EG folgenden gemeinschaftsrechtliche Neutralität in Bezug auf die Form der Unternehmensorganisation, so kann Art. 86 Abs. 1 EG gar kein absolutes Gleichstellungsgebot beinhalten. Dass die Gemeinschaft neutral gegenüber der mitgliedstaatlichen Unternehmensorganisation ihrer öffentlichen Unternehmen ist, bedeutet nicht nur, dass die Mitgliedstaaten öffentliche Unternehmen einrichten dürfen, ohne dass dies vom Gemeinschaftsrecht tangiert wird. Es bedeutet weiterhin, dass die Art und Weise wie die Mitgliedstaaten die Leistungserbringung durch öffentliche Unternehmen ausgestaltet haben, nicht vom Gemeinschaftsrecht beeinflusst werden kann.

Es ist Bestandteil der nationalen Wirtschaftpolitik, für die die Gemeinschaft gar keine Regelungskompetenz besitzt, festzulegen, unter welchen Umständen öffentliche Unternehmen am Wirtschaftleben teilnehmen dürfen. Das bedeutet, dass Art. 86 Abs. 1 EG nicht nur kein absolutes Gleichstellungsverbot enthält, sondern

---
[614] Storr, Der Staat als Unternehmer, S. 268.

dass die Regelung dies auch gar nicht könnte bzw. dürfte, da die Gemeinschaft keine Regelungskompetenz für diesen rein innerstaatlichen Sachverhalt der Restriktion öffentlicher Unternehmen besitzt. Würde die Gemeinschaftsregelung festlegen, wie kommunale Unternehmen im Wettbewerb gestellt werden müssen, das heißt, dass sie nicht durch gemeinderechtliche Restriktionen gegenüber den privaten Unternehmen benachteiligt werden dürften, so würde die Gemeinschaft in die Regelung der nationalen Wirtschaftspolitik eingreifen, wozu sie unstreitig keine Kompetenz hat.

Da die Gemeinschaft keine Kompetenz zur Regelung der nationalen Wirtschaftpolitik besitzt und im Übrigen in Bezug auf die Eigentumszuordnung, zu der neben der Regelung ob öffentliche Unternehmen eingesetzt werden, auch die Frage gehört, wie und unter welchen Bedingungen diese tätig werden können, neutral ist, kann und darf die Regelung des Art. 86 Abs. 1 EG kein absolutes Gleichheitsgebot enthalten. Die Gemeinschaft ist nicht nur „blind"[615] für den inneren Staatsaufbau der Mitgliedstaaten, sondern hat für diesen auch keine Regelungskompetenz.

Im Übrigen ist auch auf Gemeinschaftsebene anerkannt, dass die öffentlichen Unternehmen ein wichtiges Steuerungsinstrument der Mitgliedstaaten darstellen.[616] Wenn nun auf Gemeinschaftsebene geregelt werden würde, wie die öffentlichen Unternehmen zu behandeln sind, würde die Gemeinschaft den Mitgliedstaaten die Steuerung ein Stück weit aus der Hand nehmen. Gerade dies ist durch die Gemeinschaft aber nicht beabsichtigt, da diese, wie angeführt, die Bedeutung der öffentlichen Unternehmen als Steuerungsinstrument der Mitgliedstaaten auf der Gemeinschaftsebene anerkannt hat.

Auch die Zielsetzung des Art. 86 Abs. 1 EG macht deutlich, dass mit dieser Vorschrift keine absolute Gleichstellung angestrebt war. Ziel des Art. 86 Abs. 1 EG war die Gleichstellung von öffentlichen Unternehmen im Wettbewerb mit privaten Unternehmen dergestalt, dass die öffentlichen Unternehmen durch ihre Nähe zum Staat keine Vorteile haben sollten, die den Wettbewerb verfälschen. Art. 86 EG erfasst den spezifischen Fall der Gefährdung des unverfälschten Wettbewerbs im Binnenmarkt dadurch, dass der Staat unternehmerisch handelt. Wenn nun die kommunalen Unternehmen durch gemeinderechtliche Restriktionen an einer gleichberechtigten Wettbewerbsteilnahme gehindert werden, so verschlechtert dies zwar die Möglichkeiten der öffentlichen Unternehmen am Wettbewerb zu partizipieren, verfälscht aber nicht den Wettbewerb auf europäi-

---

[615] So Storr, Der Staat als Unternehmer, S. 268, unter Berufung auf Huber, Recht der Europäischen Integration, S. 82.
[616] EuGH (Urteil v. 23.10.1997) Rs.159/94 (Ein- und Ausfuhrmonopole bei Strom und Gas), Slg.1997, I-5815, Rn.55.

scher Ebene. Das Gemeinschaftsrecht strebt deshalb auch keine umfassende Gleichbehandlung öffentlicher und privater Unternehmen an, sondern begnügt sich mit einem prinzipiellen Verbot der Schlechterstellung privater Unternehmen. Das Gemeinschaftsrecht steht einer staatlichen Selbstbeschränkung nicht entgegen.[617]

Art. 86 Abs. 1 EG enthält somit nur ein einseitiges Gleichheitsgebot und schützt folglich die öffentlichen Unternehmen nicht vor einer Schlechterstellung im Wettbewerb durch nationale Rechtsvorschriften.[618]

b) Art. 16 EGV

Kein anderes Ergebnis ergibt die Auslegung von Art. 16 EG. Auch aus dieser Vorschrift lässt sich kein „umgekehrtes Diskriminierungsverbot" herleiten. Zwar erkennt Art. 16 EG die Dienste von allgemeinem wirtschaftlichen Interesse an, dies aber gerade unabhängig von einem besonderen Leistungserbringer, sog. „Trägerneutralität"[619]. Soweit Ausnahmen zwischen kommunalen und privaten Unternehmen unter dem Aspekt der Erfüllung von Daseinsvorsorgeaufträgen gemacht werden, hat dies nichts mit dem Typ des Unternehmen (öffentlich oder privat), sondern nur mit der zu erfüllenden Aufgabe zu tun.[620]

Auch soll Art. 16 EG gerade keine Auswirkungen auf die nationale Ausgestaltung der Dienste von allgemeinem wirtschaftlichen Interesse haben. Vielmehr bezieht die Vorschrift sich auf diese Dienste, die – in Deutschland – von den kommunalen Unternehmen nur unter gewissen Beschränkungen erbracht werden dürfen. Art. 16 EG trifft keine Aussage zu den Beschränkungen, denen kommunale Unternehmen unterliegen, da die Bezugnahme auf die Dienste von allgemeinem wirtschaftlichen Interesse gerade die kommunalwirtschaftlichen Beschränkungen enthält, denn den Inhalt dieser Dienste festzulegen, fällt gerade nicht in die Kompetenz der Gemeinschaft, sondern in die der Mitgliedstaaten. Art. 16 EG soll die Dienste von allgemeinem wirtschaftlichen Interesse in der Europäischen Gemein-

---

[617] Ehlers, Empfiehlt es sich, das Recht der öffentlichen Unternehmen im Spannungsfeld von öffentlichem Auftrag und Wettbewerb national und gemeinschaftsrechtlich neu zu regeln?, S. E 65f; Weiß, in: EuR 2003, S. 173: „Diese grundsätzliche Gleichstellung kann man jedoch nicht als allgemeines Gleichbehandlungsgebot öffentlicher und privater Unternehmen mit der maßgeblichen Folge verstehen, dass jede Beschränkung, die nur und spezifisch öffentliche Unternehmen träfe, vom Gemeinschaftsrecht verboten wäre."

[618] So auch Storr, Der Staat als Unternehmer, S. 258; Weiß, in: EuR 2003, S. 172 schlägt deshalb vor, „Art. 86 Abs. 1 EG besser als Verbot der Besserstellung öffentlicher Unternehmen" zu bezeichnen. Auch Streinz-Koenig/Kühling, EUV/EGV, Art. 86 Rn. 2 sprechen von einem „Besserstellungsverbot für öffentliche und privilegierte Unternehmen".

[619] Dieser Begriff geht zurück auf Burgi, in: VerwArch 2002, S. 266.

[620] Dohms, Die Vorstellungen der Kommission zur Daseinsvorsorge, S. 54f.

schaft stärken. Die Vorschrift soll hingegen nicht in die mitgliedstaatliche Ausgestaltung dieser Dienste eingreifen.

Teilweise wird vertreten, aus Artikel 16 EG lasse sich das Verbot ableiten, öffentliche Unternehmen gegenüber privaten Unternehmen allein deshalb schlechter zu stellen, weil sie allein oder überwiegend von der öffentlichen Hand gehalten werden. Auch diese Ansicht führt aber nicht dazu, dass kommunale und private Unternehmen gleich zu behandeln sind. Denn das Verbot bezieht sich allein auf die gemeinschaftsrechtliche Ebene.[621] Dass bedeutet, dass kommunale und öffentliche Unternehmen im *Gemeinschaftsrecht* gleich zu behandeln sind und dass dieses Recht die kommunalen Unternehmen nicht sie benachteiligenden Regelungen unterstellen darf, nur weil sie eine besondere Nähe zur öffentlichen Hand haben. Auf die Rechtslage im nationalen Rechtsraum hat dies also gerade keine Auswirkungen.

Auch wenn das Gemeinschaftsrecht eine Ausstrahlungswirkung in das nationale Recht haben kann,[622] ergibt sich daraus keine Schlussfolgerung dergestalt, dass die gemeinschaftsrechtlichen Regelungen dazu zwängen, die öffentlichen Unternehmen auch nach den nationalen Vorschriften den privaten Unternehmen gleichzustellen, z.B. durch die Abschaffung des Territorialitätsprinzips oder des öffentlichen Zwecks. Denn dadurch würde die Gemeinschaft in nationale Regelungskompetenzen eingreifen, wozu sie keine Ermächtigungsgrundlage hat.

c) Unmöglichkeit der Abschaffung nationaler Restriktionen für kommunale Unternehmen durch Gemeinschaftsrecht wegen Art. 295 EG

Auch die Regelung des Art. 295 EG belegt, dass das Gemeinschaftsrecht keine Abschaffung der nationalen Restriktionen kommunalen Wirtschaftens gebietet bzw. gebieten kann.

Art. 295 EG bestimmt, dass durch den Gemeinschaftsvertrag die Eigentumsordnung der Mitgliedstaaten unberührt bleibt. Allerdings berührt bzw. verhindert dies nicht die Bindung der kommunalen Unternehmen an das übrige Gemeinschaftsrecht, denn ungeachtet ihres (öffentlich- oder privatrechtlichen) Status, bleiben sie an die übrigen Normen des Vertrags gebunden.[623] Die in Art. 295 EG festgeschriebene Neutralität bedeutet, dass der Gemeinschaftsvertrag nicht in die wirt-

---

[621] Börner, ZögU 2002, S. 196.
[622] Börner, aaO.
[623] Kingreen, in: Callies/Ruffert, EGV/EUV-Kommentar, Art. 295 Rn. 12; Mitteilung der Kommission vom 20.9.2000, Leistungen der Daseinsvorsorge in Europa, KOM (2000), 580 endg., AB1EG 2001 Nr. C 17, Rz. 21.

schaftspolitisch motivierte Eigentumszuordnung in private oder öffentliche Trägerschaft eingreift.[624] Den Mitgliedstaaten wird die gemeinschaftsrechtliche Neutralität in Bezug auf die Form der Unternehmensorganisation – öffentlich-rechtlich oder privatrechtlich – garantiert.[625] Ihnen soll die Befugnis zur Eigentumszuordnung als Bestandteil der Wirtschaftspolitik erhalten bleiben.[626] An diesem Grundsatz der Neutralität der Gemeinschaft gegenüber öffentlichen und privaten Unternehmen hat die Kommission in ihrer erneuerten Mitteilung zu Leistungen der Daseinsvorsorge aus dem Jahr 2000[627] ausdrücklich festgehalten.

Das Gemeinschaftsrecht selbst kennt zwar keine öffentliche Wirtschaft, deren Aufgabe die Erbringung von Leistungen der Daseinsvorsorge ist.[628] Es erkennt jedoch die diesbezüglich in den Mitgliedstaaten existierende Situation an. Denn die in Art. 295 EG gewährleistete Neutralität der Gemeinschaft gegenüber dem Eigentum bedeutet auch, hinsichtlich der Erbringung von Daseinsvorsorgeleistungen, eine Neutralität gegenüber der rechtlichen Organisationsform des Leistungsanbieters.[629]

In Bezug auf die Erbringung von Leistungen der Daseinsvorsorge bedeutet dies, dass auch die Frage, wie die Leistungserbringung in den einzelnen Mitgliedstaaten ausgestaltet ist, aufgrund der Neutralität der Gemeinschaft nicht vom Gemeinschaftsrecht erfasst sein kann. Denn nicht nur die Entscheidung, dass öffentliche Unternehmen Leistungen der Daseinsvorsorge erbringen sollen, sondern auch, wie diese Erbringung aussehen soll, ist Bestandteil der mitgliedstaatlichen Wirtschaftspolitik, in die das Gemeinschaftsrecht gerade nicht eingreift.[630] In Deutschland hat sich der Gesetzgeber entschieden, kommunale Unternehmen zwar Leistungen der Daseinsvorsorge erbringen zu lassen, aber eben nur mit bestimmten Beschränkungen. Auch dies ist Bestandteil der Eigentumszuordnung als Bestandteil der Wirtschaftspolitik und insofern steht die Gemeinschaft auch

---

[624] Kingreen, in: Callies/Ruffert, EGV/EUV-Kommentar, Art. 295 Rn. 11.

[625] Mitteilung der Kommission vom 20.9.2000, Leistungen der Daseinsvorsorge in Europa, Dokument KOM (2000), 580 endg., AB1EG 2001 Nr. C 17, Rz. 21.

[626] Kingreen, in: Callies/Ruffert, EGV/EUV-Kommentar, Art. 295 Rn. 3.

[627] Mitteilung der Kommission zu „Leistungen der Daseinsvorsorge in Europa", v. 20.9.2000, KOM (2000) 580 endg.
AB1EG 2001 Nr. C 17 Tz. 21.

[628] Harms, Daseinsvorsorge im Wettbewerb, S.30.

[629] Löwenberg, Service public und öffentliche Dienstleistungen in Europa, S. 259.

[630] Zumindest solange die Regeln des Gemeinschaftsrechts, insbesondere die Wettbewerbsvorschriften, eingehalten werden.

diesen Beschränkungen neutral gegenüber, solange die Regeln des Vertrages eingehalten werden.[631]

Im Übrigen würde sonst auch die gemeinschaftliche Anerkennung des Einsatzes von öffentlichen Unternehmen als Instrumente der Steuerungspolitik sinnentleert. Es ist durch die Rechtsprechung des EuGH abgesichert[632], dass die Mitgliedstaaten das Recht haben, sowohl öffentliche als auch private Unternehmen als Instrumente der Wirtschafts- und Fiskalpolitik einzusetzen, um auf diese Weise die eigenen Ziele ihrer staatlichen Politik zu verfolgen und dabei u.a. Daseinsvorsorge für die Bevölkerung zu organisieren und zu gewährleisten. Dieses Recht würde völlig ausgehöhlt, wenn man den Mitgliedstaaten nicht auch die Regelung überlassen würde, wie die kommunalen Unternehmen am Wettbewerb teilnehmen dürfen (solange nicht gegen Regeln des Gemeinschaftsvertrages verstoßen wird). Denn die Steuerung findet ihre Grundlage nicht nur darin, dass überhaupt öffentliche Unternehmen eingesetzt werden, sondern auch darin, wie dieser Einsatz ausgestaltet ist. In dem Moment, in dem die Mitgliedstaaten dies nicht mehr regeln können, sondern durch das Gemeinschaftsrecht in die gemeinderechtlichen Beschränkungen eingegriffen wird, stehen den Mitgliedstaaten die kommunalen Unternehmen auch nicht mehr vollständig als Steuerungsinstrument zur Verfügung.

Es ergibt sich aus dem Gemeinschaftsrecht somit nicht, dass die Beschränkungen der kommunalen Unternehmen abzuschaffen sind.[633]

---

[631] In diesem Sinne auch Borchardt, Empfiehlt es sich, das Recht der öffentlichen Unternehmen im Spannungsfeld zwischen öffentlichem Auftrag und Wettbewerb national und gemeinschaftsrechtlich neu zu regeln?, S. O 10: „Die eigentumspolitische Neutralität bleibt in ihrer Wirkung vielmehr auf die bloße Eigentumsordnung beschränkt, weitergehende Aussagen über die wettbewerbsrechtliche Behandlung der Erbringung gemeinwohlorientierter Leistungen lassen sich dieser Garantie nicht entnehmen."

[632] EuGH (Urteil v. 23.10.1997), Rs. C-159/94, (Monopole bei Strom und Gas), Slg. 1997, I-5815, Rn. 55; EuGH (Urteil v. 19.03.1991), Rs. C-202/88; (Frankreich/Kommission), Slg. 1991, I-1223, Rn. 12; EuGH (Urteil v. 21.09.1999), Rs. C-67/96, (Albany) Slg. 1999, I-5863, Rn. 103; EuGH (Urteil v. 21.09.1999), Rs. C-115/97, (Brentjens Handelsoderneming)), Slg. 1999, I- 6029, Rn. 103; EuGH (Urteil v. 21.09.1999), Rs. C-219/97, Drijvende Bokken, Slg. 1999, I-6125, Rn. 93.

[633] Zustimmend Ehlers, Empfiehlt es sich, das Recht der öffentlichen Unternehmen im Spannungsfeld von öffentlichem Auftrag und Wettbewerb national und gemeinschaftsrechtlich neu zu regeln?, S. E 129. In diesem Sinne auch Mann, in: JZ 2002, S. 823: „Das Zugeständnis weiterer Erleichterungen für öffentliche Unternehmen wäre der europäischen Idee des freien und unverfälschten Wettbewerbs abträglich."

d) Art. 36 EU-Grundrechts-Charta[634]

Nichts anderes ergibt sich aus Art. 36 der EU-Grundrechts-Charta.[635] Zwar lässt sich aus dieser Vorschrift die europapolitische Bedeutung der Dienste der Daseinsvorsorge ableiten.[636] Allerdings ist diese Bestimmung nur ein Bekenntnis zur Bedeutung der Daseinsvorsorge, verbunden mit der Sorge und dem Einsatz dafür, dass diese Dienste funktionieren und der Zugang zu ihnen gewährleistet ist.[637]

Dass sich aus Art. 36 der Grundrechtscharta keine Neuerung in Bezug auf die Daseinsvorsorge im Verhältnis zum Gemeinschaftsvertrag ergibt, wird auch dadurch deutlich, dass die Vorschrift, ausweislich der Erläuterung zur Grundrechtscharta, Art. 16 EG achten und kein neues Recht begründen soll.[638]

e) Problem der umgekehrten bzw. Inländerdiskriminierung

Fraglich ist, ob diese Lösung nicht angesichts der sog. Inländerdiskriminierung (discrimination à rebours) zumindest bedenklich ist. Die kommunalen Unternehmen sind ja nicht nur schlechter gestellt als ihre privaten Konkurrenten, sondern unter Umständen auch schlechter als ihre staatlichen Konkurrenten aus anderen Mitgliedstaaten, da für diese die nationalen Restriktionen für kommunale Unternehmen nicht gelten.[639] Dies könnte einen Verstoß gegen das allgemeine Diskriminierungsverbot des Gemeinschaftsrechts nach Art. 12 EG bzw. die spezielleren Diskriminierungsverbote der Grundfreiheiten darstellen. An diese sind auch die öffentlichen Unternehmen gebunden.[640]

Dazu ist zu sagen, dass nach dem Gemeinschaftsrecht diese sog. Inländerdiskriminierung grundsätzlich nicht verboten ist.[641] Zwar sind die eigenen Staatsange-

---

[634] ABlEG 2000 Nr. C 346, S. 1ff.

[635] Artikel 36:
Zugang zu Dienstleistungen von allgemeinem wirtschaftlichen Interesse
„Die Union anerkennt und achtet den Zugang zu Dienstleistungen von allgemeinem wirtschaftlichen Interesse, wie er durch die einzelstaatlichen Rechtsvorschriften und Gepflogenheiten im Einklang mit dem Vertrag zur Gründung der Europäischen Gemeinschaft geregelt ist, um den sozialen und territorialen Zusammenhalt der Union zu fördern."

[636] Alber, Unternehmen der Daseinsvorsorge im europäischen Wettbewerbsrecht, S. 83.

[637] Alber, aaO, S. 84.

[638] Börner, in: ZögU 2002, S. 198.

[639] Siehe dazu das obige Beispiel unter E I 3.

[640] Dies hat der Gerichtshof in Bezug auf das Diskriminierungsverbot ausdrücklich festgestellt, vgl. EuGH (Urteil v. 30.04.1974), Rs. 155/73, (Sacchi), Slg. 1974, 409 (430).

[641] So hat der Gerichtshof eine umgekehrte Diskriminierung ausdrücklich für zulässig erklärt. In der Rs. Aubertin hat er entschieden, dass es nicht gegen den Gemeinschaftsvertrag verstoße,

hörigen eines Mitgliedstaats vom Schutzbereich des Diskriminierungsverbots des Art. 12 EG erfasst, nach dem „jede Diskriminierung" aus Gründen der Staatsangehörigkeit verboten ist.[642] Dies verkennt auch der Gerichtshof nicht in den Fällen, in denen er eine Benachteiligung eigener Staatsangehöriger zulässt.[643] Allerdings gilt das Diskriminierungsverbot nicht, wenn ein rein innerstaatlicher Sachverhalt vorliegt, da dann bereits der Anwendungsbereich des Vertrages nicht eröffnet ist. Die Mitgliedstaaten dürfen ihre eigenen Staatsangehörigen grundsätzlich schlechter stellen als andere Unionsbürger, sofern es um rein innerstaatliche Sachverhalte geht, denen der Bezug zu den Freiheiten des Gemeinschaftsrechts fehlt.[644] In diesem Fall ist der Anwendungsbereich des Gemeinschaftsvertrages nicht eröffnet, so dass die Voraussetzungen für die Anwendung des allgemeinen oder eines speziellen Diskriminierungsverbots fehlt.[645] Ein solcher rein interner Sachverhalt liegt hier vor:

Es handelt sich um deutsche kommunale Unternehmen, die sich in Deutschland wirtschaftlich betätigen und sich dagegen wenden, dass sie aufgrund deutscher Vorschriften gehindert werden, unbeschränkt am Wettbewerb in Deutschland teilzunehmen. Es geht hier nicht um einen grenzüberschreitenden Sachverhalt. Die kommunalen Unternehmen begehren nicht auch im Ausland tätig sein zu dürfen. Ihr Ziel ist es, in Deutschland unbeschränkt wirtschaften zu dürfen. Auf Fälle dieser Art ist das Gemeinschaftsrecht nicht nur nicht anwendbar, die Gemeinschaft hat auch für rein innerstaatliche Sachverhalte keine Regelungskompetenz.

Das Gemeinschaftsrecht betrachtet die Mitgliedstaaten als Einheit (zu der sowohl Kommunen als auch kommunale Unternehmen gehören) und schützt sie nicht vor sich selbst. Deshalb darf der Staat nicht nur dem eigenen unternehmerischen

---

wenn ein Mitgliedstaat für die Ausübung eines Berufs durch seine eigenen Staatsangehörigen strengere Voraussetzungen verlange, als sie für die Angehörigen der anderen Mitgliedstaaten gelten, EuGH (Urteil v. 16.02.1995), Rs. C-29-35/94, (Jean-Louis Aubertin), Slg. 1995, I-301 (317); so auch Fastenrath, in JZ 1987, S. 172ff.

[642] Epiney, Umgekehrte Diskriminierungen, S. 115-122, Zuleeg, in: v. d. Groeben/Schwarze, Vertrag über die EU und Vertrag zur Gründung der EG, Art. 12, Rn. 14

[643] Zuleeg, in: Groeben/Schwarze, Vertrag über die EU und Vertrag zur Gründung der EG, Art. 12, Rn. 14.

[644] Vgl. EuGH (Urteil v. 07.02.1979), Rs. 115/78, (Knoors) Slg. 1979, 399, Rz. 24; EuGH (Urteil v. 27.10.1982), Verb. Rs. 35 und 36/82, (Morson), Slg. 1982, 3723, Rn. 14f.; EuGH (Urteil v. 16.02.1995), verb. Rs. C-29-35/94, (Aubertin), Slg. 1995, I-301, Rn. 9f.; Herdegen, Europarecht, Rz. 99. Streinz, Europarecht, Rn. 685; Bleckmann, Europarecht, Rn. 1761; Koenig/Haratsch, Europarecht, Rn. 643; Ehlers, Empfiehlt es sich das Recht der öffentlichen Unternehmen im Spannungsfeld von öffentlichem Auftrag und Wettbewerb national und gemeinschaftsrechtlich neu zu regeln?, S. E 37.

[645] Koenig/Haratsch, Europarecht, Rn. 643; vgl. dazu auch den Beitrag von Borchardt auf dem 64. DJT, in: Verhandlungen des 64. Deutschen Juristentages, Berlin 2002, Band II/2, Sitzungsberichte (Diskussion und Beschlussfassung, S. O 207f.

Handeln, sondern auch demjenigen anderer öffentlicher Unternehmen wie den kommunalen Unternehmen Beschränkungen auferlegen, die für Private nicht zulässig wären.[646] Da das Gemeinschaftsrecht die innerstaatliche Zuständigkeitsverteilung nicht tangiert, obliegt es allein dem nationalen Recht, über die Ausdehnung der wirtschaftlichen Tätigkeit kommunaler Unternehmen zu entscheiden.[647] Auch wenn das oben aufgeführte Beispiel[648] mithin ungerecht erscheint, obliegt es nicht dem Gemeinschaftsrecht hier einen Ausgleich herbeizuführen.

Die Vorschriften des Gemeinschaftsvertrages können nicht auf Sachverhalte angewandt werden, die keinerlei Berührungspunkte mit irgendeinem der Sachverhalte aufweisen, auf die das Gemeinschaftsrecht abstellt.[649] Denn diese Inländerdiskriminierung ist gemeinschaftsrechtlich irrelevant.[650] Auch aus diesem Grund ist somit keine Gleichstellung von kommunalen und privaten Unternehmen nach dem Gemeinschaftsrecht geboten.

4. Ergebnis

Zusammenfassend lässt sich festhalten, dass die von den kommunalen Unternehmen geforderten Änderungen ihrer rechtlichen Situation im nationalen Recht durch das Gemeinschaftsrecht nicht geboten sind. Im Gemeinschaftsrecht findet sich weder eine rechtliche Grundlage für die Schaffung einer Bereichsausnahme für die Daseinsvorsorge noch für eine absolute Gleichstellung der kommunalen mit den privaten Unternehmen im Sinne eines umgekehrten Diskriminierungsverbotes durch Abschaffung der nationalen Restriktionen für kommunale Unternehmen.

Die bestimmende Motivation der kommunalen Unternehmen, ihre wirtschaftliche Betätigung auszudehnen, ist ihr Bedarf, Einnahmen zu erzielen. Auch wenn dieses Interesse der Kommunen an Einnahmequellen angesichts desaströser Finanzzustände nachvollziehbar ist, so kann es dennoch keine Rechtfertigung für die Abschaffung nationaler Restriktionen sein. Dass es notwendig ist, nicht gewinnbringende Leistungen zu finanzieren, leuchtet ein. Nicht verständlich ist

---

[646] Ehlers, Empfiehlt es sich, das Recht der öffentlichen Unternehmen im Spannungsfeld von öffentlichem Auftrag und Wettbewerb national und gemeinschaftsrechtlich neu zu regeln?, S. E 42.

[647] Ehlers, aaO, S. E 43, Burgi, Vertikale Kompetenzabgrenzung in der EU und materiellrechtliche Kompetenzausübungsschranken nationaler Daseinsvorsorge, S. 107, Fn. 71.

[648] Vgl. E I. 3.

[649] So z.B. für die Freizügigkeit der Arbeitnehmer: EuGH (Urteil v. 28.06.1994), Rs. 180/83, (Moser), Slg. 1984, 2539, Rz. 15; EuGH, (Urteil v. 18.10.1990), Verb. Rs. C-197/ und C-197/89 (Dzodzi), Slg. 1990, I-3763, Rz. 23.

[650] Schlussanträge des GA Alber vom 16.09.2003 in der Rechtssache C-171/02 (Kommission/Portugal), Rz. 84, noch nicht in der amtlichen Sammlung.

aber, dass dies unbedingt über Einnahmen kommunaler Unternehmen im Wettbewerb geschehen muss.

Nach deutschem Recht ist es vorgesehen, dass sich der Staat im Wesentlichen über Steuern und Abgaben finanziert. Diese Entscheidung, dass der Staat sich nicht rein wirtschaftlich betätigen darf, ist eine Entscheidung des deutschen Gesetzgebers, die nicht unter Berufung auf das Gemeinschaftsrecht umgangen werden kann. Schließlich haben die Kommunen auch hinsichtlich der Erbringung von nicht gewinnbringenden Leistungen der Daseinsvorsorge die Möglichkeit, diese über Steuern zu finanzieren.

Auch wenn die finanzielle Situation der Kommunen schlecht ist und ihr Wunsch, durch verstärkte wirtschaftliche Betätigung ihre Ausgaben finanzieren und ihre Haushalte ausgleichen zu können, nachvollziehbar,[651] kann die Lösung doch nicht in der Befreiung der kommunalen Unternehmen von den Beschränkungen der Gemeindeordnungen liegen. Diese Beschränkungen verfolgen wichtige (nationale) Ziele, die nicht aus finanziellen Gesichtspunkten auf einem Umweg über das Gemeinschaftsrecht „über Bord geworfen" werden können.

Sollte sich angesichts der gemeinderechtlichen Beschränkungen und der gemeinschaftsrechtlich gebotenen Liberalisierung von Märkten der Daseinsvorsorge und zunehmendem Wettbewerb eine Verringerung kommunaler Einnahmen aus der kommunalen Wirtschaft ergeben, so ist dies hinzunehmen. Daraus, dass die Einnahmen nicht ausreichen, kann nicht der Schluss gezogen werden, dass die wirtschaftliche Betätigung der Kommunen ausgeweitet werden muss. Die gemeinschaftsrechtlich gebotene Liberalisierung hat nichts an der nationalen Festlegung, dass sich der Staat hauptsächlich über Steuern und Abgaben zu finanzieren hat, geändert. Demnach kann das durch die verstärkte Einwirkung des Gemeinschaftsrechts auf die Kommunen entstandene Spannungsfeld nicht durch eine Ausweitung der wirtschaftlichen Betätigung des Staates aufgelöst werden. Wenn die Kommunen dauerhaft mehr Geld brauchen, müssen sie Steuern oder Abgaben benutzen.[652] Die Entscheidung des deutschen Gesetzgebers, den Einsatz von kommunalen Unternehmen zu gestatten, kann nicht durch das Gemeinschaftsrecht ausgehebelt werden, da die Art und Weise, wie der Staat kommunale Unternehmen innerstaatlich zum Wettbewerb zulässt Bestandteil der Eigentumszuordnung ist, die vom Gemeinschaftsrecht unberührt bleibt.

---

[651] Fischer/Zwetkow, in: NVwZ 2003, S. 281 sprechen von einem wachsenden „Druck auf die Kommunen, nach neuen Finanzierungsmöglichkeiten Ausschau zu halten."

[652] In diesem Sinne Cosson, Empfiehlt es sich, das Recht der öffentlichen Unternehmen im Spannungsfeld von öffentlichem Auftrag und Wettbewerb national und gemeinschaftsrechtlich neu zu regeln?, S. O 42, Tz. 3: „Letztlich zu helfen wird den Kommunen nur sein durch eine nachhaltige Reform der Gemeindefinanzen."

Was die Forderung nach einer klaren Abgrenzung der Kompetenzen von Kommunen und Gemeinschaft angeht, ist die Rechtslage hinreichend klar. Sollte sich nach der Befragung zum Grünbuch der Kommission zur Daseinsvorsorge die Auffassung durchsetzen, dass entgegen der hier vertretenen Ansicht die Zuständigkeiten im Bereich der Daseinsvorsorge nicht hinreichend voneinander abgegrenzt sind, so wird die Kommission die entsprechenden Maßnahmen ergreifen.

II. VON SEITEN DER PRIVATWIRTSCHAFT GEFORDERTE ÄNDERUNGEN

Mit der Öffnung der verschiedenen Märkte der Daseinsvorsorge hat sich auch die Situation der privaten Unternehmen geändert. Diese können nun in Bereichen tätig werden, die ihnen vorher nicht offen standen. Da ein Großteil der jetzt im Wettbewerb erbrachten Leistungen früher allein von kommunalen Unternehmen erbracht wurden, die größtenteils nach wie vor in der Leistungserbringung tätig sind, finden sich die privaten Unternehmen in einer ungewohnten Lage wieder: ihre Konkurrenten sind nicht nur andere private, sondern auch kommunale Unternehmen.

Auf den neu hinzugekommenen Tätigkeitsfeldern wollen die privaten Unternehmen wirtschaften, wie sie es gewohnt sind, das heißt möglichst ohne die Konkurrenz durch kommunale Unternehmen. Deshalb fordern die privaten Unternehmen - ebenfalls unter Berufung auf das Gemeinschaftsrecht - verschiedene Änderungen der rechtlichen Situation der kommunalen Unternehmen. Die weitgehendste Forderung diesbezüglich lautet, dass die kommunalen Unternehmen bei der Erbringung von Leistungen der Daseinsvorsorge auf die Bereiche beschränkt werden sollen, bei denen eine Leistungserbringung im Wettbewerb nicht möglich ist. Ansonsten sollten sich die Kommunen auf den geöffneten Märkten so weit wie möglich aus dem Wettbewerb als Leistungserbringer zurückziehen und sich auf eine Gewährleistungsrolle beschränken.[653]

Während der BDI in einer Stellungnahme 1999 noch äußerte, dass die Privatwirtschaft sich in der Regel nicht gegen die kommunale Konkurrenz als solche wende[654] und in den Kernbereichen der staatlichen Daseinsvorsorge den kommunalen Unternehmen eine Wirtschaftstätigkeit grundsätzlich zugestehe,[655] werden die

---

[653] BDI, Deckmantel Daseinsvorsorge, S.12.

[654] BDI, Konkurrent Staat – Privatwirtschaft in Bedrängnis, S. 12; so auch Hill, in: BB 1997, S. 425.

[655] BDI, Konkurrent Staat – Privatwirtschaft in Bedrängnis, S. 12, etwas anderes scheint sich allerdings allmählich im Bereich der Energieversorgung abzuzeichnen. Dort wird mittlerweile vereinzelt in Frage gestellt, ob die Kommunen durch Art. 28 Abs. 2 GG auch im Verhältnis

Forderungen nach einer Privatisierung nahezu aller Bereiche der Daseinsvorsorge lauter.[656] Soweit die privaten Unternehmen im Wettbewerb zu den kommunalen Unternehmen stehen, wird kritisiert, dass die Wettbewerbsteilnahme kommunaler Unternehmen unter ungleichen Voraussetzungen und teilweise mit unlauteren Methoden geschehe.[657] Hill spricht von einer „Alarmstimmung" bei den privaten Unternehmen, weil die Teilnahme kommunaler Unternehmen am Wettbewerb „mit den Steuern der privaten Unternehmer geschehe, die somit die eigene Konkurrenz finanzierten."[658]

Beklagt wird der strukturelle Vorteil, den öffentliche Unternehmen aufgrund ihrer engen Verbindung zum Staat bzw. zur Kommune gegenüber privaten Unternehmen häufig im Wettbewerb haben.[659] So hätten die öffentlichen Unternehmen durch Verknüpfung mit amtlichen Tätigkeiten einen besseren Informationszugang[660] sowie einen Amtsbonus bei potentiellen Kunden.[661] Außerdem könnten sie das Personal, der hinter ihr stehenden Verwaltung, nutzen.[662] Insbesondere wird auch die Bezuschussung öffentlicher Unternehmen durch die öffentliche Hand kritisiert.[663] Weiterhin wird ein steuerlicher Vorteil der öffentlichen Unternehmen angeführt, nämlich dass sie keine Umsatz-, Gewerbe-, Körperschafts- oder Vermögenssteuer entrichten.[664]

Auch das mangelnde Konkursrisiko wird als wettbewerbsverfälschender Vorteil der öffentlichen Unternehmen kritisiert. Sie haben gegenüber der Privatwirtschaft den Vorteil, dass die Kommune – und damit der Steuerzahler – ihr finanzielles Risiko trägt[665] und können ihre Kredite über städtische Bürgschaften absichern.[666]

---

zu privaten Energieversorgungsunternehmen legitimiert sind, in ihrem Gebiet Versorgungsaktivitäten zu entfalten., vgl. dazu Hermes, Staatliche Infrastrukturverantwortung, S.63.

[656] So definierte der BDI Daseinsvorsorge im Jahr 2000 bereits als „Aufgabe des Staates auf allen Ebenen einen geeigneten Wettbewerb zu schaffen, damit private Unternehmen Leistungen ... zur Verfügung stellen können.", vgl. BDI, Deckmantel Daseinsvorsorge, S. 12.

[657] Hill, in: BB 1997, S. 425. So häufen sich Beschwerden über unzulässige Wettbewerbsvorteile der kommunalen Unternehmen, wie beispielsweise deren Finanzierungsmodi, vgl. Bocklet, Leistungen der Daseinsvorsorge im Konflikt mit EU-Wettbewerbsrecht, S. 14.

[658] Hill, in: BB 1997, S. 425.

[659] Vgl. dazu allgemein: Schricker, Wirtschaftliche Tätigkeit der öffentlichen Hand und unlauterer Wettbewerb, S. 16ff.

[660] Möhlenkamp, Daseinsvorsorge durch Privatisierung – Wettbewerb oder staatliche Gewährleistung, S. 159.

[661] Hill, in: BB 1997, S. 425.

[662] Möhlenkamp, Daseinsvorsorge durch Privatisierung – Wettbewerb oder staatliche Gewährleistung, S. 159.

[663] Vgl. zum Ausmaß der Bezuschussung: Erichsen, Gemeinde und Private im wirtschaftlichen Wettbewerb, S. 22, nach dem allein die öffentlichen Unternehmen in Nordrhein-Westfalen in Jahr 1985 mit 430 Millionen DM bezuschusst wurden.

[664] Hill, in: BB 1997, S. 425.

[665] BDI, Konkurrent Staat – Privatwirtschaft in Bedrängnis, S. 28, Hill, in: BB 1997, S. 425.

Da hinter den kommunalen Unternehmen letztlich immer der Staat und somit der Steuerzahler steht, haben diese Unternehmen kein echtes Insolvenz- oder Beschäftigungsrisiko.[667]

Die kommunalen Unternehmen seien auch dadurch im Vorteil, dass sie keine Gewinnspanne einkalkulieren müssten, im Gegenzug aber häufig kommunale oder staatliche Subventionen erhielten. Sie bräuchten bei der Kalkulation ihrer Kosten Personal- oder Sachkosten nur teilweise einzubeziehen, Kosten der Unternehmensführung oder kalkulatorische Kosten in der Regel gar nicht und seien daher „Unternehmer ohne Risiko".

Schlussendlich bemängeln die privaten Unternehmen noch, dass kaum angenommen werden könne, dass kommunale Unternehmen von der Kommune genauso streng kontrolliert würden wie private.[668]

Auf Seiten der privaten Unternehmen wird die Auffassung vertreten, dass die Wettbewerbsregeln auf den liberalisierten Märkten die dauerhafte Versorgung effizienter sichern, als die kommunalen Unternehmen dies tun.[669] Im Übrigen kritisieren sie an den öffentlichen Unternehmen, dass deren besonderes Interesse, Aufgaben der Daseinsvorsorge wahrzunehmen, und diese gegenüber dem Wettbewerb zu schützen daher rühre, dass sie durch die Durchführung dieser Aufgabe große Gewinne erwirtschaften können.[670] Die Vertreter der privaten Unternehmen sind der Auffassung, dass nur durch mehr Wettbewerb Innovationen hervorgebracht werden, die Nutzen für die Bürger durch verbesserte Qualitätsstandards bringen.[671] Liberalisierung und auch Privatisierung der Daseinsvorsorgeerbringung werden daher für unverzichtbar gehalten.[672]

Soweit die Vertreter der Privatwirtschaft sich nicht gegen eine Beteiligung der kommunalen Unternehmen an der Erbringung der Daseinsvorsorge als solches wehren, verlangen sie, dass die kommunalen Unternehmen streng an die nationalen Restriktionen, die die Tätigkeit von öffentlichen kommunalen Unternehmen beschränken, gebunden bleiben und keinesfalls von diesen befreit werden.

---

[666] Hill, in: BB 1997, S. 425.
[667] Wolf, in: Wirtschaftliche Betätigung der öffentlichen Hand, S. 10.
[668] Hill, in: BB 1997, S. 425.
[669] So der BDI, Deckmantel Daseinsvorsorge, S.32 (speziell für den Bereich des Energiemarktes), S.47 (allgemein).
[670] So formuliert z.B. für die Abfallbeseitigung: BDI, Deckmantel Daseinsvorsorge, S.39.
[671] So für den Bereich von Wasserver- und -entsorgung: BDI, Deckmantel Daseinsvorsorge, S.42
[672] So die generelle Auffassung des BDI formuliert für den Bereich der Wasserwirtschaft, in: BDI, Deckmantel Daseinsvorsorge, S.42.

Eine weitere Forderung der privaten Unternehmen betrifft die Tätigkeit kommunaler Unternehmen außerhalb der Daseinsvorsorge. Teilweise sehen sich die privaten Unternehmen in Konkurrenz zu kommunalen Unternehmen in Bereichen, die nicht dem herkömmlichen Verständnis der Daseinsvorsorge entsprechen, wie beispielsweise die Pflege privater Gärten durch einen verselbständigten kommunalen Gartenbaubetrieb,[673] der Betrieb einer Sauna[674] oder auch das Angebot von Entsorgungsleistungen außerhalb des Gemeindegebietes.[675] Diesbezüglich herrscht Einigkeit unter den Vertretern der Privatwirtschaft: Diese Betätigung der kommunalen Unternehmen wird übereinstimmend als unzulässig erachtet. Soweit kommunale Unternehmen sich in diesem Bereich betätigen, wird die Auffassung vertreten, dass die sie den privaten Unternehmen unter dem Deckmantel der Daseinsvorsorge wichtige Betätigungsfelder entziehen, um ihre eigene wirtschaftliche Betätigung auszuweiten.[676] Die Vertreter der Privatwirtschaft verlangen, dass die Betätigung der kommunalen Unternehmen auf Feldern, die nicht (mehr) dem Bereich der Daseinsvorsorge zugerechnet werden können, unterbunden werden müsse.

Die Forderungen der privaten Unternehmen lassen sich in drei Kernpunkten zusammenfassen:

Die weitgehendste Forderung ist gerichtet auf einen völligen Ausschluss der kommunalen Unternehmen von der Erbringung der Leistungen der Daseinsvorsorge im Wettbewerb.[677] Insoweit wird argumentiert, das Gemeinschaftsrecht gebiete eine Privatisierung der Daseinsvorsorge. Die Kommune solle sich auf die Gewährleistungsverantwortung beschränken und die Rahmenbedingung für einen Wettbewerb unter den Privaten schaffen, sich selbst aber aus der Leistungserbringung zurückziehen. Soweit die kommunalen Unternehmen in der Leistungserbringung bleiben, könne diese nur subsidiär gegenüber der Privatwirtschaft erfolgen, das heißt da, wo die Privatwirtschaft die erforderlichen Leistungen nicht anbieten könne oder wolle.

---

[673] Vgl. OLG Hamm, Urteil v. 23.09.1997, (Gelsengrün), NJW 1998, 3504.

[674] OVG NW, Urteil v. 2.12.1995, DÖV 1996, 339.

[675] OLG Düsseldorf, Beschluss vom 12.01.2000, NVWBl. 2000, S. 356ff; vgl. zu weiteren Beispielen auch: Hill, BB 1997, S. 425.

[676] BDI, Deckmantel Daseinsvorsorge, S.9, 45.

[677] So z.B. Cosson, Empfiehlt es sich, das Recht der öffentlichen Unternehmen im Spannungsfeld von öffentlichem Auftrag und Wettbewerb national und gemeinschaftsrechtlich neu zu regeln?, S. O 40: „Hat sich der Gesetzgeber erst einmal dafür entschieden, dass eine bestimmte, ... öffentlich verfolgte Aufgabe privat zu erledigen ist, kommt die Tätigkeit für eine wirtschaftliche Betätigung durch öffentliche Unternehmen prinzipiell nicht mehr in Betracht."

Etwas weniger weitgehend und im Wesentlichen auf eine Absicherung der bestehenden Rechtslage gerichtet, ist die zweite Forderung: Soweit sich unter Berufung auf das Gemeinschaftsrecht kein Ausschluss der kommunalen Unternehmen vom Wettbewerb erzielen lässt, solle zumindest gesichert werden, dass diese sich an die ihnen vom deutschen Recht auferlegten Beschränkungen halten und nicht ihre Leistungserbringung beispielsweise in örtlicher Hinsicht ausdehnen.

In eine ähnliche Richtung geht auch die dritte Forderung. Die Vertreter der Privatwirtschaft verlangen, dass den kommunalen Unternehmen Tätigkeiten außerhalb des Bereichs der Daseinsvorsorge untersagt werden. Wenn sich keine Beschränkung der kommunalen Unternehmen im Bereich der Daseinsvorsorge erreichen lasse, solle sich die Leistungserbringung der kommunalen Unternehmen zumindest auf den Bereich der Daseinsvorsorge beschränken. Eine Erbringung von Leistungen, die nicht dem Bereich der Daseinsvorsorge zuzurechnen sind, müsse den kommunalen Unternehmen untersagt werden.

Vertreter der privaten Wirtschaftsunternehmen fordern auch eine Ausweitung des Liberalisierungsprozesses auf weitere Bereiche der Daseinsvorsorge.[678] Sie machen geltend, dass die europäische Wettbewerbspolitik einen Rahmen gebe, der die Erbringung von Dienstleistungen der Daseinsvorsorge auch durch Private ermögliche und erfordere. Erfahrungen mit den Liberalisierungen in der Vergangenheit hätten gezeigt, dass diese zu einer Verbesserung der Dienstleistungen zu niedrigeren Kosten geführt hätten.[679] Außerdem würden private Unternehmen eine effektivere Ressourcenallokation betreiben als kommunale Unternehmen und Innovation und Leistungsqualität stärker vorantreiben.[680] Die private Wirtschaft fordert deshalb mehr Wettbewerb bei den öffentlichen Dienstleistungen und weist darauf hin, dass ohnehin schon Leistungen der Daseinsvorsorge von privaten Anbietern erbracht werden.[681] Allerdings ist dies eine politische Forderung, die zwar durchaus berechtigt sein mag, im Rahmen dieser rechtswissenschaftlichen Arbeit jedoch nicht geprüft werden kann.

---

[678] So z.B. der BDI, Deckmantel Daseinsvorsorge, S.5.
[679] Stellungnahme von Vertretern der Europäischen Industrielobby vor dem WSA am 6.3.2001, vgl. HSGZ 2001, S.106.
[680] Vgl. Schwarze, Einführung, Daseinsvorsorge im Lichte des Wettbewerbsrechts, S. 21.
[681] Vgl. dazu Schwarze in EuZW 2001, S.334.

1. Ausschluss kommunaler Unternehmen von der Erbringung der Daseinsvorsorge – wird der Staat vom Erbringer zum Gewährleister?

Fraglich ist, ob das Gemeinschaftsrecht die kommunalen Unternehmen von der Erbringung der Leistungen der Daseinsvorsorge im Wettbewerb ausschließt und auf die Gewährleistungsverantwortung beschränkt. Es lässt sich feststellen, dass das Verständnis der Daseinsvorsorge, welches historisch gewachsen, eine Erbringung der Daseinsvorsorgeleistungen durch den Staat meinte, dabei ist, sich zu wandeln.[682] Die Wahrnehmung der staatlichen Daseinsvorsorgeverantwortung erfolgt zunehmend weniger durch eigene Leistungserbringung der Kommunen, sondern realisiert sich vermehrt in der staatlichen Steuerung oder Regulierung des privatwirtschaftlichen Leistungsangebots.[683] Auch eine vergleichende Betrachtung in den Mitgliedstaaten der EU zeigt, dass Leistungen des Daseinsvorsorge zwar an sich unverzichtbar sind, sie aber nicht (mehr) unbedingt vom Staat erbracht werden müssen, sondern zu einem gewissen Teil von privaten Unternehmen und im Wettbewerb erbracht werden können.[684] Zutreffend konstatiert auch Hermes: „Der Staat der Daseinsvorsorge ist auf dem Rückzug und die Selbstverständlichkeit, mit der über lange Zeit bestimmte Aufgaben Staat und Gemeinden zugeordnet wurden, schwindet."[685]

Teilweise wird vertreten, dass technischer und wirtschaftlicher Fortschritt es notwendig erscheinen lassen, ein neues Verständnis der Daseinsvorsorge im Rahmen einer modernen wettbewerblichen Konzeption zu entwickeln.[686] Von Seiten privater Unternehmer wird vorgeschlagen, den Begriff der Daseinsvorsorge nicht mehr im klassischen Sinne,[687] sondern in Anpassung an die veränderten Gegebenheiten zu verstehen.[688] So schlägt der BDI vor, Daseinsvorsorge als „Aufgabe des Staates, auf allen Ebenen einen geeigneten Wettbewerbsrahmen zu schaffen", zu verstehen, damit „private Unternehmen Leistungen, die von den Menschen als wichtig angesehen und nachgefragt werden, auf hohem Niveau zur

---

[682] Schwarze, EuZW 2001, S.335.

[683] Fischer/Zwetkow, in: NVwZ 2003, S. 281: „der Trend zur Ausgliederung von Aufgabenbereichen durch Privatisierung [hat sich] deutlich verstärkt".

[684] Schwarze, Daseinsvorsorge im Lichte des Wettbewerbsrechts, S.11.

[685] Hermes, Staatliche Infrastrukturverantwortung, S. 5.

[686] So Klaus Bünger anlässlich seines Statements zur interdisziplinären Tagung „Öffentliche Daseinsvorsorge: Nationale Einrichtungen und Europäische Integration" des AEI in Zusammenarbeit mit dem ZEI am 13./14. 6.2002 in Bonn.

[687] S.o. unter C I 1. c).

[688] So wohl auch Timm, in: EU-Magazin 2000, S. 27, der meint, die Kommunen „könnten schrittweise in die Rolle einer Stelle wachsen, die Leistungen von ihrer Art, ihrem Umfang und ihrer Qualität her definiert und anschließend nach einem objektivierten Verfahren einkauft oder als Erbringungsrecht ausschreibt und vergibt."

Verfügung stellen können."⁶⁸⁹ Die Verantwortung, das Gemeinwohl zu sichern, würde der Staat dann nicht durch eigene Aufgabenwahrnehmung übernehmen, sondern indem er einen geeigneten Wettbewerbsrahmen für private Unternehmen schafft, sich selbst aber am Wettbewerb nicht beteiligt.⁶⁹⁰ Der BDI führt weiter aus: „Der Wettbewerbsrahmen muss so gestaltet sein, dass er ausreichende Anreize setzt, damit private Unternehmen den Bedarf der Bürger an wichtigen Leistungen möglichst optimal befriedigt. Der Wettbewerb sorgt dafür, dass Unternehmen aus dem Markt ausscheiden, wenn sie die Bedürfnisse der Nachfrager nicht erkennen oder nicht auf einem ausreichend hohem Niveau befriedigen. Erst die reale Gefahr, aus dem Markt auszuscheiden, setzt die erforderlichen unternehmerischen Kräfte frei, um sich beständig für stete Innovation, höhere Qualität und günstigere Preise einzusetzen. Nicht die planende Hand des Staates, sondern der Wettbewerb privater Unternehmer gewährleistet, dass neue Märkte erschlossen werden und die Bürger auf hohem Niveau Leistungen ihrer Wahl nachfragen können. Nicht öffentliche Unternehmen, sondern private Unternehmer – zuweilen angestoßen durch fördernde Initiativen der öffentlichen Hand – sind die Motoren von Innovation und dynamischer Entwicklung."⁶⁹¹

Begründet wird die Zurückdrängung der kommunalen Unternehmen aus dem Wettbewerb um die Erbringung der Daseinsvorsorge damit, dass nicht zu beweisen sei, dass die mit dem Begriff Daseinsvorsorge umschriebenen Leistungen von der Verwaltung erbracht werden müssen. Vielmehr dürfe man annehmen, dass es Aufgabe des Staates sei, darüber zu wachen, dass diese Leistungen jedem zugänglich sein müssen, dass sie aber von Privaten in Ausübung ihrer beruflichen Tätigkeiten und im Wettbewerb zu anderen erbracht werden könnten.⁶⁹²

Hösch geht schon jetzt davon aus, dass Aufgabe des Staates nicht die Erbringung der Daseinsvorsorgeleistungen ist, sondern nur die Gewährleistung, also die Überwachung, dass diese Leistungen jedermann zugänglich sind. Die Leistungserbringung könne durch private Unternehmen im Wettbewerb erbracht werden.⁶⁹³

Es stellt sich die Frage, ob das Gemeinschaftsrecht diese Entwicklung vom Leistungs- zum Gewährleistungsstaat⁶⁹⁴ gebietet und kommunale Unternehmen von der Erbringung von Daseinsvorsorgeleistungen ausschließt.

---

⁶⁸⁹ BDI, Deckmantel Daseinsvorsorge, S.12.
⁶⁹⁰ Vgl. BDI, Deckmantel Daseinsvorsorge, S.14.
⁶⁹¹ Soweit zu den Visionen des BDI, Deckmantel Daseinsvorsorge, S.14.
⁶⁹² Hösch, Die kommunale Wirtschaftstätigkeit, S. 30.
⁶⁹³ Hösch, Die kommunale Wirtschaftstätigkeit, S. 30, 37.
⁶⁹⁴ Hellermann, Daseinsvorsorge im europäischen Vergleich, S. 89.

Die kommunalen Unternehmen müssten sich aus dem Wettbewerb um die Erbringung von Leistungen der Daseinsvorsorge zurückziehen, wenn sie durch das Gemeinschaftsrecht auf die Gewährleistung der Daseinsvorsorge beschränkt wären. Fraglich ist, ob das Gemeinschaftsrecht einen Ausschluss der kommunalen Unternehmen aus dem Wettbewerb gebietet. Dies könnte gegeben sein, wenn das Gemeinschaftsrecht eine Privatisierung der Leistungen der Daseinsvorsorge gebieten würde.

Teilweise wird es als Drängen empfunden, bisher kommunale Aufgaben hin zur Privatwirtschaft zu verlagern, wenn auf Gemeinschaftsebene eine konsequente Anwendung der Wettbewerbsregeln verlangt wird, die auch den Bereich der Daseinsvorsorge mit einschließt und wenn die daraus folgende Deregulierung deshalb auch immer mehr die kommunale Wahrnehmung von Aufgaben der Daseinsvorsorge für die örtliche Gemeinschaft erfasst.[695] Zu prüfen ist, ob das Gemeinschaftsrecht tatsächlich die Privatisierung der Erbringung der Daseinsvorsorge gebietet.

a) Begriff der Privatisierung

Um festzustellen, ob das Gemeinschaftsrecht eine Privatisierung der Daseinsvorsorge gebietet, muss zunächst festgestellt werden, was unter dem Begriff der Privatisierung zu verstehen ist. Der Begriff der Privatisierung kann in zwei unterschiedlichen Arten gebraucht werden.

Mit Privatisierung kann einmal ganz allgemein der Übergang von öffentlich rechtlichen Strukturen in privatrechtliche gemeint sein, beispielsweise, wenn ein Regie- oder Eigenbetrieb der öffentlichen Hand in eine Aktiengesellschaft überführt wird. Diese Art der Verwendung des Begriffs „Privatisierung" sagt nichts darüber aus, wer nach der Privatisierung Träger eines Unternehmens ist, die Kommune oder ein privater Wirtschaftsteilnehmer.[696] Bezeichnet wird lediglich der Wechsel der Rechtsform des Unternehmens. Da es hierbei nicht auf die Eigentumsposition ankommt, wird diese Art der Privatisierung auch als formelle Privatisierung bzw. als Organisationsprivatisierung bezeichnet.[697] Die Organisations- bzw. formelle Privatisierung ändert nichts an der Eigentumsposition der öffentlichen Hand.

---

[695] Hellermann, Örtliche Daseinsvorsorge und gemeindliche Selbstverwaltung, S.46.
[696] Genau das ist aber maßgeblich für die Feststellung, ob ein kommunales Unternehmen vorliegt, vgl. oben unter C II. 2.
[697] Fischer/Zwetkow, in: NVwZ 2003, S. 282 bezeichnen dies als „Organisationsprivatisierung"

Eine andere Bedeutung hat der Begriff der Privatisierung, wenn mit ihm die Übertragung staatlichen oder kommunalen Eigentums auf Private gemeint ist.[698] Letztere Auslegung knüpft an die Eigentumsform an. Diese Art der Privatisierung wird häufig auch als materielle Privatisierung bezeichnet.[699] Sie erfolgt durch den Verkauf staatlicher Unternehmen und Unternehmensbeteiligungen an Private.[700] Bei dieser Art der Privatisierung zieht sich der Staat zugunsten der Privatwirtschaft aus der wirtschaftlichen Tätigkeit zurück.[701]

b) Privatisierungsgebot des Gemeinschaftsrechts?

Bei der Frage, ob das Gemeinschaftsrecht ein Privatisierungsgebot enthält, soll zuerst eine Antwort in Bezug auf die formelle und dann in Bezug auf die materielle Privatisierung gegeben werden.

aa) Gebot einer formellen Privatisierung

Das Gemeinschaftsrecht enthält kein Gebot der formellen Privatisierung. Dies ist wegen Art. 295 EG auch nicht möglich. Art. 295 EG lässt die Eigentumsordnung der Mitgliedstaaten unberührt. Wie die obige Auslegung dieser Vorschrift ergab,[702] greift der Gemeinschaftsvertrag nicht nur nicht in die wirtschaftspolitisch motivierte Eigentumszuordnung in private oder öffentliche Trägerschaft ein.[703] Den Mitgliedstaaten wird die gemeinschaftsrechtliche Neutralität in Bezug auf die Form der Unternehmensorganisation – öffentlich-rechtlich oder privatrechtlich – durch Art. 295 EG sogar primärrechtlich garantiert.[704] Daraus ergibt sich, dass aus dem Gemeinschaftsrecht keinesfalls das Gebot einer Privatisierung in formeller Hinsicht hergeleitet werden kann. Vielmehr respektiert das Gemeinschaftsrecht die mitgliedstaatliche Entscheidung über die Organisationsform der wirtschaftenden Unternehmen.[705] Es begründet weder ein formelles Privatisierungsgebot noch spricht es eine Empfehlung zur Privatisierung aus.[706]

---

[698] Budäus, Privatisierung öffentlich wahrgenommener Aufgaben, S. 16; Loesch, Privatisierung öffentlicher Unternehmen, S. 42.

[699] Fischer/Zwetkow, in: NVwZ 2003, S. 282 bezeichnen dies als „Aufgabenprivatisierung".

[700] Vgl. Budäus, Privatisierung öffentlich wahrgenommener Aufgaben, S. 15 f.

[701] Instruktiv dazu Ruge, Die Gewährleistungsverantwortung des Staates und der Regulatory State, S. 21 ff.

[702] Vgl. unter E I. 3. c).

[703] Kingreen, in: Callies/Ruffert, EGV/EUV-Kommentar, Art. 295 Rn. 11.

[704] Mitteilung der Kommission vom 20.9.2000, Leistungen der Daseinsvorsorge in Europa, Dokument KOM (2000), 580 endg., ABlEG 2001 Nr. C 17 Rz. 21.

[705] Ehlers, Empfiehlt es sich, das Recht der öffentlichen Unternehmen im Spannungsfeld von öffentlichem Auftrag und Wettbewerb national und gemeinschaftsrechtlich neu zu regeln?, S.

Ganz davon abgesehen, würde diese Art der Privatisierung auch nichts daran ändern, dass sich die kommunalen Unternehmen an der Erbringung von Leistungen der Daseinsvorsorge beteiligen können, da – wie oben festgestellt – die Art und Weise wie ein Unternehmen organisiert ist, gerade keine Rolle dafür spielt, ob ein kommunales Unternehmen vorliegt oder nicht. Selbst wenn das Gemeinschaftsrecht ein Gebot zur Privatisierung in formeller Hinsicht enthielte, würde das die kommunalen Unternehmen nicht von der Leistungserbringung im Rahmen der Daseinsvorsorge ausschließen.

Zusammenfassend lässt sich festhalten, dass das Gemeinschaftsrecht kein Privatisierungsgebot in formeller Hinsicht enthält, ein solches aber im Übrigen die Möglichkeit der Beteiligung kommunaler Unternehmen an der Erbringung von Leistungen der Daseinsvorsorge nicht verhindern würde.[707]

bb) Gebot einer materiellen Privatisierung

Es stellt sich die Frage, ob sich aus den Regelungen des Gemeinschaftsrechts ein Privatisierungsgebot in materieller Hinsicht ergibt. Festzustellen ist zunächst, dass ein derartiges Privatisierungsgebot die kommunalen Unternehmen erheblich treffen würde, da es ihnen auferlegen würde, ihre Beteiligung an der Erbringung von Leistungen der Daseinsvorsorge im Wettbewerb zugunsten Privater aufzugeben. Anders als bei der formellen Privatisierung wären die kommunalen Unternehmen im Rahmen der materiellen Privatisierung von der Leistungserbringung auszuschließen.

Das Gemeinschaftsrecht enthält jedoch auch kein Privatisierungsgebot in materieller Hinsicht,[708] sondern steht öffentlichen und privaten Unternehmen grund-

---

E 33, folgert aus Art. 295 EG, dass es den Mitgliedstaaten „selbst überlassen wird, über die Staatsquote im Wirtschaftsleben zu entscheiden."
[706] So auch Nettesheim, Mitgliedstaatliche Daseinsvorsorge im Spannungsfeld zwischen Wettbewerbskonformität und Gemeinwohlverantwortung, S. 39 (52); Mitteilung der Kommission vom 20.9.2000, Leistungen der Daseinsvorsorge in Europa, Dokument KOM (2000), 580 endg., ABlEG 2001 Nr. C 17, S. Rz. 21.
[707] Es würde sie lediglich beschränken, in dem es sie für die Beteiligung am Wettbewerb auf eine privatrechtliche Rechtsform wie beispielsweise eine AG festlegen würde, und die Kommunen dann nicht mehr in Form einer Anstalt des öffentlichen Rechts u.ä. teilnehmen könnten.
[708] So auch: Knauff, in: EuZW 2003, S. 455; Cox, Öffentliche Unternehmen und Europäischer Binnenmarkt, S. 6, a.A. Weiß, in AöR 2003, S. 118f, im Folgenden (S. 128) spricht er dann aber nur von einer *mittelbaren* Privatisierungs*wirkung* und dann (S. 131) davon, dass das Gemeinschaftsrecht keine unmittelbaren Privatisierungen gebiete.

sätzlich neutral gegenüber.[709] Dies hat die Kommission in ihrer Mitteilung zur Daseinsvorsorge aus dem Jahr 2000 ausdrücklich festgehalten: „Die Kommission macht keine Vorgaben dahingehen, dass Leistungen der Daseinsvorsorge von öffentlichen oder von privaten Unternehmen zu erbringen sind und verlangt auch nicht die Privatisierung öffentlicher Unternehmen."[710]

Einmal ergibt sich dies bereits aus der in Art. 295 EG festgelegten Zuständigkeit der Mitgliedstaaten zur Eigentumszuordnung, aus der sich schließen lässt, dass eine öffentliche Unternehmenswirtschaft nicht per se vertragswidrig ist.[711] Wie von der Europäischen Kommission und vom Europäischen Gerichtshof mehrfach bestätigt wurde, steht es den Mitgliedstaaten frei, Staatsunternehmen zu betreiben.[712] Die Kommission bestätigt diese Annahme auch noch mal in ihrer erneuerten Mitteilung zu Leistungen der Daseinsvorsorge in Europa. Dort wird ausdrücklich festgehalten, dass das Gemeinschaftsrecht keine Vorgaben enthält, ob Leistungen der Daseinsvorsorge von privaten oder öffentlichen Unternehmen zu erbringen sind und dass es auch nicht die Privatisierung öffentlicher Unternehmen verlangt.[713]

Dass das Gemeinschaftsrecht kein Privatisierungsgebot in materieller Hinsicht enthält, ergibt sich aber auch daraus, dass das Gemeinschaftsrecht die Teilnahme öffentlicher Unternehmen am Wirtschaftsverkehr zulässt.[714] Die Staats- und damit

---

[709] Timm, in: EU-Magazin 2000, S. 27. Insofern ist auch der oben angeführten These, dass Gemeinschaftsrecht dürfe ein Unternehmen nicht allein deshalb rechtlich schlechter stellen, weil es ein kommunales Unternehmen ist, zuzustimmen.

[710] Kommission der Europäischen Gemeinschaften, Mitteilung zu Leistungen der Daseinsvorsorge in Europa vom 20.09.2000, KOM (2000) 580 endg. ABlEG 2001 C 17 Rz. 21. Dies hat die Kommission u.a. in ihrem Grünbuch zu Dienstleistungen von allgemeinem Interesse vom 21.05.2003, KOM (2003) 270 endg, Tz. 79 wiederholt und bestätigt.

[711] Kingreen, in: Callies/Ruffert, EGV/EUV-Kommentar, Art. 295 Rn. 12.

[712] Vgl. zuletzt EuGH (Urteil v. 10.11.1998), Rs. C-360/96, (BFI Holding), Slg. 1998, I-6821; Cronauge / Gruneberg, Abfallwirtschaft in der EU, S.151.

[713] Mitteilung der Kommission vom 20.9.2000, Leistungen der Daseinsvorsorge in Europa, Dokument KOM (2000), 580 endg., ABlEG 2001 Nr. C 17, Rz. 21; im Bericht der Europäischen Kommission für den Europäischen Rat in Laeken vom 17.10.2001, KOM (2001) 598 endg., der die Kommissionsmitteilungen ergänzen soll (vgl. Tz. 6) wird auch noch mal festgehalten (Tz. 7): „Generell überlässt es das Gemeinschaftsrecht den Mitgliedstaaten, festzulegen, ob sie öffentliche Dienstleistungen direkt oder indirekt (durch andere öffentliche Einrichtungen) selber erbringen oder der Leistungserbringung einem Dritten überlassen wollen."; so auch Knauff, in EuZW 2003, S. 454; Borchardt, Empfiehlt es sich, das Rechts der öffentlichen Unternehmen im Spannungsfeld von öffentlichem Auftrag und Wettbewerb national und gemeinschaftsrechtlich neu zu regeln?, S. O 19f.

[714] Vgl. Stober, in: NJW 2002, S. 2361: „Weder aus dem Grundgesetz noch aus dem EGV lassen sich ausdrückliche Verbote für die wirtschaftliche Betätigung öffentlicher Unternehmen noch Privatisierungsgebote für derartige Unternehmen ableiten; Ehlers, Empfiehlt es sich, das Recht der öffentlichen Unternehmen im Spannungsfeld von öffentlichem Auftrag und Wettbewerb national und gemeinschaftsrechtlich neu zu regeln?, S. E 33: „Weder aus dem Gemeinschaftsrecht noch aus dem nationalen Recht folgt ein prinzipielles Verbot der öffentlichen Wirtschaft." Gern, in: NJW 2002, S. 2593 konstatiert sogar, in der Rechtswissen-

auch die Kommunalwirtschaft werden vom Vertrag als Bestandteil des wettbewerbsorientierten Konzepts des Gemeinsamen Marktes angesehen.[715] Dabei wird durch Art. 295 EG einmal gemeinschaftsrechtlich der gewachsene Status der öffentlichen Unternehmen und damit auch der der kommunalen Unternehmen anerkannt. Die Neutralität des Art. 295 EG führt dazu, dass es für die Gemeinschaft nicht von Belang ist, ob öffentliche oder private Unternehmen eingesetzt werden.[716] Außerdem belegt das Gemeinschaftsrecht mit Art. 86 Abs. 1 EG ausdrücklich die Existenzberechtigung öffentlicher Unternehmen.[717]

Anders als das nationale Recht enthält das Gemeinschaftsrecht bezüglich der Wettbewerbsteilnahme kommunaler Unternehmen keinerlei besondere Beschränkungen. Zwar strebt das Gemeinschaftsrecht einen Binnenmarkt mit unverfälschtem Wettbewerb an (Art. 3 lit. c, g EG) und spricht verschiedentlich vom „Grundsatz einer offenen Marktwirtschaft" (Art. 4 Abs. 1, 98 EG). Doch schließt dies die kommunalen Unternehmen nicht vom Wettbewerb aus,[718] sondern stünde nur einer reinen Staatswirtschaft bzw. einer strikten Zurückdrängung der Privatwirtschaft entgegen.[719] Insofern ändert die Tatsache, dass Daseinsvorsorge unter Wettbewerbsbedingungen erbracht wird, nichts am sozialstaatlichen Auftrag zur Daseinsvorsorge. Die Kommunen haben in den meisten Bereichen weiterhin die Möglichkeit, ihrer Gewährleistungsverantwortung für bestimmte Leistungen der Daseinsvorsorge auch mittels eigener Unternehmen (und nicht nur mittels Wirtschaftsregulierung) nachzukommen.[720] Das Gemeinschaftsrecht verlangt keinen Rückzug kommunaler Unternehmen aus der Leistungserbringung im Bereich der Daseinsvorsorge. Der Rückzug der kommunalen Unternehmen aus der Leistungserbringung und die Beschränkung auf die Gewährleistung im Bereich der Da-

---

schaft bestehe Einigkeit, dass „das EU-Recht ... die wirtschaftliche Betätigung der öffentlichen Hand gestatte; Püttner, in: DÖV 2002, S. 732. Im Übrigen wird den privaten Unternehmen nicht mal national durch das Grundgesetz die Ausschließlichkeit des Handelns garantiert, vgl. BVerfGE 39, 329 (334).

[715] Kingreen, in: Callies/Ruffert, EGV/EUV-Kommentar, Art. 295 Rn. 12. In diesem Sinne ist auch Hailbronner, in: NJW 1991, S. 593 zu verstehen, der konstatiert, die Regelungen des Gemeinschaftsrechts machten deutlich, dass die Mitgliedstaaten bei der Gemeinschaftsgründung von einer Koexistenz von öffentlichem und privaten Sektor ausgingen.

[716] Diese Entscheidung bleibt den Mitgliedstaaten vorbehalten, Bericht der Europäischen Kommission für den Europäischen Rat von Laeken vom 17.10.2001, KOM (2001) 598 endg., Tz. 18; aA Weiß, in: AöR 2003, S. 92f.

[717] Ehlers, Empfiehlt es sich, das Recht der öffentlichen Unternehmen im Spannungsfeld von öffentlichem Auftrag und Wettbewerb national und gemeinschaftsrechtlich neu zu regeln?, S. E 33.

[718] So auch Mann, in: JZ 2002, S. 820.

[719] Ehlers, Empfiehlt es sich, das Recht der öffentlichen Unternehmen im Spannungsfeld von öffentlichem Auftrag und Wettbewerb national und gemeinschaftsrechtlich neu zu regeln?, S. E 33.

[720] Fehling, Zu Möglichkeiten und Grenzen identischer Wettbewerbsbedingungen, S. 202.

seinsvorsorge ist nach Gemeinschaftsrecht zwar möglich, jedoch ist er keinesfalls eine Zielsetzung des Gemeinschaftsrechts.

Auf Gemeinschaftsebene ist nicht ein bestimmter Leistungserbringer maßgeblich, sondern es kommt auf das Funktionieren der Dienste von allgemeinem wirtschaftlichen Interesse an.[721] Maßgeblich im Rahmen dieser Dienste ist, dass die Leistungen, soweit möglich, im Wettbewerb erbracht werden. Wer an diesem Wettbewerb partizipiert, wird nicht durch das Gemeinschaftsrecht geregelt. Das Gemeinschaftsrecht hat als Idealvorstellung einen möglichst lebhaften Wettbewerb mit möglichst vielen Konkurrenten. Ob dies staatliche oder private Unternehmen sind, ist irrelevant, maßgeblich ist nur, dass keine Wettbewerbsverfälschung gegeben ist, beispielsweise durch Gewährung von staatlichen Beihilfen. Auch wenn die Kommunen in einigen Bereichen ihre Unternehmen aus dem Wettbewerb zurückgezogen haben und die Rolle des Gewährleisters der des Leistungserbringers vorziehen, liegt das nicht daran, dass durch das Gemeinschaftsrecht kommunale Unternehmen als Konkurrenten der Privatwirtschaft verdrängt werden sollen. Zu der Frage, welche Unternehmen sich am Wettbewerb beteiligen sollen, enthält das Gemeinschaftsrecht, sofern die Regeln des Vertrages eingehalten sind, keine Vorgaben.

Das bedeutet, dass sich die Mitgliedstaaten nicht darauf beschränken müssen, den Ordnungsrahmen eines funktionierenden Marktes einzurichten. Vielmehr steht es ihnen von Europarechts wegen frei, sich mit eigenen Unternehmen an der Erbringung der Leistungen der Daseinsvorsorge zu beteiligen.[722] Die Kommunen als Untergliederung eines Mitgliedstaats haben deshalb die Wahl, ob sie die Leistungen selbst (durch staatliche Einrichtungen) erbringen oder die Leistungsvergabe an Private übertragen wollen.[723] Zutreffend ist deshalb die Auffassung von Borchardt, dass das Gemeinschaftsrecht nicht zur Unterstützung der zum Teil geäu-

---

[721] So auch Alber, Unternehmen der Daseinsvorsorge im europäischen Wettbewerbsrecht, S. 80f., der meint: „Zur Lösung der mit der Daseinsvorsorge verbundenen Probleme und um einen goldenen Mittelweg zwischen der Erledigung der Aufgaben von allgemeinem wirtschaftlichen Interesse durch Privatunternehmen und solche der öffentlichen Hand zu finden, ist verstärkt vom eigentlichen Sinn der Daseinsvorsorge auszugehen, der allein die Sonderstellung dieser Unternehmen, die diese Aufgaben erfüllen, rechtfertigt."

[722] Weiß, in: EuR 2003, S. 185, spricht in diesem Zusammenhang davon, dass Art. 86 Abs.2 EG es hinnehme, „dass Daseinsvorsorge durch öffentliche Unternehmen und nicht oder nicht nur durch private geleistet wird."

[723] Nettesheim, in: EWS, 2002, S. 254; Borchardt, Empfiehlt es sich das Recht der öffentlichen Unternehmen im Spannungsfeld zwischen öffentlichem Auftrag und Wettbewerb national und gemeinschaftsrechtlich neu zu regeln?, S. O 9: „Der EG-Vertrag ... eröffnet den Mitgliedstaaten das Recht, frei von Einflüssen des Gemeinschaftsrechts zu entscheiden, ob bestimmte wirtschaftliche Tätigkeiten von öffentlichen Unternehmen wahrgenommen werden sollen." Missverständlich, aber im Ergebnis wohl übereinstimmend: Knauff, in: EuZW 2003, S. 455: „Die Rolle der öffentlichen Hand wird zumindest grundsätzlich auf die Festlegung der zu erbringenden gemeinwohlorientierten Leistungen sowie deren Gewährleistung ... reduziert, ohne dass ihr allerdings zugleich die Möglichkeit der Eigenleistung genommen wird."

ßerten These bemüht werden kann, wonach die wirtschaftliche Betätigung der öffentlichen Hand schon im Grundsatz unzulässig sein soll und womit letztlich die Existenz der öffentlichen Unternehmen schlechthin in Frage gestellt wird.[724]

In Bezug auf einen Wandel der Rolle der Kommunen vom Erbringer der Leistungen der Daseinsvorsorge hin zum Gewährleister, ist festzuhalten, dass dies vom Gemeinschaftsrecht nicht gefordert wird. Der Ausschluss kommunaler Unternehmen aus dem Wettbewerb ist kein Ziel des Gemeinschaftsrechts und die aufgestellten wettbewerblichen Ziele, wie die Errichtung eines gemeinsamen Marktes (Art. 2 EG) und eines Systems, das den Wettbewerb innerhalb des Binnenmarktes vor Verfälschungen schützt (Art. 3 Abs. 1 lit g) EG) lassen sich unabhängig von einer Wettbewerbsteilnahme kommunaler Unternehmen verwirklichen. Das Europarecht geht nicht nur davon aus, dass öffentliche Daseinsvorsorge und marktwirtschaftlich geprägte Wirtschaftsverfassung nicht prinzipiell in Widerspruch zueinander stehen. Die Betätigung der öffentlichen Hand im Markt wird auch als solche nicht als wettbewerbsbeeinträchtigend angesehen, solange dabei die für alle geltenden Spielregeln eingehalten werden.[725]

Die Kommunen müssen sich deshalb nicht darauf beschränken, den Ordnungsrahmen eines funktionierenden Marktes einzurichten, in dem sich dann private Unternehmen gewinnorientiert bewegen. Die Kommunen können sich auch mit eigenen Unternehmen, denen der Auftrag zur Erbringung von Leistungen der Daseinsvorsorge erteilt wird, an der Leistungserbringung beteiligen.[726] Das Gemeinschaftsrecht enthält nicht nur kein Verbot, sondern lässt das daseinsvorsorgerische Tätigwerden durch kommunale Unternehmen im Einklang mit den Vorschriften des Gemeinschaftsvertrages voraussetzungslos zu. Dass das Gemeinschaftsrecht die Kommunen nicht auf die Gewährleistung der Leistungen der Daseinsvorsorge beschränkt, ergibt sich auch aus der gemeinschaftsrechtlichen Betrachtungsweise der Daseinsvorsorge, die eben keine trägerbezogene, sondern eine funktionale ist.[727]

---

[724] Borchardt, Empfiehlt es sich das Recht der öffentlichen Unternehmen im Spannungsfeld zwischen öffentlichem Auftrag und Wettbewerb national und gemeinschaftsrechtlich neu zu regeln?, S. O 9f.

[725] Nettesheim, Mitgliedstaatliche Daseinsvorsorge im Spannungsfeld zwischen Wettbewerbskonformität und Gemeinwohlverantwortung, S. 52.

[726] So auch Nettesheim, Mitgliedstaatliche Daseinsvorsorge im Spannungsfeld zwischen Wettbewerbskonformität und Gemeinwohlverantwortung, S. 52; Hellermann, Örtliche Daseinsvorsorge und gemeindliche Selbstverwaltung, S. 80.

[727] So auch Burgi, Vertikale Kompetenzabgrenzung in der EU und materiellrechtliche Kompetenzausübungsschranken nationaler Daseinsvorsorge, S. 108, iU siehe dazu oben E I 1. a) bb), cc) (3).

Auch wenn technischer und wirtschaftlicher Fortschritt, die verstärkte Anwendung der gemeinschaftsrechtlichen Wettbewerbsregeln auf den Bereich der Daseinsvorsorge und vor allem auch die zunehmende Finanznot vieler Gemeinden dazu geführt haben, dass die Bereitstellung von Dienstleistungen, die bisher von der öffentlichen Hand gesichert wurden, privaten Anbietern im Wettbewerb überlassen wurden,[728] ist der Rückzug der kommunalen Unternehmen aus der Leistungserbringung im Bereich der Daseinsvorsorge weder vom gemeinschaftsrechtlichen Wettbewerbsrecht angestrebt noch für dessen Verwirklichung erforderlich. Dem Europarecht liegt die Einschätzung zugrunde, dass öffentliche Daseinsvorsorge und marktwirtschaftliche geprägte Daseinsvorsorge nicht in Widerspruch stehen.[729] In konsequenter Fortführung dieser Auffassung wird die Betätigung der kommunalen Unternehmen auf dem Markt der Daseinsvorsorge als solche nicht als wettbewerbsbeeinträchtigend angesehen, solange dabei die für alle geltenden Spielregeln eingehalten werden.[730]

Nach dem wettbewerbsorientierten Ansatz des Gemeinschaftsrechts sind möglichst viele Wettbewerber wünschenswert. Insofern ist eine Gleichbehandlung von kommunalen und privaten Unternehmen geboten, mit der Maßgabe, dass öffentlichen Unternehmen genauso wie privaten Unternehmen Zugang zum Markt gewährt werden soll und sie nicht allein, weil sie öffentliche Unternehmen sind vom Wettbewerb ausgeschlossen werden. Dies macht auch deutlich, dass die Sorge vieler Kommunen, das Gemeinschaftsrecht und insbesondere dessen Wettbewerbsregeln könnten kommunale Aufgaben im Bereich der Daseinsvorsorge beschneiden, unbegründet ist.

Das Gemeinschaftsrecht enthält keine Regelungen, die die kommunalen Unternehmen von der Leistungserbringung bei der Daseinsvorsorge ausschließen und es strebt auch nicht an, sie auf die Leistungsgewährung zu beschränken. Deshalb sollte das Europarecht auch nicht als Restriktion für den Einsatz kommunaler Unternehmen in der Leistungserbringung in der Daseinsvorsorge oder als Hinderungsgrund der Betrauung dieser Unternehmen mit Sonderrechten und -pflichten verstanden werden, sondern als Garant für die Schaffung von chancengleichen Wettbewerbsbedingungen für staatliche und private Unternehmen.[731]

---

[728] Ambrosius in Daseinsvorsorge und öffentliche Dienstleistungen in der EU, S.16.

[729] Vgl. dazu auch unten F I.

[730] Nettesheim, Mitgliedstaatliche Daseinsvorsorge im Spannungsfeld zwischen Wettbewerbskonformität und Gemeinwohlverantwortung, S. 39 (52): „Spannungslagen treten nur dort auf, wo die Mitgliedstaaten Daseinsvorsorge unter Einsatz nicht-marktkonformer Mittel betreiben."

[731] So auch Fehling, Zu Möglichkeiten und Grenzen identischer Wettbewerbsbedingungen, S. 205.

Was das Gemeinschaftsrecht für den Bereich der Daseinsvorsorge weitgehend bezweckt, ist eine Deregulierung, die jedoch mit der Privatisierung nicht verwechselt werden darf. Deregulierung meint, dass bestimmte Hemmnisse, die den wettbewerbsrelevanten Markt beeinflussen, abgeschafft werden sollen. In diesem Sinne ist sie zu verstehen als die Reduzierung staatlicher Kontrolle über einen Wirtschaftszweig, beziehungsweise über einen bestimmten Teil eines Marktes, um diesen Bereich wieder verstärkt dem Wirken der Marktkräfte auszusetzen. Im Gegensatz zur Privatisierung ist also das entscheidende Kriterium der Deregulierung, die Einführung bzw. Intensivierung des Wettbewerbs und nicht der Wechsel des Unternehmensträgers von einem kommunalen zu einem privaten Träger. Die Deregulierung erzwingt die Privatisierung auch nicht, da sich Wettbewerb erfolgreich unter Fortbestehen öffentlicher Unternehmen einführen lässt, solange der Marktzugang neuer Wettbewerber und die Chancengleichheit zwischen privaten und öffentlichen Unternehmen gewährleistet wird.[732]

c) **Zwischenergebnis**

Das Gemeinschaftsrecht mag Privatisierungsprozesse anstoßen, eine Privatisierung gebietet es weder in formeller noch in materieller Hinsicht. Deshalb dürfen sich kommunale Unternehmen auch (weiterhin) an der Erbringung der Daseinsvorsorge im Wettbewerb beteiligen. Das Gemeinschaftsrecht stützt somit in keiner Hinsicht die Forderung nach dem Ausschluss der kommunalen Unternehmen von der Erbringung der Leistungen der Daseinsvorsorge.

Sieht man den Wandel vom Erfüller zum Gewährleister darin, dass dem Staat in den Bereichen, in denen mehrere Leistungserbringer zur Verfügung stehen, zwischen denen der Verbraucher wählen kann, nicht mehr für die Erbringung der Leistung verpflichtet ist, kann dem zugestimmt werden.

Die Daseinsvorsorge begründet aus Gemeinschaftssicht keine Verpflichtung zur Eigenerfüllung, sondern die Kommunen können sich entscheiden, wie sie die Ver- und Entsorgung der Bevölkerung zukünftig sicherstellen wollen. Dies ist auch dadurch möglich, dass die jeweilige Aufgabe unter privaten und öffentlichen Wettbewerbern ausgeschrieben wird, in diese Ausschreibung am Allgemeininteresse orientierte Ziele aufgenommen und die Einhaltung dieser Ziele kontrolliert und die Nichteinhaltung sanktioniert werden.[733]

---

[732] Ruge, Die Gewährleistungsverantwortung des Staates und der Regulatory State, S. 41.
[733] Schöneich, Das Beispiel der Wasserversorgung in der Diskussion um Daseinsvorsorge, S. 155.

Der Wandel vom Erbringungs- zum Gewährleistungsstaat bedeutet jedoch nicht, dass der Staat sich durch kommunale Unternehmen nicht mehr an der Leistungserbringung beteiligen *darf* und sich auf die Schaffung von ordnungsgemäßen Rahmenbedingungen für die Leistungserbringung durch Private beschränken muss. Aus der Erbringung der Leistung können sich die kommunalen Unternehmen zurückziehen und sich auf die Gewährleistung beschränken, wenn sie das wollen. Dieser Rückzug auf die Gewährleistung ist vom Gemeinschaftsrecht nicht vorgegeben. Aus Gemeinschaftssicht maßgeblich ist die Erbringung der Leistungen als solche (und nicht ihr Erbringer) und bei der Erbringung die Verwirklichung des Binnenmarktes mit einem freien Wettbewerb. Diese beiden Ziele lassen sich jedoch sowohl mit als auch ohne die Beteiligung kommunaler Unternehmen an der Erbringung von Leistungen der Daseinsvorsorge verwirklichen, solange die kommunalen Unternehmen nicht durch Verstoß gegen die Wettbewerbsregeln den Wettbewerb beeinträchtigen. Für das Gemeinschaftsrecht und die Verwirklichung seiner Ziele ist es also irrelevant, ob kommunale Unternehmen am Wettbewerb beteiligt sind oder nicht. Deshalb erfordert die konsequente Anwendung des Gemeinschaftsrechts auch nicht den Ausschluss kommunaler Unternehmen von der Leistungserbringung im Bereich der Daseinsvorsorge – selbst wenn diese Leistungen bereits im Wettbewerb von Privaten erbracht werden.

2. Erfordert das Gemeinschaftsrecht, dass die kommunalen Unternehmen an die nationalen Restriktionen gebunden bleiben?

Soweit von Seiten der privaten Unternehmen gefordert wird, dass sich die kommunalen Unternehmen, wenn sie sich am Wettbewerb beteiligen, auf jeden Fall an die ihnen durch das nationale Recht auferlegten Beschränkungen halten müssen, lässt sich auch für diese Forderung keine Stütze im Gemeinschaftsrecht finden. Das Gemeinschaftsrecht unterscheidet nicht zwischen privaten und kommunalen Unternehmen, wenn diese am Wettbewerb teilnehmen. Wie oben bereits erarbeitet wurde, behandelt das Gemeinschaftsrecht private und kommunale Unternehmen grundsätzlich gleich.[734] Deshalb kann sich aus dem Gemeinschaftsrecht keine Bindung der kommunalen Unternehmen an sie im Wettbewerb benachteiligende Vorschriften ergeben. Aus Sicht des Wettbewerbsrechts ist ein möglichst lebhafter Wettbewerb mit vielen Konkurrenten wünschenswert. Dazu gehören, solange sie sich an die Regeln des Vertrages halten, auch die kommunalen Unternehmen.

---

[734] S.o. unter D II.

Das Gemeinschaftsrecht selbst verpflichtet kommunale Unternehmen nicht zur Verfolgung eines öffentlichen Zwecks. Auch einer überörtlichen, ja grenzüberschreitenden Wettbewerbsteilnahme kommunaler Unternehmen stehen aus Sicht des Gemeinschaftsrechts keine Hindernisse entgegen.[735] Das Gemeinschaftsrecht beschränkt die wirtschaftliche Tätigkeit der kommunalen Unternehmen nicht mehr als die der privaten Unternehmen. Insbesondere ergibt sich aus dem Gemeinschaftsrecht auch nicht, dass die kommunalen Unternehmen, wenn sie sich an der Leistungserbringung beteiligen, dies nur subsidiär zur Privatwirtschaft dürfen.[736] Das Gemeinschaftsrecht enthält weder einen generellen Vorrang von privaten Unternehmen noch von kommunalen Unternehmen, denn es ist insoweit wertneutral.[737]

Auch wenn gewisse Wettbewerbsvorteile der kommunalen Unternehmen, wie beispielsweise ihr fehlendes Insolvenzrisiko nicht von der Hand zu weisen sind, führt das nicht zur Beschränkung der kommunalen Unternehmen. Das Gemeinschaftsrecht enthält keine Regelung im Sinne eines Ausgleichs pauschaler Vorteile durch pauschale Nachteile; weder indem es kommunale Unternehmen ganz vom Wettbewerb um die Erbringung von Leistungen der Daseinsvorsorge ausschließt, noch indem es diese, wie das nationale Recht, bestimmten Restriktionen unterwirft.

3. Beschränkt das Gemeinschaftsrecht kommunale Unternehmen auf Leistungen der Daseinsvorsorge?

Fraglich ist, ob das Gemeinschaftsrecht die kommunalen Unternehmen auf die Erbringung von Leistungen der Daseinsvorsorge beschränkt und ihnen verbietet, darüber hinaus tätig zu werden.

a) Eine Auffassung: Beschränkung kommunaler Unternehmen auf Leistungen der Daseinsvorsorge

Diese Auffassung wird unter anderem von Stober vertreten. Er ist der Auffassung, dass die Neutralität des Gemeinschaftsrechts nicht gleichbedeutend mit einer Freistellung der Tätigkeit der kommunalen Unternehmen von der Anbindung an die Daseinsvorsorge sei. Die sogenannte Neutralität bedeute nicht, dass die öffentlichen Unternehmen legitimiert seien, sich wie Privatunternehmen mit Gewinner-

---

[735] Burgi, in: VerwArch 2002, S. 264.
[736] So auch Burgi, in: VerwArch 2002, S. 264.
[737] Hochbaum, in: G/T/E, Kommentar zum EU-/EG-Vertrag, Art. 86 Rn. 2.

zielungsabsicht zu gerieren. Dagegen spräche Art. 16 EG. Die dort aufgeführten Dienste seien dadurch gekennzeichnet, dass ihre Tätigkeit unabhängig vom Ziel der Kostendeckung und losgelöst von Rentabilitätserwägungen durchgeführt werde. Der Funktionsfähigkeit dieser Unternehmen werde damit prinzipiell Vorrang vor dem Wettbewerbsschutz eingeräumt. Das bedeute – wie auch der Wortlaut bekräftige – zugleich, dass die Gewinnerzielung dieser öffentlichen Unternehmen nicht im Vordergrund stehen dürfe. Stattdessen ginge es um die Förderung des sozialen und territorialen Zusammenhalts. Diese sozialstaatlich motivierte Ausrichtung belege, dass sich die öffentlichen Unternehmen auf ihre Kernaufgabe, die Sicherstellung der Daseinsvorsorge, beschränken müssten.[738]

b) Andere Auffassung: Keine Beschränkung kommunaler Unternehmen auf Leistungen der Daseinsvorsorge

Überwiegend wird vertreten, dass die kommunalen Unternehmen durch das Gemeinschaftsrecht nicht auf Leistungen der Daseinsvorsorge beschränkt seien. Das Gemeinschaftsrecht interessiere sich grundsätzlich nicht für die Zwecksetzung kommunaler Unternehmen. Insbesondere lege es diese nicht auf bestimmte Gemeinwohlziele fest.[739] Es stehe daher einer erwerbswirtschaftlichen Betätigung kommunaler Unternehmen außerhalb der Daseinsvorsorge nicht im Wege, gebiete eine solche aber auch nicht.[740]

Diese Neutralität des Gemeinschaftsrechts, Ehlers bezeichnet das als eine „prinzipielle Farbenblindheit in Bezug auf öffentliche und private Unternehmen", sei notwendig, weil ansonsten ein unverfälschter Wettbewerb nicht gewährleistet werden könne. Eine Modifizierung des Ansatzes der grundsätzlichen Gleichbehandlung von kommunalen und privaten Unternehmen würde das Gesamtsystem des Gemeinschaftsvertrages zum Einsturz bringen.[741]

---

[738] Stober, in: NJW 2002, S. 2361.

[739] Vgl. statt vieler: Ehlers, Empfiehlt es sich, das Recht der öffentlichen Unternehmen im Spannungsfeld von öffentlichem Auftrag und Wettbewerb national und gemeinschaftsrechtlich neu zu regeln?, S. E 34.

[740] Ehlers, Empfiehlt es sich, das Recht der öffentlichen Unternehmen im Spannungsfeld von öffentlichem Auftrag und Wettbewerb national und gemeinschaftsrechtlich neu zu regeln?, S. E 73.

[741] Ehlers, aaO, S. E 132. In diesem Sinne auch Blankart, in: WuW 2002, S. 352: „Nicht eine Aufweichung des Vertrages ist erforderlich, ... sondern dessen Durchsetzung."

c) **Stellungnahme**

Betrachtet man das Gesamtsystems des Gemeinschaftsvertrages, kann dieser keine Beschränkung kommunaler Unternehmen auf die Daseinsvorsorge enthalten. Dies ist einmal wegen der bereits angesprochenen Neutralität der Gemeinschaft gemäß Art. 295 EG nicht möglich. Eine Beschränkung kommunaler Unternehmen auf einen bestimmten Bereich durch das Gemeinschaftsrecht ist aber auch deshalb nicht möglich, weil das Gemeinschaftsrecht in der Anwendung seiner Vorschriften grundsätzlich nicht zwischen kommunalen und privaten Unternehmen unterscheidet. Solange sich die kommunalen Unternehmen an die Wettbewerbsregeln halten, ist es aus Gemeinschaftssicht unerheblich, ob sie Daseinsvorsorgetätigkeiten nachgehen oder reine Gewinnerzielungsabsicht verfolgen und Leistungen erbringen, die zur Daseinsvorsorge in keinem Zusammenhang stehen.

Diese Differenzierung ist nach den unternehmensadressierten Vorschriften des Gemeinschaftsrechts nur dann maßgeblich, wenn es um die Freistellung von den Wettbewerbregeln gem. Art. 86 Abs. 2 EG geht. Eine Befreiung kommunaler Unternehmen von den Vertragsvorschriften bei reiner Gewinnerzielungsabsicht ist nämlich nicht möglich. Allerdings gilt das genauso für private Unternehmen, soweit sie die Ausnahme des Art. 86 Abs. 2 EG in Anspruch nehmen wollen.[742] Insofern unterscheidet auch Art. 86 Abs. 2 EG nicht zwischen kommunalen und privaten Unternehmen, sondern nur zwischen Unternehmen, die Dienstleistungen von allgemeinem wirtschaftlichen Interesse erbringen, sogenannte daseinsvorsorgende Unternehmen (und das können sowohl private als auch öffentliche Unternehmen sein) und solchen, die solche Leistungen nicht erbringen. Auch wenn immer wieder über den Wandel der Art der staatlichen Betätigung, vom Leistungserbringer zum Gewährleister, diskutiert wird und dies in einigen Bereichen auch eingetreten ist, ist dies keine vom Gemeinschaftsrecht vorgegebene Lösung. Das gemeinschaftsrechtliche Verständnis der Dienste von allgemeinem wirtschaftlichen Interesse ist trägerneutral, nach dem Europarecht kommt es nur auf die Funktion und nicht auf den Erbringer dieser Dienste an. Genau deshalb beschränkt Art. 16 EG die kommunalen Unternehmen nicht auf die Erbringung von Leistungen der Daseinsvorsorge.

4. Ergebnis

Auf das Gemeinschaftsrecht lässt sich keine der erörterten Forderungen der Privatwirtschaft in Bezug auf eine Änderung der wirtschaftlichen Betätigung kommunaler Unternehmen stützen. Die Neutralität des Gemeinschaftsrechts

---
[742] Weiß, in: EuR 2003, S. 172.

erlaubt keine Unterscheidung zwischen kommunalen und privaten Unternehmen auf Ebene des Gemeinschaftsrechts hinsichtlich deren Behandlung im Wettbewerb. Das Gemeinschaftsrecht verhält sich gegenüber den öffentlichen Unternehmen weitgehend „indifferent".[743]

Dieses Ergebnis belegt auch, dass das Gemeinschaftsrecht den kommunalen Unternehmen nichts „wegnimmt", wie dies teilweise befürchtet wurde.[744] Durch die Liberalisierung ist den kommunalen Unternehmen zwar Konkurrenz in Bereich der Daseinsvorsorge erwachsen, keinesfalls hindert sie das Gemeinschaftsrecht jedoch an der Fortsetzung der Erbringung der Leistungen. Dass dabei eine vermehrte Ausrichtung der kommunalen Unternehmen an Wirtschaftlichkeitskriterien stattfinden muss, kann dem Verbraucher in Form von günstigeren Preisen nur zugute kommen.

---

[743] So bereits Zuleeg, in: ZEuP 2001, S. 547 in Bezug auf das Verhältnis Gemeinschaftsrecht gegenüber der nationalen Aufteilung der Rechtsordnung in Öffentliches und Privatrecht; Weiß, in: EuR 2003, S. 189 benutzt den Begriff dann im hier genannten Zusammenhang.

[744] Vgl. Bocklet, Leistungen der Daseinsvorsorge im Konflikt mit EU-Wettbewerbsrecht, S. 11; Timm, in: EU-Magazin 2000, S. 26ff. „Aushöhlung der verfassungsrechtlich verankerten Rechts auf kommunale Selbstverwaltung", „Angriff auf die kommunale Autonomie"; von Ambrosius, Kommunale Selbstverwaltung im Zeichen des Subsidiaritätsprinzips in Europa, S.55, „Krise der kommunalen Selbstverwaltung". A.A. Weiß, in: EuR 2003, S. 189, der „die Attraktivität der öffentlichen Unternehmen als Steuerungsmedium gemindert" und darin „einen Bedeutungsverlust öffentlicher Unternehmen" sieht, weil die „öffentlichen Unternehmen ... auf eine erfolgreiche Leistungserbringung" beschränkt werden.

F. DASEINSVORSORGE IM WETTBEWERB

I. GRUNDREGEL: ERBRINGUNG DER LEISTUNGEN DER DASEINSVORSORGE IM WETTBEWERB

Die Frage, wie kommunale Unternehmen an der Erbringung von Leistungen der Daseinsvorsorge im Wettbewerb beteiligt sein können, wird aufgrund der unterschiedlichen Interessenlage von kommunalen und privaten Unternehmen höchst kontrovers diskutiert. Nicht zuletzt deshalb bezeichnet Möschel diesen Bereich als „politisch vermintes Gelände."[745]

Diese Arbeit plädiert für eine weitestmögliche Erbringung der Daseinsvorsorge im Wettbewerb, und zwar einen Wettbewerb, an dem sowohl private als auch kommunale Unternehmen partizipieren können. Der unverfälschte Wettbewerb, der das Fundament des Binnenmarktes darstellt (Art. 4 Abs.1; 14 EG), soll der Grundsatz sein, weil durch ihn eine effektive Leistungserbringung gewährleistet ist. Neben dieser Funktion, als Motor der Marktwirtschaft, ist er außerdem ein Instrument zur Integration der Märkte der Mitgliedstaaten.[746]

Wettbewerb führt außerdem regelmäßig durch seine Anreiz- und Sanktionsmechanismen zu einem volkswirtschaftlich optimalen Güter- und Dienstleistungsangebot zu einem möglichst günstigen Preis. In den Bereichen der Daseinsvorsorge, in denen bereits Wettbewerb herrscht, haben die Verbraucher zum Teil erhebliche Preisvorteile durch die Liberalisierung gehabt, da die Wettbewerbsfähigkeit der Unternehmen eine Kosten- und Preissenkung erforderlich gemacht hat.[747] Außerdem hat die innovationsfördernde Kraft des Wettbewerbs beschleunigende Wirkung auf den technischen Fortschritt. Die Erfahrung aus den bisher dem Wettbewerb geöffneten Bereichen der Daseinsvorsorge zeigt, dass durch den Wettbewerb wirtschaftliche Vorteile wie Effizienzsteigerungen, Kosten- und Preissenkungen erzielt werden können, ohne dass es zu Nachteilen hinsichtlich der Versorgungssicherheit oder der Qualität der Leistungen kommen muss.[748] Deshalb soll - soweit es möglich ist – die Erbringung von Leistungen der Daseinsvorsorge unter Marktbedingungen erfolgen. Nur wenn eine Leistungserbringung im Wettbewerb nicht möglich ist, soll es Ausnahmen von der Anwendung der Wettbewerbsregeln geben.

---

[745] Möschel, in: JZ 2003, S. 1023; Streinz-Koenig/Kühling, EUV/EGV, Art. 86 Rz. 36 sprechen von einer „Politisierung von Art. 86 Abs. 2 EG.

[746] Beck, Kommunale Unternehmen zwischen Selbstverwaltungsgarantie und Europarecht, S. 238. Auch die Kommission geht davon aus, dass der Markt der beste Mechanismus ist, um Leistungen der Daseinsvorsorge zu erbringen, vgl. Mitteilung zu Leistungen der Daseinsvorsorge in Europa 2000, Tz. 14.

[747] CEEP, Die Rolle der öffentlichen kommunalen Unternehmen, S.5.

[748] Bocklet, Leistungen der Daseinsvorsorge im Konflikt mit EU-Wettbewerbsrecht, S. 16.

Außerdem sollten dem Gemeinschaftsrecht entsprechend kommunale Unternehmen und die Erbringung von Leistungen der Daseinsvorsorge getrennt betrachtet, das heißt nicht als grundsätzliche Einheit angesehen werden. Es muss unterschieden werden zwischen Unternehmen und Dienstleistungen von allgemeinem wirtschaftlichen Interesse, bei deren Wahrnehmung Sonderrechte eingeräumt werden können.[749] So wird einerseits eine hohe Qualität der Leistungen der Daseinsvorsorge ermöglicht, als auch, dass kommunale Unternehmen an der Erbringung von Leistungen der Daseinsvorsorge im Wettbewerb beteiligt werden, jedoch nicht um jeden Preis, sondern nur, wenn sie konkurrenzfähige Angebote und Preise haben. Auf diesem Weg führt der Wettbewerb zu den bestmöglichen Ergebnissen für den Verbraucher.

Die Kommission sieht keinen Konflikt zwischen der Daseinsvorsorge und dem Wettbewerb, sondern geht davon aus, dass Wettbewerb die Leistungserbringung begünstigt.[750] Diese Annahme der Vereinbarkeit von Wettbewerb und Daseinsvorsorge ist auch dem Gemeinschaftsvertrag zugrunde gelegt. Dieser geht davon aus, dass in offenen und vollständig wettbewerblichen Märkten, ggf. zusammen mit diskriminierungsfreien staatlichen Regulierungen, Daseinsvorsorgeleistungen am besten erbracht werden können.[751] So schrieb die Kommission in ihrer Mitteilung zur Daseinsvorsorge aus dem Jahr 1996: „Die Marktkräfte ermöglichen eine bessere Ressourcenallokation und eine effizientere Leistungserbringung, was sich für den Verbraucher in höherer Qualität und günstigeren Preisen niederschlägt."[752] Grundlage dieser Auffassung ist die Prämisse, dass zwischen den Marktkräften und dem Gemeinwohlgedanken eine positive Wechselwirkung besteht, nämlich, dass durch den Marktmechanismus eine bessere Ressourcenallokation und eine effizientere Leistungserbringung (höhere Qualität und niedrigere Preise) ermöglicht werden.[753] Die Annahme der Kommission hat sich nachweislich bestätigt, so dass die Kommission auch in ihrer erneuerten Mitteilung zur Daseinsvorsorge im Jahr 2000 davon ausging, dass die Einhaltung der Vorschriften des EG-Vertrages „voll und ganz mit der gesicherten Bereitstellung

---

[749] So auch: Fuest/Kroker/Schatz, Die wirtschaftliche Betätigung der Kommunen und Daseinsvorsorge, S. 3: „Es muss unterschieden werden zwischen Unternehmen und Dienstleistungen von allgemeinem wirtschaftlichem Interesse, bei deren Wahrnehmung Sonderrechte eingeräumt werden können.

[750] Mitteilung der Kommission zu Leistungen der Daseinsvorsorge in Europa vom 20.09.2000, KOM (2000) 580 endg. AblEG 2001 Nr. C 17, S. 4ff: „Die Einhaltung von Vorschriften des EG-Vertrages, insbesondere der wettbewerbs- und binnenmarktrechtlichen Bestimmungen, ist voll und ganz mit der gesicherten Bereitstellung von Leistungen der Daseinsvorsorge vereinbar." Siehe auch Püttner, Das grundlegende Konzept der Daseinsvorsorge, S. 38.

[751] Dohms, Die Vorstellungen der Kommission zur Daseinsvorsorge, S. 57.

[752] Tz. 15.

[753] Löwenberg, Service public und öffentliche Dienstleistungen in Europa, S. 259.

von Leistungen der Daseinsvorsorge vereinbar" sei.[754] Dementsprechend sieht die Kommission Dienste von allgemeinem wirtschaftlichem Interesse, Binnenmarkt und gemeinschaftliche Wettbewerbspolitik keineswegs als unvereinbar an, sondern sieht diese als sich gegenseitig ergänzend bei der Verfolgung der grundlegenden Ziele des Vertrages: „Diese drei Elemente müssen so zusammenwirken, dass sowohl der einzelne Bürger als auch die Gesellschaft insgesamt davon profitiert."[755] In der überarbeiteten Mitteilung der Kommission wird deutlich, dass die Kommission die Leistungen der Daseinsvorsorge an die sich ändernden Bedingungen anpassen will, in dem sie die Leistungen modernisiert und dem Wettbewerb öffnet. Das zeigt, dass die Kommission den Gemeinwohlgedanken konsequent verfolgt und nicht trotzdem, sondern gerade deshalb, den Bereich der Daseinsvorsorgeleistungen auch dem Wettbewerb öffnen will. Sowohl Wettbewerb als auch Daseinsvorsorge haben also durchaus ihre Berechtigung im europäischen Recht.[756]

Dennoch geht das Gemeinschaftsrecht nicht davon aus, dass Leistungen der Daseinsvorsorge immer im Wettbewerb erbracht werden können. Das europäische Grundkonzept der Erbringung von Daseinsvorsorgeleistungen im Wettbewerb lässt nicht außer Acht, dass nicht immer eine Zielharmonie zwischen freiem Wettbewerb und optimalen Daseinsvorsorgeleistungen besteht. Dementsprechend ist die Erbringung von Leistungen der Daseinsvorsorge im Wettbewerb der Grundsatz, von dem Ausnahmen immer dann zulässig sind, wenn eine Leistungserbringung im Wettbewerb nicht möglich ist. Als Beispiel hierfür könnte man die Ver- und Entsorgung sehr entlegener Gebiete anführen. Denkt man an die Abfallentsorgung, wäre davon auszugehen, dass bei einer freien Marktsituation die Abfälle der entlegenen und damit aufwendig zu erreichenden Gebiete gar nicht mehr entsorgt würden oder die Preise dafür ins Unermessliche steigen würden. Dass in diesen und ähnlichen Situationen, die Erbringung von Leistungen der Daseinsvorsorge im Wettbewerb an ihre Grenzen stößt und der freie Wettbewerb unter Umständen bewirken würde, dass ein Teil der Bevölkerung von den mit der

---

[754] Mitteilung der Kommission zu Leistungen der Daseinsvorsorge in Europa v. 20 09.2000, Rz. 19; i.U. schreibt sie in der Zusammenfassung, dass die bislang gesammelten Erfahrungen auch die absolute Vereinbarkeit von hohen Standards bei der Bereitstellung von Leistungen der Daseinsvorsorge mit den EG-Wettbewerbs- und Binnenmarktregeln bestätigten.

[755] Mitteilung der Kommission zu Leistungen der Daseinsvorsorge in Europa, 2000, Tz. 3.

[756] Schwarze, in: EuZW 2001, S. 337, bezeichnet in diesem Zusammenhang die Mitteilung der Kommission zu Leistungen der Daseinsvorsorge aus dem Jahr 2000 (KOM (2000) 580 endg., ABlEG 2001 Nr. C 17) als „ambivalent", da es der Gemeinschaft schwer falle, einen generellen Vorrang der Wettbewerbsregeln oder der Daseinsvorsorge festzulegen: „Einerseits hebt die Mitteilung die Vorteile hervor, die sich für den Bürger auf Grund einer von der Kommission betriebenen Liberalisierung im Bereich vornehmlich staatlicher oder durch öffentliche Monopolunternehmen bereitgestellter Leistungen der Daseinsvorsorge ergeben haben. Andererseits liegt es ersichtlich in der Absicht der Kommission, die durch Art. 16 EG in gewisser Weise bewirkte Aufwertung gemeinwohlorientierter Leistungen der Daseinsvorsorge ihrerseits anzuerkennen."

Daseinsvorsorge verbundenen Vorteilen ausgeschlossen bliebe und so die Festigung des sozialen und territorialen Zusammenhalts behindert würde, wird auch auf Gemeinschaftsebene nicht verkannt.[757]

Ein (partieller oder vollständiger) Ausschluss von Wettbewerb kommt auch dann in Betracht, wenn die Mitgliedstaaten Zielsetzungen verfolgen, die sich bei einer freien Leistungserbringung im Wettbewerb nicht realisieren lassen und deshalb den Einsatz öffentlicher Institutionen und Unternehmen mit besonderem Dienstleistungsauftrag und besonderer Finanzierung verlangen. Der Gemeinschaftsvertrag und die Anwendung des Wettbewerbsrechts reduzieren den zulässigen Zielhorizont der Mitgliedstaaten nicht auf im Markt zu realisierende Ziele. Die Mitgliedstaaten sind vielmehr frei, im Rahmen der Gemeinwohlorientierung Zielsetzungen jenseits ökonomischer Effizienz und fiskalischer Gewinnerzielung anzustreben. Gemeint sind damit nicht nur die Fälle des Marktversagens. Es geht auch um Ziele wie die Sicherstellung, dass bestimmte Güter verfügbar sind (Museen) oder, dass bestimmte Leistungen allen Bürgern zu angemessenem Preis und mit Mindestqualität zur Verfügung gestellt werden.[758]

Zu überlegen ist, wie diese Befreiung von den Wettbewerbsregeln zu gestalten ist und wie die Leistungserbringung in den Fällen geregelt werden soll, in denen es nicht möglich ist, die Leistung dem freien Wettbewerb zu überlassen. Grundregeln dafür gibt Art. 86 Abs. 2 EG vor.

II. MAßSTAB FÜR DIE ERBRINGUNG VON DASEINSVORSORGE IM WETTBEWERB: ART. 86 ABS. 2 EG

Soweit sich Konflikte zwischen den Prinzipien des Wettbewerbs und des Binnenmarktes einerseits und der Erbringung von Daseinsvorsorgeleistungen andererseits ergeben können, ist Art. 86 Abs. 2 EG der Ansatzpunkt und gibt die Möglichkeiten vor, wie eine zulässige Erbringung von Leistungen der Daseinsvorsorge geregelt sein kann.[759] Art. 86 Abs. 2 EG gestattet es, Wettbewerbsbeschränkungen bis hin zum Ausschluss jeglichen Wettbewerbs zu rechtfertigen, die mit der Gewährung und Ausübung von Sonder- und Ausschließlichkeitsrechten verbunden sind.[760]

---

[757] Mitteilung der Kommission zu Leistungen der Daseinsvorsorge in Europa, 1996, Tz. 15.

[758] Nettesheim, Mitgliedstaatliche Daseinsvorsorge im Spannungsfeld zwischen Wettbewerbskonformität und Gemeinwohlverantwortung, S. 52.

[759] Dohms, Die Vorstellungen der Kommission zur Daseinsvorsorge, S. 57 bezeichnet die Vorschrift deshalb als „das zentrale Instrument der Konfliktlösung und Konfliktvermeidung".

[760] Schlussanträge des GA Léger vom 10.07.2001 in der Rs. C-209/99 (Wouters u.a.), Slg. 2002, I-1582, Rz. 164.

Neben den oben genannten Voraussetzungen, die ein Unternehmen erfüllen muss, um nach Art. 86 Abs. 2 EG von der Anwendung der Vertragsvorschriften ausgenommen zu sein,[761] enthält die Vorschrift auch eine Aussage dazu, wie die Erbringung der Daseinsvorsorge im Wettbewerb auszusehen hat, das heißt auch was die Mitgliedstaaten dürfen, in Bezug auf eine Einschränkung des Wettbewerbs, um die Erbringung der Leistung sicherzustellen und wie die Kompetenzen zwischen Mitgliedstaaten und Gemeinschaft verteilt sind. Auch inwieweit die Mitgliedstaaten bestimmte Leistungen der Daseinsvorsorge an einzelne Anbieter übertragen dürfen oder diese finanziell unterstützen dürfen, richtet sich nach Art. 86 Abs. 2 EG. Allgemein lässt sich das Verhältnis von Mitgliedstaaten und der Gemeinschaft im Bereich der Daseinsvorsorge so umreißen, dass die Mitgliedstaaten die Bereiche „allgemeinen wirtschaftlichen Interesses" definieren und gestalten und die Ausgestaltung am Maßstab der Erforderlichkeit vornehmen können, während die Kommission das „Interesse der Gemeinschaft" definieren und dessen Einhaltung nach dem Verhältnismäßigkeitsprinzip überwachen kann.[762]

Im Rahmen der Anwendbarkeit des Art. 86 Abs. 2 EG sind drei Prinzipien von Bedeutung, die ein flexibles, den jeweiligen Umständen angepasstes, ausgewogenes Vorgehen ermöglichen: Neutralität, Gestaltungsfreiheit und Verhältnismäßigkeit.[763] Durch Art. 86 Abs. 2 EG soll ein Gleichgewichtsverhältnis hergestellt werden, in dessen Rahmen die Mitgliedstaaten Gestaltungsfreiheit bei der Festlegung der Leistungen der Daseinsvorsorge haben und die Gemeinschaft Regelungen treffen kann, um die von den Mitgliedstaaten angestrebten Daseinsvorsorgeleistungen mit den Interessen der Gemeinschaft – und das bedeutet in erster Linie mit dem Wettbewerbsprinzip – in Einklang zu bringen.[764]

1. Neutralität

Neutralität bedeutet, dass die Gemeinschaft den kommunalen wie den privaten Unternehmen neutral gegenübersteht und beide gleich behandelt. Das Gemeinschaftsrecht kennt weder eine besondere Rolle der kommunalen Unternehmen im Wettbewerb in Gestalt einer Privilegierung noch einen grundsätzlichen Vorrang der privaten Unternehmen im Wettbewerb. Außerdem ist nach dem Gemein-

---

[761] S.o. D II. 2.b).
[762] Insoweit zutreffend. Storr, in: DÖV 2002, S. 368.
[763] Mitteilung der Kommission zu Leistungen der Daseinsvorsorge in Europa, 2000, Tz. 20, 24.
[764] Storr, in: DÖV 2002, S. 365.

schaftsrecht kein bestimmter Unternehmenstyp mit der Erbringung der Leistungen der Daseinsvorsorge verbunden. Zu unterscheiden ist nur zwischen daseinsvorsorgenden und sonstigen, jedoch nicht zwischen kommunalen und privaten Unternehmen. Insofern kann nach oben auf die Ausführungen in Teil E II. verwiesen werden.

2. Gestaltungsfreiheit: Kompetenz der Kommunen, den Inhalt der Daseinsvorsorge zu bestimmen

Gestaltungsfreiheit bedeutet, dass die Mitgliedstaaten dafür zuständig sind zu definieren, was ausgehend von den spezifischen Merkmalen einer Tätigkeit als Dienstleistung von allgemeinem wirtschaftlichen Interesse zu gelten hat. Sie verfügen über einen Beurteilungs- und Gestaltungsspielraum. Da kein spezielles Gemeinschaftsrecht existiert, obliegt es den Mitgliedstaaten, Anforderungen wie die Umgrenzung eines bestimmten Versorgungsgebiets, Qualitäts- und Sicherheitsstandards, Nutzer- und Verbraucherrechte sowie die einzuhaltenden Umweltvorschriften festzulegen. Auch die Entscheidung darüber, wer diese Aufgaben wahrnehmen und inwieweit derjenige privilegiert werden soll, fällt in die Kompetenz der Mitgliedstaaten.[765]

Das bedeutet, dass die Kommunen grundsätzlich frei entscheiden können, ob sie eine bestimmte Leistung selbst (durch eigene Unternehmen) erbringen wollen oder die Leistung an Private übertragen wollen.[766] Außerdem kann der Staat konkrete Leistungs- und Qualitätsanforderungen festlegen, damit der nötige Bedarf durch eine Dienstleistung mit Gemeinwohlverpflichtung befriedigt wird.

Die mitgliedstaatliche Definition ist auf Gemeinschaftsebene nur einer Kontrolle auf offenkundige Fehler unterworfen,[767] in deren Rahmen die Kommission aber die in den Mitgliedstaaten getroffenen Wertentscheidungen (v.a. Definition der Gemeinwohlanforderungen) grundsätzlich zu respektieren hat. Auch die Frage, wie die Leistungserbringung im Rahmen der Daseinsvorsorge ausgestaltet werden soll, wird zuallererst auf nationaler Ebene entschieden.[768]

---

[765] Grünbuch, Tz. 77; Storr, in: DÖV 2002, S. 364. Mitteilung der Kommission zu Leistungen der Daseinsvorsorge in Europa vom 20.09.2000, KOM (2000) 580 endg. ABlEG 2001 Nr. C 17, S. 4ff: „Es liegt vor allem in der Verantwortung der staatlichen Stellen, die Aufgaben der Leistungen der Daseinsvorsorge und die Weise ihrer Erfüllung auf den entsprechenden lokalen, regionalen und nationalen Ebenen und in vollständiger Transparenz zu definieren."

[766] Solange dabei nicht die sonstigen Regeln des Vertrages verletzt werden. Nettesheim, Mitgliedstaatliche Daseinsvorsorge im Spannungsfeld zwischen Wettbewerbskonformität und Gemeinwohlverantwortung, S. 53.

[767] Vgl. dazu Mitteilung der Kommission zur Daseinsvorsorge KOM (2000), 580 endg. Rz.22, Zusammenfassung.

[768] In ihrem Grünbuch Tz. 79 hält die Kommission fest: „den Mitgliedstaaten [steht] die Entscheidung frei, wie die Erbringung zu erfolgen hat".

Dabei können die Mitgliedstaaten den Unternehmen besondere oder ausschließliche Rechte gewähren, die diese zur Erbringung der ihnen übertragenen Aufgaben benötigen, sie können deren Tätigkeit reglementieren und sie können sie erforderlichenfalls finanzieren.[769] Insoweit ist es zutreffend zu konstatieren: „Daseinsvorsorge ist in erster Linie Sache der Mitgliedstaaten und nur insoweit Angelegenheit der Gemeinschaft, als ihre Interessen, insbesondere die Durchsetzung des Wettbewerbsprinzips, beeinträchtigt werden."[770] Die Mitgliedstaaten verfügen bei der Festlegung der Daseinsvorsorgeleistungen somit über einen großen Spielraum.[771]

Weil die Kompetenz zur Regelung des Inhalts der Daseinsvorsorge bei den Mitgliedstaaten liegt, hat die Gemeinschaft diesbezüglich keine Kompetenz, auch nicht zur Festlegung eines materiellen Mindeststandards.[772] Daran hat sich weder durch Art. 16 EG noch durch Art. 36 der Charta etwas geändert. Die Daseinsvorsorge ist durch die genannten Vorschriften nicht zu einer Tätigkeit der Gemeinschaft geworden, denn beide Bestimmungen stellen nur ein Bekenntnis zur Bedeutung der Daseinsvorsorge dar, verbunden mit der Sorge und dem Einsatz dafür, dass diese Dienste funktionieren und der Zugang zu ihnen gewährleistet ist.[773] Das bedeutet, dass die Gemeinschaftsorgane keine aktive Daseinsvorsorgepolitik betreiben dürfen, sondern lediglich die mitgliedstaatliche Politik überwachen und insoweit regulieren dürfen, als sie diese mit dem Interesse der Gemeinschaft in Einklang bringen. Dieses „Interesse der Gemeinschaft" ist in erster Linie das Funktionieren des Binnenmarkts auf der Grundlage eines unverfälschten Wettbewerbs (Art. 3 Abs. 1 lit. g EG).[774]

Dass die Kompetenz zur Regelung des Inhalts der Daseinsvorsorge keine Gemeinschaftskompetenz ist, erkennt auch die Kommission ausdrücklich an. In ihrem Grünbuch bestätigt sie, dass es den nationalen, regionalen und örtlichen Behörden eines jeden Mitgliedstaates grundsätzlich freisteht, was sie als Dienst-

---

[769] Mitteilung 2000, Tz. 22.

[770] So Storr, in: DÖV 2002, S. 362.

[771] Die Kommission spricht in ihrem Grünbuch, Tz. 83 von „beachtlichen Freiheiten" bei der „Regelung und Durchsetzung der Gemeinwohlverpflichtungen und der organisatorischen Abwicklung der Erbringung von Dienstleistungen von allgemeinem Interesse."

[772] Storr, Der Staat als Unternehmer, S. 311; ders. In: DÖV 2002, S. 365, Bocklet, Leistungen der Daseinsvorsorge im Konflikt mit EU-Wettbewerbsrecht, S. 19f.; Ehlers, Empfiehlt es sich, das Recht der öffentlichen Unternehmen im Spannungsfeld von öffentlichem Auftrag und Wettbewerb national und gemeinschaftsrechtlich neu zu regeln?, S. E 130f. Die Gemeinschaft kann allenfalls Regelungen treffen, die die von den Mitgliedstaaten angestrebten Daseinsvorsorgeleistungen mit den Interessen der Gemeinschaft in Einklang bringen, siehe dazu gleich unter c).

[773] Sog. „Bestands- und Entwicklungsgarantie", vgl. oben E I.1.a) bb) (2). Alber, Unternehmen der Daseinsvorsorge im europäischen Wettbewerbsrecht, S. 84.

[774] Storr, Der Staat als Unternehmer, S. 322.

leistung von allgemeinem Interesse ansehen.[775] Dabei dürfen auch die eigenen Ziele der mitgliedstaatlichen Politik berücksichtigt und diese vermittels von Verpflichtungen und Beschränkungen zu verwirklichen angestrebt werden, die sie den fraglichen Unternehmen auferlegen.[776] Die Befürchtung, die Gemeinschaft könne die Kompetenz zur Regelung der Daseinsvorsorge ohne eine Kompetenzgrundlage an sich ziehen, ist somit unbegründet.

Außer bei der Festlegung des Inhalts der Daseinsvorsorge verfügen die Mitgliedstaaten auch über Gestaltungsfreiheit hinsichtlich der Ausgestaltung der konkreten Leistungserbringung. So haben die Mitgliedstaaten mehrere Möglichkeiten für die Sicherstellung der Erbringung von Leistungen der Daseinsvorsorge und können selbst entscheiden, welches System sie zur Finanzierung der Dienstleistungen von allgemeinem Interesse einsetzen möchten.[777] Neben der Liberalisierung des betreffenden Dienstleistungsmarktes können sie bestimmten Unternehmen Gemeinwohlverpflichtungen auferlegen oder auch ausschließliche oder besondere Rechte auf einen einzigen Anbieter oder eine begrenzte Zahl von Anbietern übertragen.[778] Für die Finanzierung der Leistungserbringung können die Mitgliedstaaten finanzielle Vorteile gewähren; insbesondere können die Mitgliedstaaten Ausgleichszahlungen gewähren, die für das Funktionieren der jeweiligen Leistung der Daseinsvorsorge unerlässlich sind,[779] dies ist aber nicht zwingend.

3. Verhältnismäßigkeit: Marktkonformität der eingesetzten Mittel

Die Freiheit der Mitgliedstaaten im Bereich der Daseinsvorsorge den Begriffsinhalt zu bestimmen, hat - neben der Kontrolle auf offenkundige Fehler - noch eine weitere Grenze im Gemeinschaftsrecht: den Verhältnismäßigkeitsgrundsatz. Zwar geht Art. 86 Abs. 2 EG davon aus, dass die Mitgliedstaaten die Bereiche „allgemeinen wirtschaftlichen Interesses" festlegen und ihre Ausgestaltung am Maßstab der Erforderlichkeit vornehmen können, die Kommission definiert und überwacht jedoch das „Interesse der Gemeinschaft" und dessen Einhaltung nach dem Verhältnismäßigkeitsprinzip.[780]

---

[775] Kommission der Europäischen Gemeinschaften, Grünbuch zu den Dienstleistungen von allgemeinem Interesse v. 20.05.2003, KOM (2003) 270 endg., Tz. 77.

[776] EuGH (Urteil v. 23.10.1997), Rs. C-157/94, (Kommission/Niederlande), Slg. 1997, I-5699, Rn. 40; (Urteil v. 21.09.1999), Rs. C-67/96, (Albany) Slg. 1999, I-5751, Rn. 104.

[777] Kommission der Europäischen Gemeinschaften, Grünbuch zu den Dienstleistungen von allgemeinem Interesse v. 20.05.2003, KOM (2003) 270 endg., Tz. 88.

[778] Kommission der Europäischen Gemeinschaften, Mitteilung zu Leistungen der Daseinsvorsorge in Europa v. 20.09.2000, KOM (2000) 580 endg., ABlEG 2001 Nr. C 17.

[779] Grünbuch, Tz. 88.

[780] Storr, in: DÖV 2002, S. 368.

Der Grundsatz der Verhältnismäßigkeit gehört nach ständiger Rechtsprechung des Gerichtshofes zu den „allgemeinen Grundsätzen des Gemeinschaftsrechts".[781] Er gilt auch für nationale Stellen, soweit sie das Gemeinschaftsrecht anzuwenden haben,[782] und zwar selbst dann, wenn ihnen ein weiter Ermessensspielraum zur Verfügung steht.[783] Der Grundsatz der Verhältnismäßigkeit verlangt, dass die gewählten Maßnahmen zur Erreichung der verfolgten Ziels sowohl angemessen als auch erforderlich sind. Dabei haben die Mitgliedstaaten die für die Ausübung einer Wirtschaftstätigkeit am wenigsten belastende Maßnahme zu wählen.[784]

Der Grundsatz der Verhältnismäßigkeit in Verbindung mit Art. 86 Abs. 2 EG besagt, dass die Mittel, die zur Erfüllung des Versorgungsauftrags eingesetzt werden, keine unnötigen Handelshemmnisse erzeugen dürfen. Konkret ist sicherzustellen, dass Einschränkungen gegenüber den EG-Vertragbestimmungen und insbesondere Einschränkungen des Wettbewerbs oder der Binnenmarktfreiheiten nicht über das zur tatsächlichen Erfüllung des Auftrags erforderliche Maß hinausgehen.[785]

Auch wenn die oben erläuterte Gestaltungsfreiheit der Mitgliedstaaten im Bereich der Daseinsvorsorge die Freiheit miteinschließt, den Erbringern solcher Leistungen Pflichten aufzuerlegen, müssen diese Pflichten doch mit den Gemeinschaftsvorschriften vereinbar sein.[786] Der Verhältnismäßigkeitsgrundsatz gebietet insofern Abstufungen bei der Einschränkung des Wettbewerbs. Diese ist jeweils nur zulässig, wenn sie nötig ist für die Erbringung der Leistung der Daseinsvorsorge und dann auch nur soweit nötig. Dies schließt einen stärkeren Ausschluss des Wettbewerbs als für die Erbringung der Leistung notwendig wäre, wie beispielsweise die Übertragung ausschließlicher Rechte an ein kommunales Unternehmen, wenn auch die Ausschreibung der Leistung, an der sich auch private Unternehmen beteiligen können, möglich wäre, aus.

---

[781] EuGH (Urteil v. 11.07.1989), Rs. 265/87, (Schräder), Slg. 1989, 2237, Rz. 21

[782] EuGH (Urteil v. 27.10.1990), Rs. 127/92, (Enderby), Slg. 1993, I-5535 Rz. 27.

[783] EuGH (Urteil v. 19.06.1980), Verb. Rs. 41/79, 121/79 und 196/79, (Testa u.a.), Slg. 1980, 1979, Rz. 21

[784] Vgl. z.B. EuGH (Urteil v 17.05.1984), Rs. 15/83, (Denkavit Nederland) Slg. 1984, 2171 oder EuG (Urteil v. 19.06.1997), Rs. T-260/94, (Air Inter SA), Slg. 1997, II-997 Rz. 14; vgl. dazu auch Mitteilung der Kommission zu Auslegungsfragen im Bereich Konzessionen vom 29.04.2000, AblEG 2000, Nr. C 121, S. 2ff, Tz. 3.1.3.

[785] Europäische Kommission, Mitteilung zu Leistungen der Daseinsvorsorge v. 20.09.2000, KOM (2000) 580 endg. AblEG 2001 Nr. C 17 Tz. 23 sowie Zusammenfassung; anschaulich dazu das Schaubild bei Bocklet, Leistungen der Daseinsvorsorge im Konflikt mit EU-Wettbewerbsrecht, S. 18; Borchardt, Empfiehlt es sich, das Rechts der öffentlichen Unternehmen im Spannungsfeld von öffentlichem Auftrag und Wettbewerb national und gemeinschaftsrechtlich neu zu regeln, S. O 19f.

[786] Europäische Kommission, Grünbuch zu Dienstleistungen von allgemeinem Interesse v. 21.05.2003, KOM (2003), 270 endg. Tz. 77.

Um die ordnungsgemäße Vorgehensweise der Mitgliedstaaten überprüfen zu können, ist es von besonderer Wichtigkeit, dass die staatlichen Behörden völlig transparent vorgehen und möglichst genau ermitteln, welchen Bedarf die Leistungen der Daseinsvorsorge aus der Sicht der Verbraucher decken sollen, wer für die Einführung und Durchsetzung der einschlägigen Verpflichtungen zuständig ist und wie diese Verpflichtungen erfüllt werden müssen.[787]

Dies gilt gerade auch in Bezug auf die Finanzierung der Leistung. Trotz einiger Änderungen in Bezug auf die dogmatische Begründung, geht die gemeinschaftsrechtliche Gerichtsbarkeit in gefestigter Rechtsprechung davon aus, dass es einem Mitgliedstaat unbenommen ist, die mit einem hoheitlich begründeten Dienstleistungsauftrag verbundenen Lasten auszugleichen, ohne dass dadurch europäisches Recht verletzt wird.[788] Die Wahlmöglichkeiten der Mitgliedstaaten im Hinblick auf den Ausgleich eines dem betrauten Unternehmen eventuell entstandenen finanziellen Nachteil sind vielfältig.[789] Je nach den Bedürfnissen der betreffenden Unternehmen können diesen jährliche Subventionen, eine steuerliche Vorzugsbehandlung oder eine Genehmigung zur Zahlung niedrigerer Sozialbeiträge gewährt werden. Von Bedeutung auf Gemeinschaftsebene ist dabei nur die Tatsache, dass der Wert der Vorteile nicht die Mehrkosten der betreffenden Unternehmen, die diesen durch die Erbringung einer Dienstleistung von allgemeinem wirtschaftlichen Interesse entstehen, überschreitet.[790] Die Mitgliedstaaten müssen sicherstellen, dass der gewählte Mechanismus das Funktionieren des Binnenmarktes nicht unverhältnismäßig beeinträchtigt[791] und das heißt, dass der Ausgleich nicht über das zur Erfüllung des Auftrags erforderliche Maß hinausgehen darf, wie dies beispielsweise bei einer Überentschädigung der Fall wäre. Der jeweilige Betrag der Ausgleichszahlung muss auf jeden Fall auf der Grundlage eindeutiger, transparenter und nicht diskriminierender Regeln festgestellt werden.[792]

Ansonsten enthält das Gemeinschaftsrecht keine weiteren Beschränkungen der Möglichkeit der Finanzierung von Leistungen der Daseinsvorsorge durch die Mitgliedstaaten. Das Gemeinschaftsrecht enthält weder ein grundsätzliches

---

[787] Europäische Kommission, Mitteilung zu Leistungen der Daseinsvorsorge in Europa v. 20.09.2000, KOM (2000) 580 endg. ABlEG 2001 Nr. C 17 Tz. 9.

[788] Vgl. dazu oben D II. 3., sowie Nettesheim, in: EWS 2002, S. 257.

[789] Nettesheim, in: EWS 2002, S. 257 spricht von einem „umfassenden Ermessensspielsraum".

[790] Europäische Kommission, Bericht für den Europäischen Rat von Laeken v. 17.10.2001, KOM (2001) 598 endg. ABlEG 2001, Nr. C 17 Tz. 18.

[791] Europäische Kommission, Grünbuch zu Dienstleistungen von allgemeinem Interesse v. 21.05.2003, KOM (2003) 270 Tz. 88.

[792] Europäische Kommission, Bericht für den Europäischen Rat von Laeken v. 17.10.2001, KOM (2001) 598 endg. ABlEG 2001, Nr. C 17; Kommission der Europäischen Gemeinschaft, Leistungen der Daseinsvorsorge KOM (2001), 598 endg., ABlEG 2001, Nr. C 17 Tz. 21.

Verbot der Quersubventionierung[793] noch eine allgemeine Pflicht zur Ausschreibung gemeinwirtschaftlicher Dienstleistungsaufträge.[794] Auch hat der Gerichtshof klargestellt, dass es nicht per se gegen den Gemeinschaftsvertrag verstößt, einem Unternehmen ausschließliche oder besondere Rechte zu gewähren und diese aufrecht zu erhalten,[795] sondern nur, wenn sich das aus den Gemeinschaftsregeln ergibt, auf die Art. 86 Abs.1 EG verweist.[796]

Die Anwendung des Verhältnismäßigkeitsgrundsatzes und die daraus abzuleitende abgestufte Zulässigkeit von Einschränkungen des Wettbewerbs bedeutet Folgendes:
Grundsätzlich soll bei den Leistungen der Daseinsvorsorge freier Wettbewerb im Markt herrschen. Wo der freie, unregulierte Wettbewerb keine ausreichenden Ergebnisse hinsichtlich der aufgestellten Voraussetzungen der Daseinsvorsorge[797] erbringt, stehen der Kommune verschiedene Möglichkeiten zu Verfügung, die Erbringung der Leistung in der gewünschten Form zu gewährleisten.[798]

a) Regulierung

Einmal hat sie die Möglichkeit, in Form der Regulierung auf die Leistungserbringung einzuwirken. Unter Regulierung ist dabei der hoheitliche Eingriff in die Gewerbe- und Vertragsfreiheit zu verstehen, der nicht allein der Festlegung und Durchsetzung allgemeingültiger Spielregeln der Marktwirtschaft dient. Sie kann dazu dienen, im Falle des Marktversagens, das heißt dem Versagen der freien Kräfte des Marktes mit dem Zusammenspiel von Angebot und Nachfrage als Grundlage für den Preismechanismus, einen Ausgleich herzustellen.[799]

---

[793] Vgl. Storr, Der Staat als Unternehmer, S. 301.

[794] Nettesheim, in: EWS 2002, S. 256.

[795] Ständige Rechtsprechung seit EuGH (Urteil v. 30.04.1974), Rs. 155/73 (Sacchi), Slg. 1974, 409, Rz. 14 und EuGH (Urteil v. 03.10.1985), Rs. 311/84, (Télémarketing), Slg. 1985, 3261 Rz. 17

[796] EuGH (Urteil v. 19.03.1991), Rs. C-202/88, (Telekommunikationsendgeräte), Slg. 1991, I-1223, Rn. 22.

[797] Siehe dazu oben C I 1. c).

[798] Auch auf Gemeinschaftsebene wurde nie verkannt, dass Daseinsvorsorge nicht immer im Wettbewerb möglich ist, vgl. zuletzt, Kommission der Europäischen Gemeinschaften, Grünbuch zur Dienstleistungen von allgemeinem Interesse, KOM (2003) 270 endg. Tz. 85: „Viele Dienstleistungen von allgemeinem Interesse lassen sich mit Marktmechanismen allein nicht rentabel erbringen, und es bedarf besonderer Bedingungen, um das finanzielle Gleichgewicht des Anbieters sicherzustellen. Beispielsweise kann der Markt aus eigener Kraft keinen universellen Zugang und auch keine flächendeckende Grundversorgung sichern."

[799] Vgl. dazu und zur Entwicklung des Begriffs der Deregulierung: Ruge, Die Gewährleistungsverantwortung des Staates und der Regulatory State, S. 2ff.

Bei der Regulierung hat die Kommune die Möglichkeit, allen Wettbewerbsteilnehmern gleichermaßen die Einhaltung der notwendigen Standards oder auch einen Beitrag zu deren Gewährleistung aufzuerlegen, soweit sie im Bereich der Daseinsvorsorge Leistungen erbringen wollen. Dies kann beispielsweise geschehen, indem die Kommune rechtsverbindliche Regelungen für die Mindestqualität einer bestimmten Leistung der Daseinsvorsorge erlässt. Regelmäßig erfordert dies weder eine Einschränkung des Wettbewerbs, noch den Ausschluss von Unternehmen vom Markt durch Gewährung ausschließlicher oder besonderer Rechte. Aus diesem Grund sind derartige staatliche Regulierungen, soweit sie diskriminierungsfrei allen Unternehmen auferlegt werden, grundsätzlich mit dem Gemeinschaftsrecht vereinbar.[800]

b) Betrauung

Ist es mit der Regulierung des Marktes nicht möglich, die Erbringung der Daseinsvorsorge zu ermöglichen (beispielsweise weil so eine flächendeckende Erbringung oder eine Erbringung zu einem erschwingliche Preis nicht möglich wäre, in der Regel wird dies bei defizitären Diensten der Fall sein), können ein oder mehrere Unternehmen mit der Erbringung der Leistung betraut werden. Die Betrauung stellt sicher, dass die Leistungen der Daseinsvorsorge auch dann erbracht werden, wenn alle anderen Anbieter sich aus dem Markt zurückziehen sollten oder eine wettbewerbliche Erbringung der Leistungen aus anderen Gründen nicht möglich wäre. Ebenso wie bei der Regulierung, ist es bei der Betrauung nicht zwangsläufig notwendig, dem oder den betrauten Unternehmen eine alleinige Betätigung auf diesem Marktsektor, das heißt ausschließliche oder besondere Rechte einzuräumen.[801] Daraus wird deutlich, dass beide dargestellten Möglichkeiten – auch wenn sie eine Einschränkung des Wettbewerbs bedeuten – nicht dazu führen, dass der Wettbewerb völlig ausgeschlossen wird. Außerdem wird den Verbrauchern so trotz Einschränkung des Wettbewerbs, die größtmögliche Freiheit bei der Wahl des Leistungserbringers garantiert. Im Verhältnis zu einem Wettbewerbsausschluss stellen Regulierung und Betrauung somit mildere Mittel dar, so dass vor einem Wettbewerbsausschluss stets abgewogen werden muss, ob nicht auch bereits die Regulierung oder die Betrauung ausreichend ist, um die Erbringung der Leistungen der Daseinsvorsorge sicherzustellen.

---

[800] Dohms, Die Vorstellungen der Kommission zur Daseinsvorsorge, S. 52f.
[801] Dohms, Die Vorstellungen der Kommission zur Daseinsvorsorge, S. 53.

c) Verhältnismäßigkeit des Wettbewerbsausschlusses bei defizitären Leistungen

Leistungen der Daseinsvorsorge werfen nicht immer Gewinne ab. Teilweise erfordert die Erbringung bestimmter Leistungen einen hohen finanziellen Aufwand. Wenn in einem bestimmten Bereich einem bzw. einigen Anbietern Gemeinwohlverpflichtungen auferlegt worden sind, entstehen diesen durch diese Verpflichtung zusätzliche Kosten, da sie beispielsweise verpflichtet sind, alle Verbraucher zu beliefern und nicht nur die, bei denen sich mit der Leistungserbringung ein Gewinn erzielen lässt. Diesbezüglich können die Mitgliedstaaten dem bzw. den Unternehmen einen finanziellen Ausgleich gewährleisten. Wie sie diesbezüglich vorgehen, ist Bestandteil ihrer Gestaltungsfreiheit. Die Kommission hat es in diesem Zusammenhang beispielsweise für grundsätzlich zulässig erachtet, alle einschlägigen Anbieter an der Finanzierung der mit der Erbringung des gemeinwohlorientierten Dienstes verbundenen Nettomehrkosten zu beteiligen und zwar entweder mit Hilfe einer zusätzlichen Abgabe oder eines Fonds für öffentliche Dienste.[802]

Erst wenn es nicht möglich ist, eine Leistung der Daseinsvorsorge im (freien oder regulierten) Wettbewerb zu erbringen, kann einem Unternehmen auf dem Markt ein ausschließliches Recht eingeräumt werden. Da auch insoweit die Chancengleichheit von kommunalen und privaten Unternehmen gelten muss, kann nicht im Vorhinein feststehen, was für ein Unternehmen dieses Recht erhält. Maßgeblich ist, neben der Erfüllung von möglichen anderen aufgestellten Kriterien, wie beispielsweise die Beachtung von Gesichtspunkten des Umweltschutzes, welches Unternehmen die wenigsten Subventionen für die Erbringung der Leistung beansprucht.[803]

Die Auswahl des Unternehmens muss aufgrund offener, transparenter und diskriminierungsfreier Regeln ermittelt werden.[804] Um dies zu gewährleisten, eignet

---

[802] Europäische Kommission, Mitteilung zu Leistungen der Daseinsvorsorge v. 20.09.2000, KOM (2000) 580, ABlEG 2001 Nr. C 17 Tz. 15; vgl. auch Weiß, in: EuR 2003, S. 188.

[803] Unter Umständen kann ein ausschließliches Recht auch bei einer gewinnbringenden Leistung der Daseinsvorsorge erforderlich sein, beispielsweise, wenn mehrere Leistungsträger unangebracht sind, weil kein Leistungsträger für sich alleine existenzfähig ist. So würde es wenig Sinn machen, wenn drei Unternehmen um die (an sich durchaus gewinnabwerfende) Müllentsorgung einer einzigen Straße konkurrieren würden. In diesem Fall käme es dann – neben der Erfüllung von anderen aufgestellten Kriterien darauf an, welches Unternehmen das Meiste für den Erhalt der Konzession zahlen würde.

[804] Die Kommission führt dazu in ihrem Grünbuch zu Dienstleistungen von allgemeinem Interesse v. 21.05.2003, KOM (2003) 270 endg., Tz. 81 aus: „Beschließt eine Behörde eines Mitgliedstaates, einen Dritten mit der Erbringung einer Dienstleistung von allgemeinem Interesse zu betrauen, so sind bei dessen Auswahl bestimmte Regeln und Grundsätze zu beachten, damit unabhängig von der Organisationsform (öffentlich-rechtlich oder privat) für sämtliche Anbieter, die zur Erbringung der betreffenden Leistung in der Lage sind, die gleichen Bedingungen gelten. So wird sichergestellt, dass die Leistungen zu den wirtschaftlich günstigsten Konditionen, die auf dem Markt zu haben sind, bereitgestellt werden. Im Rahmen

sich die Ausschreibung der Leistung. Das Gemeinschaftsrecht schreibt eine Ausschreibung jedoch nicht vor und lässt auch andere Vergabeverfahren zu, solange die oben genannten Regeln eingehalten werden. Das Vergabeverfahren hat jedoch den enormen Vorteil, dass es – auch wenn es den Wettbewerb *auf* dem Markt nicht ersetzen kann - jedoch zumindest den Wettbewerb *um* den Markt gewährleistet. Zwar ist es richtig, dass der Wettbewerb um den Markt nur ein unvollkommener Ersatz für den Wettbewerb im Markt ist, weil Art und Qualität der Leistung vom Staat vorgegeben und nicht aufgrund von Angebot und Nachfrage ermittelt werden.[805] Wenn jedoch der Wettbewerb auf dem Markt nicht möglich ist, ist der Wettbewerb um den Markt eine verhältnismäßig geringere Einschränkung des Wettbewerbs als der Ausschluss jeglichen Wettbewerbs. So wird dem Wettbewerbsprinzip auch in den Fällen, in denen eine Leistungserbringung im Wettbewerb nicht möglich ist, weitestmögliche Geltung verschafft, indem möglichst wettbewerbsnahe Bedingung hergestellt werden und somit dem Grundsatz der Verhältnismäßigkeit Genüge getan.[806] Dies führt nicht nur zu einer hohen Qualität bei möglichst günstigen Preisen. Auch wird so das Konzept des Binnenmarktes weitestmöglich umgesetzt und die Vorteile des Wettbewerbs können auch in den Bereichen ihre Geltung entfalten, in denen es nicht möglich ist, die Erbringung einer Leistung dem freien Wettbewerb zu überlassen.[807]

Im Rahmen des Vergabeverfahrens haben die Kommunen nicht nur die Möglichkeit, eine bestimmte Qualität der Leistung festzuschreiben, sondern auch weitere Ziele, die sie verfolgen (z.B. freier Eintritt für Schulklassen, Sozialtarife für Behinderte, einen bestimmten umweltpolitischen Zweck) zu berücksichtigen. Diese Ziele können beispielsweise in der Ausschreibung des Auftrags als Bedingungen für den Erhalt der Konzession festgelegt werden.

Dem Gemeinschaftsrecht ist keine allgemeine Pflicht zu entnehmen, eine Dienstleistung von allgemeinem wirtschaftlichen Interesse, die im Wettbewerb nicht

---

dieser Regeln und Grundsätze steht es den Behörden frei, die Besonderheiten der geforderten Dienstleistung festzulegen. Damit die betreffende Behörde ihre Ziele im Interesse des Gemeinwohls erreichen kann, zählen hierzu auch sämtliche Anforderungen in Bezug auf die Dienstequalität."

[805] Wissenschaftlicher Beirat beim BMW, „Daseinsvorsorge" im europäischen Binnenmarkt, S. 20.

[806] Außerdem soll Wettbewerb bei der Zuschlagserteilung gewährleisten, dass die öffentlichen Hauhalte durch die Finanzierung des Gemeinwohlauftrags nicht mehr als nötig belastet werden, vgl. Europäische Kommission, Mitteilung zu Leistungen der Daseinsvorsorge in Europa v. 20.09.2000, KOM (2000) 580 endg. ABlEG 2001 Nr. C 17 Tz. 17.

[807] Vgl. dazu EuGH (Urteil v. 25.10.1977) Rs. 26/76 (Metro/Kommission), Slg. 1977, 1875 (1905), wo der Gerichtshof fordert, es müsse „soviel Wettbewerb vorhanden sein, dass die grundlegenden Forderungen des Vertrages erfüllt und seine Ziele, insbesondere die Bildung eines einzigen Marktes mit binnenmarktähnlichen Verhältnissen erreicht werden. Diese Forderung lässt es zu, dass Art und Intensität des Wettbewerbs je nach den in Betracht kommenden Waren oder Dienstleistungen und der wirtschaftlichen Struktur des betroffenen Marktsektors verschieden sein können."

erbracht werden kann, auszuschreiben.[808] Für einen Vorrang der Ausschreibung vor einer Einräumung von ausschließlichen Rechten, ohne eine Ausschreibung, spricht jedoch, dass so nicht nur optimale Wettbewerbsbedingungen für alle Unternehmen gegeben sind, die Wettbewerb immer so weit zulassen, wie er mit der Erbringung der Leistung der Daseinsvorsorge vereinbar ist, sondern dass auf diese Weise durch die bestehende Konkurrenz um den Markt auch ausgeschlossen ist, dass eine unzulässige Überkompensation einer defizitären Dienstleistungen von allgemeinem wirtschaftlichen Interesse stattfindet.[809] Für den Fall, dass die Erbringung einer Dienstleistung von allgemeinem wirtschaftlichen Interesse aufgrund eines fairen, transparenten und nicht diskriminierenden Verfahrens, was die zu erbringende Dienstleistung und den Betrag der Ausgleichzahlung betrifft, vergeben wurde, so wird auf Gemeinschaftsebene üblicherweise davon ausgegangen, dass der Betrag der Ausgleichszahlungen mit den Anforderungen von Art. 86 Abs.2 EG vereinbar ist, unter der Voraussetzung, dass das Verfahren tatsächlich wettbewerbsmäßig ablief.[810] Stehen verschiedene Unternehmen im Wettbewerb um den Erhalt der Konzession, ist dies auch zugleich Anreiz dafür, die Kosten möglichst gering zu halten. Dies würde auch in Einklang stehen mit der Rechtsprechung des Gerichtshof in der Rechtssache "Altmark"[811]. Der Gerichtshof stellt dort für die Nichtqualifizierung einer Maßnahme als Beihilfe nach Art. 87 EG nicht auf den Ausgleich der Kosten ab, die dem Unternehmen tatsächlich entstanden sind, sondern ausgeglichen werden darf nur noch der Betrag, der einem durchschnittlichen, gut geführten Unternehmen entstanden wäre.

Auch wenn in der jetzigen Lage unklar ist, ob der Differenzbetrag zwar als Beihilfe einzustufen ist, wegen der Gestaltungsfreiheit der Mitgliedstaaten im Be-

---

[808] Aus diesem Grund ist Borchardt auch der Auffassung, dass eine Ausschreibung im Bereich der Daseinsvorsorge nicht zwingend erforderlich ist. Dies sei weder unter dem Gesichtspunkt einer wirksamen Beihilfenaufsicht notwendig noch unter dem Gesichtspunkt der Marktöffnung zwingend vorgeschrieben, vgl. 64. DJT, Thesen zum Referat von Borchardt, III. 2. Nr. 13.

Der DJT hat sich im September 2002 mit der Annahme der folgenden Beschlusses auch ausdrücklich gegen die Einführung einer Ausschreibungspflicht ausgesprochen: „Für die Auswahl der mit der Dienstleistung von allgemeinem wirtschaftlichem Interesse zu betrauenden Unternehmen sollte im Rahmen von Art. 86 Abs. 2 EG von einer Ausschreibungspflicht abgesehen werden.", vgl. Beschlüsse des 64. DJT, Beschluss Nr. 32, angenommen mit 107 Stimmen bei 15 Gegenstimmen und 4 Enthaltungen, in: Verhandlungen des 64. Deutschen Juristentages, Berlin 2002, Band II/2 Sitzungsberichte (Referate und Beschlüsse).

[809] Deshalb dürfte dies in der Regel beihilferechtlich unbedenklich sein. So auch Nettesheim, in: EWS 2002, S. 256.

[810] Europäische Kommission, Bericht für den Europäischen Rat von Laeken v. 17.10.2001, Leistungen der Daseinsvorsorge KOM (2001), 598 endg., Tz. 19, so auch schon die Mitteilung der Kommission zu Leistungen der Daseinsvorsorge in Europa vom 20.09.2000, KOM (2000) 580 endg., ABlEG 2001 Nr. C 17 Tz. 22; zustimmend Borchardt, Empfiehlt es sich das Recht der öffentlichen Unternehmen im Spannungsfeld von öffentlichem Auftrag und Wettbewerb national und gemeinschaftsrechtlich neu zu regeln?, S. O 22.

[811] EuGH (Urteil v. 24.07.2003), Rs. C-208/00, (Altmark), Slg. 2003, I-7747, siehe dazu oben D II. 3.

reich der Daseinsvorsorge jedoch als nach Art. 86 Abs. 2 EG gerechtfertigt anzusehen ist,[812] und die weitere Rechtsprechung des Gerichtshofs insofern abzuwarten bleibt, geht die mangelnde Effizienz und die daraus folgenden Kostenerhöhung eines Unternehmens doch stets zu Lasten des Verbrauchers. Das Urteil des Gerichtshofs macht deutlich, dass auch die Effizienz eines Unternehmens unter beihilferechtlichen Gesichtspunkten von Bedeutung ist. Dies sollte konsequent umgesetzt werden und deshalb auch bei der Finanzierung einer defizitären Dienstleistung über die Ausschreibung der Leistung, die einen optimalen Vergleich von Leistung und Kosten erlaubt, umgesetzt werden.[813]

Auch ließe sich mit dem Weg der Ausschreibung ein Verstoß gegen die Niederlassungsfreiheit und die Dienstleistungsfreiheit vermeiden, da sich auch ausländische Unternehmen an der Ausschreibung beteiligen könnten. Schließlich würde die Ausschreibung auch Transparenz gewährleisten, indem sie Aufschluss über die einzelnen Kosten gibt, die für die Erbringung einer defizitären Leistung der Daseinsvorsorge anfallen.[814] Die Transparenz würde wiederum die Gleichbehandlung der Unternehmen und die Herstellung und Überwachung von fairen Wettbewerbsbedingungen begünstigen. Wie der Gerichtshof in seiner Rechtsprechung stets hervorgehoben hat, besteht ein Zusammenhang zwischen dem Grundsatz der Transparenz und dem Grundsatz der Gleichbehandlung. Der Grundsatz der Transparenz führt zu einer Sicherung des Zwecks des Grundsatzes der Gleichbehandlung, indem er unverfälschte Wettbewerbsbedingungen garantiert.[815]

Aus dem Grundsatz der Verhältnismäßigkeit, nach dem Wettbewerb und finanzielle Ausgewogenheit in Einklang zu bringen sind, sollte eine regelmäßige Wiederausschreibung des Auftrags stattfinden, jedoch unter Berücksichtigung der notwendigen Kosten, die dem jeweiligen Erbringer für das Angebot der Leistung entstehen. In ihrer Mitteilung zu Auslegungsfragen im Bereich Konzessionen schlägt die Kommission vor, die Laufzeit einer Konzession so festzulegen, dass der freie Wettbewerb nur so weit eingeschränkt werde, wie es erforderlich sei, um die Amortisierung der Investition und eine angemessene Verzinsung des einge-

---

[812] Dies ist wohl anzunehmen, da die Gestaltungsfreiheit der Mitgliedstaaten auch die Art und Weise der Erbringung und somit die Effizienz des Unternehmens erfasst und ein Ausgleich von Kosten eines ineffektiven Unternehmens nicht den Markt verzerrt, da er im Ergebnis nur einen Ausgleich und eben keinen finanziellen Vorteil darstellt und somit „nur" zu Lasten des Verbrauches geht.

[813] In diesem Sinne auch: Gundel, in: RIW 2002, S. 227f.

[814] So auch Borchardt, Empfiehlt es sich das Recht der öffentlichen Unternehmen im Spannungsfeld von öffentlichem Auftrag und Wettbewerb national und gemeinschaftsrechtlich neu zu regeln?, S. O 22.

[815] EuGH (Urteil v. 25.04.1996), Rs. C-87/94, (Wallonische Busse), Slg 1996, 2043, Rz. 54; vgl. dazu auch die Mitteilung der Kommission zu Auslegungsfragen im Bereich Konzessionen vom 29.04.2000, AblEG 2000, Nr. C 121, S. 2ff, Tz. 3.1.2.

setzten Kapitals sicherzustellen.[816] Erhält ein Unternehmen beispielsweise ausschließliche Rechte für die Erbringung von Leistungen in einem Netz, das aber einer finanziell aufwendigen Überholung bedarf, kann die Konzession nicht nach der Renovierung enden, sondern muss dem Unternehmen darüber hinaus auch die Möglichkeit geben, die investierten Beträge sowie einen angemessenen Gewinn mit der Leistungserbringung zu erwirtschaften. Nach diesem Zeitraum muss die Kommune dann aber die Möglichkeit haben, die Leistung erneut auszuschreiben, damit auch der hier erforderliche Wettbewerbsausschluss noch mit dem Grundsatz der Verhältnismäßigkeit vereinbar ist.

Hinsichtlich der Einräumung ausschließlicher Rechte ist zu beachten, dass diese, wie sonstige den Wettbewerb beschränkende Maßnahmen, unter dem Vorbehalt des Art. 86 Abs. 1 EG stehen. Das bedeutet, dass die Einräumung von Sonderrechten da an ihre zulässigen Grenzen stößt, wo die staatliche Gewährung eines ausschließlichen Rechts nicht nur zur Errichtung einer marktbeherrschenden Stellung führt, sondern der Staat auch eine Lage schafft, in der das Unternehmen diese Stellung zwangsläufig missbrauchen muss[817] oder ein solcher Missbrauch unter den konkreten Umständen wahrscheinlich ist.[818]

III. UNBEGRÜNDETHEIT DER SORGE UM DEN BESTAND DER KOMMUNALEN DASEINSVORSORGE

Im Zusammenhang mit der zunehmenden Einwirkung des Gemeinschaftsrechts auf die Daseinsvorsorge stellt sich die Frage, ob dies den Bestand der kommunalen Daseinsvorsorge gefährden könnte. Es wird befürchtet, dass die Konkurrenz von privaten und öffentlichen Unternehmen im Bereich der Daseinsvorsorge zu einer Reduzierung öffentlicher Aufgaben und Mindestversorgungsstandards im Sinne einer Anpassung des Versorgungsniveaus nach unten führen könne.[819] In dem durch den Wettbewerb entstehenden Druck sieht man teilweise die Gefahr einer Einschränkung des kommunalen Engagements im Umwelt-, Gesundheits- und Sozialbereich, weil die Unternehmen durch den Wettbewerb dazu gezwungen seien, ihre Leistungen zu sehr niedrigen Preisen anzubieten.[820] Es wird vertreten,

---

[816] Mitteilung der Kommission vom 29.04.2000 zu Auslegungsfragen im Bereich Konzessionen im Gemeinschaftsrecht, ABlEG 2000 Nr. C 121/2, Tz. 3.1.1.

[817] Ständige Rechtsprechung seit EuGH (Urteil v. 23.04.1991), Rs. C-41/90, (Höfner und Elser), Slg. 1991, I-1979, Rz. 34.

[818] Ständige Rechtsprechung seit EuGH (Urteil v. 18.06.1991), Rs. C-260/89, (ERT), Slg. 1991, I-2925, Rz. 37 und EuGH (Urteil v. 10.12.1991) Rs. C-179/90, (Porto di Genova), Slg. 1991, I-5889, Rz. 17-19.

[819] Cox, Öffentliche Unternehmen und Europäischer Binnenmarkt, S. 11.

[820] Steckert, Kommunale Energieversorgungsunternehmen, Daseinsvorsorge und Wettbewerb in Europa, S. 58.

dass Aufgaben der Daseinsvorsorge, die in privatwirtschaftlichen Organisationsformen nach privatwirtschaftlichen Grundsätzen und in Konkurrenz mit privaten Anbietern erfüllt werden müssen, sich vielfach nicht mehr oder nicht mehr in der gleichen Art und Weise erfüllen ließen, da sich eine auf die Durchsetzung öffentlicher Interessen ausgerichtete Tätigkeit nicht mit der Maxime der Gewinnmaximierung vereinbaren ließe.[821] Die verstärkte Einwirkung des Gemeinschaftsrechts auf das nationale Recht berge für die Kommunen die Gefahr einer „Ausblendung der kommunalen, an der Lebenswirklichkeit orientierten Perspektive."[822]

In Bezug auf die möglichen Gefahren, die eine grundsätzlichen Erbringung der Daseinsvorsorge im Wettbewerb mit sich bringen könnte, wird auch hervorgebracht, dass ein zu starker Wettbewerb die Vorteile, die Wettbewerb eigentlich mit sich bringen soll, wieder zunichte machen könne.[823] Zwar sei die Verdrängung schwächerer Wettbewerber Teil des Wettbewerbs und als solches auch bezweckt, doch wenn die Zahl der Wettbewerber auf dem Markt zu stark sinke, könne dies zu oligopolistischen Strukturen führen und damit das Risiko von Kartellen, aufgeteilten Märkten und schlimmstenfalls Monopolbildungen erhöhen.[824] Die gewonnene Freiheit am Markt gehe dann wieder verloren, wenn sich die bereits bestehende Tendenz zur Konzentration der Unternehmen weiter fortsetze.[825] Im schlimmsten Fall läge dann der „sichtbare Erfolg des Wettbewerbs ... in seiner Beendigung."[826]

Diese Sorgen sind angesichts der rechtlichen Situation auf Gemeinschaftsebene unbegründet. Zwar ist es zutreffend, dass freier Wettbewerb nicht für alle Leistungen der Daseinsvorsorge die optimale Erbringungsform ist, dies wird jedoch vom Gemeinschaftsrecht auch nicht gefordert. Die Kommunen haben im Rahmen der ihnen im Bereich der Daseinsvorsorge eingeräumten Gestaltungsfreiheit auch das Recht, das „Wie" der Erbringung zu regeln und Bedingungen für den Wettbewerb festzulegen bzw. ihn zu regulieren.[827] Dazu gehört neben der Möglichkeit, Mindestqualitätsstandards und Höchstpreise festzulegen, beispielsweise auch die

---

[821] Hailbronner, in: NJW 1991, S. 595.

[822] Ehlers, Steuerung kommunaler Aufgabenerfüllung durch das Gemeinschaftsrecht, S. 36.

[823] Vgl. dazu einige Beispiele in: CEEP, Die Rolle der öffentlichen kommunalen Unternehmen, S.5.

[824] CEEP, Die Rolle der öffentlichen kommunalen Unternehmen, S.6.

[825] So Schulte-Beckhausen, Energieversorgung als öffentliche Aufgabe im europäischen Ordnungsrahmen, S.115, für den Strommarkt: „Der starke Druck auf die die Erzeugungskosten wird ohne regulative Marktmechanismen zu Investitionsruinen führen, bedauerlicherweise auch in Bezug auf umweltfreundliche Erzeugungsarten, ... die zum Erreichen der international verpflichtenden Klimaschutzziele einen wertvollen Beitrag leisten."

[826] Steckert, Kommunale Energieversorgungsunternehmen, Daseinsvorsorge und Wettbewerb in Europa, S. 53.

[827] Vgl. dazu oben, F II. 2.

Festschreibung eines bestimmten Versorgungsgebietes. So können die Kommunen im Rahmen ihrer Gestaltungsfreiheit sowohl einer befürchteten Reduzierung des Versorgungsniveaus als auch einer möglichen Preisexplosion entgegenwirken.[828]

Es ist zutreffend, dass die wichtigste Bedingung für einen funktionierenden Wettbewerb, der sich zugunsten der Verbraucher auswirken kann, das Vorhandensein einer genügenden Anzahl von Wettbewerbern ist, und dass - wenn diese nicht mehr gegeben sind - die Vorteile des Wettbewerbs, wie zum Beispiel die Preissenkung und Qualitätssteigerung zunichte gemacht werden.[829] Soweit daraus eine vorsichtige Regulierung gefordert wird, um zu vermeiden, dass neue Monopole und Oligopole ihre dominante Stellung missbrauchen und dass ein reiner Verdrängungs-Wettbewerb entsteht, und um ausreichend Wettbewerb auf dem Gebiet der Daseinsvorsorge in allen territorialen Gebieten zu gewährleisten,[830] ist dies nicht nur nachvollziehbar, sondern auch im Interesse der Gemeinschaft und nach deren Recht unproblematisch möglich.

Nach dem Gemeinschaftsrecht soll der Wettbewerb gerade eine möglichst hohe Qualität der Daseinsvorsorge ermöglichen und der Wettbewerb soll sich in diesem Sinne zugunsten des Verbrauchers auswirken. In dem Augenblick, wo dies nicht mehr der Fall ist, ist gerade auch aus Sicht der Gemeinschaft eine Regulierung des Wettbewerbs erforderlich, da nur so die vom Gemeinschaftsrecht angestrebte optimale Vereinbarkeit von Wettbewerb und Daseinsvorsorge verwirklicht werden kann. Denn wenn sich der Wettbewerb zum Nachteil einer optimalen Erbringung der Daseinsvorsorge auswirkt und die Verbraucher durch den Wettbewerb Nachteile haben, beispielsweise in Bezug auf die Qualität oder den Preis der Leistungen der Daseinsvorsorge, wird auch vom Gemeinschaftsrecht eine Regulierung des Wettbewerbs angestrebt, denn alles andere stünde im völligen Widerspruch zum Vertragsziel des unverfälschten Wettbewerbs, Art. 3 Abs. 1 lit. g) EG. Das Gemeinschaftsrecht will gerade keinen Wettbewerb im Bereich der Daseinsvorsorge um jeden Preis, sondern eine Leistungsoptimierung durch den Wettbewerb zugunsten der Verbraucher. Die zu einer erforderlichen Regulierung des Wettbewerbs notwendigen Mittel, wie die Festlegung bestimmter Kriterien für alle Marktteilnehmer, beispielsweise zur Verbesserung des Umweltschutzes, oder der Festlegung bestimmter Mindeststandards von Leistungen der Daseinsvorsorge, sind den Mitgliedstaaten im Rahmen ihrer Gestaltungsfreiheit im Rahmen der Daseinsvorsorge an die Hand gegeben.

---

[828] Vgl. dazu auch Cox, Öffentliche Unternehmen und europäischer Binnenmarkt, S. 12.
[829] CEEP, Die Rolle der öffentlichen kommunalen Unternehmen, S.6.
[830] So der CEEP, Die Rolle der öffentlichen kommunalen Unternehmen, S.7.

Vor diesem Hintergrund fragt sich, woher die Befürchtungen um den Bestand der kommunalen Daseinsvorsorge stammen. Die Antwort hierauf ist wohl darin zu suchen, dass die Sorge häufig nicht den Bestand der kommunalen Daseinsvorsorge an sich betrifft, sondern eher die Vorsorge um das Dasein bestimmter (das heißt kommunaler) Unternehmen. Besteht diesbezüglich Furcht davor, dass kommunale Daseinsvorsorge in Zukunft nicht mehr (ausschließlich oder hauptsächlich) durch kommunale Unternehmen erbracht werden wird, ist diese nicht unberechtigt, da das Gemeinschaftsrecht gerade zwischen der Leistung und dem Leistungserbringer unterscheidet und zugunsten einer optimalen Leistung den Leistungserbringer danach bestimmt, wer die Leistung am Besten und Kostengünstigsten erbringen kann. Dies hat jedoch mit einer Sorge um den Bestand der kommunalen Daseinsvorsorge nichts zu tun. Denn einmal wird diese durch die Auswahl des besten Leistungserbringers optimiert, ganz davon abgesehen, dass die Verantwortung für die Gewährleistung und Ausgestaltung der Daseinsvorsorge ohnehin bei den Kommunen bleibt.

Zweitens müssen sich die kommunalen Unternehmen nicht aus dem Wettbewerb zurückziehen, sondern können selbst in der Leistungserbringung verbleiben.[831] Selbst wenn sich die Kommunen jedoch von selbst auf die Gewährleistungsrolle beschränken oder dies deshalb geschieht, weil private Anbieter wegen eines besseren Angebots den Zuschlag bekommen, wird dies nicht die Verfolgung anderer als marktpolitischer Ziele verhindern oder zunichte machen, weil die Kommunen im Rahmen ihrer Gestaltungsfreiheit nach wie vor das Recht haben, die Rahmenbedingungen des Wettbewerb festzulegen, also die Einhaltung von arbeitsmarkt-, umweltpolitischen oder sonstigen Zielen zur Bedingung im Rahmen der Leistungserbringung der Daseinsvorsorge zu machen. Das Gemeinschaftsrecht und der Wettbewerb bedeuten somit keine Gefahr für den Bestand der kommunalen Daseinsvorsorge.

Zu erwähnen ist in diesem Zusammenhang auch, dass die von den Ländern und Gemeinden gehegte Befürchtung, dass sie ihre Kompetenzen zunehmend verlieren, nicht damit korrespondiert, dass die Gemeinschaft keinen Wert auf die substaatlichen Ebenen legt.[832] So hat beispielsweise das Europäische Parlament, in wiederholten Entschließungen, die Einbeziehung der regionalen Ebene in die

---

[831] Vgl. dazu F II 3.

[832] Insofern ist die Bezeichnung der Gemeinschaft als „kommunalblind" (so Faber, Europäische Grenzen kommunaler Wirtschaftsförderung, S.50, dies. in DVBl. 1991, S.1127, Frenz, Kommunale Selbstverwaltung und Europäische Integration, S.22; Hofmann, Verankerung der Grundvoraussetzungen kommunaler und regionaler Selbstverwaltung in einer Europäischen Verfassung, S.216) nicht ganz zutreffend, vgl. Stöß, EU und kommunale Selbstverwaltung, S.58.

Gemeinschaftstätigkeit gefordert.[833] Weder im Gemeinschaftsrecht noch in dieser Arbeit wird die Bedeutung der substaatlichen Einrichtungen, wie der Kommunen, für die Europäische Gemeinschaft verkannt.[834] Es ist zutreffend, dass die Kommunen eine wichtige Bedeutung als Integrationsfaktor zwischen Bürger und Staat haben.[835] Allerdings ist die fortschreitende europäische Einigung auch aus kommunaler Sicht ohne Alternative.[836] Denn genauso wie die Europäische Gemeinschaft die Kommunen braucht, da es nur Bestand haben kann, wenn es in der Bevölkerung verankert ist, brauchen die Kommunen die Europäische Gemeinschaft, die ihnen mit ihren stabilen wirtschaftlichen und politischen Verhältnissen zugute kommt.[837]

Insgesamt lässt sich festhalten, dass der EG-Vertrag in seinem Anwendungsbereich die Erfordernisse sozialstaatlicher Daseinsvorsorge nicht vernachlässigt, sondern alle Möglichkeiten bereithält, um zugunsten des Verbrauchers die Vorteile des Wettbewerbs und des Binnenmarktes mit einer sicheren Erbringung von Daseinsvorsorgeleistungen zu verbinden.[838] Einmal sind die Unternehmen, die Leistungen der Daseinsvorsorge erbringen, durch Art. 86 Abs. 2 in Verbindung mit Art. 16 EG geschützt, indem sie eine Sonderstellung im Hinblick auf die ihnen auferlegten Leistungsaufgaben im liberalisierten Binnenmarkt genießen, die ihnen unter Umständen eine Befreiung von den Regeln des Vertrages gestattet.

---

[833] Vgl. Entschließung v. 18.11.1988 zur Regionalpolitik, DOK A2-218/88; Entschließung v. 21.11.1990 zum Grundsatz der Subsidiarität, DOK A3-163/90; Entschließung v. 22.11.1990 zur Strategie des EP im Hinblick auf die EU, DOK A3-270/90; Entschließung v.12.12.1990 zu den verfassungsmäßigen Grundlagen der EU, DOK A3-301/90.

[834] Vgl. dazu auch Zuleeg, DVBl. 1992, S.1337: die Bedeutung der Kommunen wird deutlich, „wenn man sich vor Augen hält, dass der Zusammenhalt der Gemeinschaft in erster Linie auf deren Rechtsordnung beruht. Wird sie nicht eingehalten, ist das Einigungswerk in Gefahr; denn weder ein europäisches Volk noch eine europäische Zwangsgewalt verhindert das Auseinanderbrechen der Gemeinschaft."

[835] Kreiner, RiA 1989, S. 143.

[836] So auch Kaltenborn, Der Schutz der kommunalen Selbstverwaltung, S. 116; Knemeyer, in: DÖV 1988, S. 997; zustimmend: Kreiner, RiA 1989, S. 147.

[837] Siedentopf, in: DÖV 1988, S. 997.

[838] Dohms, Die Vorstellungen der Kommission zur Daseinsvorsorge, S. 71; Badura, Wirtschaftliche Betätigung der öffentlichen Hand zur Gewährleistung von Daseinsvorsorge, S. 31; Ehlers, Empfiehlt es sich, das Recht der öffentlichen Unternehmen im Spannungsfeld von öffentlichem Auftrag und Wettbewerb national und gemeinschaftsrechtlich neu zu regeln?, S. E 64: „Entgegen einem häufig zu hörendem Vorwurf strebt das Gemeinschaftsrecht weder eine Zurückdrängung der Daseinsvorsorge noch eine Zurückdrängung der öffentlichen Wirtschaft, wohl aber ein System unverfälschten Wettbewerbs an, das die privaten Unternehmen grundsätzlich nicht schlechter stellt als die öffentlichen. Durch die Anwendung der Wettbewerbsregeln soll nicht nur der Binnenmarkt verwirklicht, sondern eine bessere Verfügbarkeit und Qualität sowie eine Verbilligung der Leistungen der Daseinsvorsorge erreicht werden."

Außerdem bekennt sich die Gemeinschaft ausdrücklich zur Kompetenz der Mitgliedstaaten für die Ausgestaltung der Daseinsvorsorge.[839]

---

[839] So auch Badura, Wirtschaftliche Betätigung der öffentlichen Hand zur Gewährleistung von Daseinsvorsorge, S. 31; Stober, in: NJW 2002, S. 2367: „...weshalb das Gemeinschaftsrecht insgesamt betrachtet, die Erfordernisse der Daseinsvorsorge und der öffentlichen Unternehmen nicht vernachlässigt, sondern das bestehende Gleichgewicht des Vertrages bestätigt."

G. ZUSAMMENFASSUNG DER ERGEBNISSE UND KERNPUNKTE

1. Nationales und gemeinschaftsrechtliches Verständnis der Daseinsvorsorge liegen nah beieinander. Sie unterscheiden sich aber maßgeblich in Bezug auf den Erbringer der Leistung. Während in Deutschland die Tätigkeit der Daseinsvorsorge nach wie vor überwiegend dem Staat zugeordnet wird, ist das gemeinschaftsrechtliche Verständnis trägerneutral.

2. Für die Feststellung, ob ein kommunales Unternehmen vorliegt, kommt es maßgeblich darauf an, ob eine Kommune einen beherrschenden Einfluss auf das jeweilige Unternehmen hat. Ein solcher beherrschender Einfluss liegt vor, wenn entweder die Kommune Alleineigentümer des Unternehmens ist bzw. eine Kapitalmehrheit besitzt oder wenn das Unternehmen bei einer Minderheitsbeteiligung faktisch von der Kommune kontrolliert und beherrscht wird.
Dasselbe gilt, wenn statt einer mehrere Kommunen gemeinsam einen beherrschenden Einfluss auf ein Unternehmen haben.

3. Nationales und Gemeinschaftsrecht behandeln die kommunalen Unternehmen unterschiedlich. Während im nationalen Recht kommunale und private Unternehmen unterschiedlich behandelt werden, weil für erstere Sonderregeln gelten, werden im Gemeinschaftsrecht beide Unternehmensarten gleich behandelt. Das heißt:

    a) Kommunale Unternehmen unterliegen im nationalen Rechtsraum diversen Restriktionen. Dies sind der Örtlichkeitsgrundsatz aus Art. 28 Abs. 2 GG, sowie die gemeinderechtlichen Begrenzungen der kommunalen Tätigkeit durch das Erfordernis des öffentlichen Zwecks, durch die Subsidiaritätsklausel und die Ausrichtung an Leistungsfähigkeit und Bedarf der Kommune.
    Diese Beschränkungen gelten nicht für private, sondern ausschließlich für kommunale Unternehmen.

    b) Das Gemeinschaftsrecht verbietet ausdrücklich eine Ungleichbehandlung von kommunalen und privaten Unternehmen im Sinne einer Besserstellung der kommunalen Unternehmen.

    c) In Bezug auf eine mögliche Befreiung von den Vertragsregeln unterscheidet das Gemeinschaftsrecht nicht zwischen kommunalen und privaten Unternehmen, sondern zwischen daseinsvorsorgenden und nichtdaseinsvorsorgenden Unternehmen.

4. Über Art. 86 Abs. 2 EG soll ein Ausgleich geschaffen werden zwischen den mitgliedstaatlichen Interessen am Ausschluss der Wettbewerbsvorschriften zugunsten von Unternehmen, die mit Dienstleistungen von allgemeinem wirtschaftlichen Interesse betraut sind und gemeinschaftlichen Interesse an einer möglichst umfassenden Geltung der Regeln des Gemeinschaftsvertrages.

5. Die Ausnahme des Art. 86 Abs. 2 EG gilt nicht nur für kommunale, sondern auch für private Unternehmen. Folgende Voraussetzungen müssen für die Anwendung der Ausnahme vorliegen:

   - Es muss ein Unternehmen vorliegen;
   - dieses muss durch Hoheitsakt der öffentlichen Gewalt betraut sein
   - und zwar mit Dienstleistungen von allgemeinem wirtschaftlichen Interesse.
   - Die Anwendung der Wettbewerbsregeln müsste die Erfüllung, der dem Unternehmen übertragenen Aufgaben verhindern.
   - Die Beschränkung des Wettbewerbs müsste verhältnismäßig sein.
   - Schließlich darf die Entwicklung des Handelsverkehrs nicht in einem Ausmaß beeinträchtigt werden, dass dem Interesse der Gemeinschaft zuwiderläuft.

6. Die Voraussetzung der "Verhinderung" der Aufgabenerfüllung hat einen Wandel erfahren, der zu einer Lockerung der Anwendung von Art. 86 Abs. 2 EG geführt hat. Wettbewerbsbeschränkungen sind nun nicht erst möglich, wenn Wettbewerb mit der Erfüllung der Aufgabe der Daseinsvorsorge unvereinbar ist, sondern wenn und soweit sie erforderlich sind, um dem betreffenden Unternehmen die Erfüllung der Aufgabe zu ermöglichen.

7. Art. 86 Abs. 2 EG kann nicht nur zu einer Befreiung von den Wettbewerbsvorschriften des Vertrages führen, sondern Unternehmen auch vom Beihilfeverbot des Art. 87 Abs. 1 EG ausnehmen. Außerdem dürfen sich auch Mitgliedstaaten auf Art. 86 Abs. 2 EG berufen, um einem daseinsvorsorgenden Unternehmen, das die Voraussetzungen des Art. 86 Abs. 2 EG erfüllt, ausschließliche Rechte zu übertragen, die gegen die Vorschriften über den freien Warenverkehr oder die Dienstleistungsfreiheit verstoßen.

8. Durch die Rechtsprechung haben sich im Bereich des Beihilfenrechts in der letzten Zeit einige Veränderungen ergeben. Ursprünglich galt, dass bei Ausgleichszahlungen für defizitäre Leistungen der Daseinsvorsorge, der Anwendungsbereich der Art. 87ff EG grundsätzlich eröffnet war. Dies änderte

sich durch das Urteil in der Sache Ferring[840]. Hier hat der Gerichtshof entschieden, dass der Anwendungsbereich des Beihilferechts nicht eröffnet ist, wenn der finanzielle Vorteil, den der Staat dem Unternehmen gewährt, den für die Erfüllung der gemeinwirtschaftlichen Pflichten entstandenen zusätzlichen Kosten entspricht. Beim Vorliegen eines bloßen finanziellen Ausgleichs der Kosten einer gemeinwirtschaftlichen Verpflichtung, war danach das Vorliegen einer Beihilfe gar nicht mehr zu prüfen.

Diese Rechtsprechung ist zu Recht auf Kritik gestoßen. Diese Art der Beurteilung einer Beihilfe wäre geeignet, der Regelung des Art. 86 Abs. 2 EG einen Großteil ihrer Nützlichkeit zu nehmen, weil sie die speziellen Anwendungsvoraussetzungen dieser Vorschrift umgeht. Außerdem vermischt die im Urteil vorgenommene Einstufung die Einordnung einer staatlichen Maßnahme als Beihilfe und ihre Rechtfertigung und steht im Widerspruch zur Systematik der Beihilfebestimmungen. Auch in Bezug auf die Kontrolle von Beihilfen würde sich diese Art der Beurteilung einer Beihilfe nachteilig auswirken, weil eine Überprüfbarkeit der Rechtmäßigkeit von staatlichen Ausgleichszahlungen nur noch begrenzt möglich wäre.

9. Durch das Urteil in der Sache Altmark[841] hat das Ferring-Urteil eine Korrektur erfahren. Der Gerichtshof hat nun vier Voraussetzungen aufgestellt, die erfüllt sein müssen, will man beim Vorliegen eines finanziellen Ausgleichs bereits die Einstufung eines staatlich gewährten finanziellen Vorteils als Beihilfe ablehnen:

(1) Das begünstigte Unternehmen muss tatsächlich mit der Erfüllung gemeinwirtschaftlicher Verpflichtungen betraut worden sein.

(2) Die Parameter, anhand derer der Ausgleich berechnet wird, sind zuvor objektiv und transparent aufgestellt worden.

(3) Der Ausgleich darf nicht über das hinausgehen, was erforderlich ist, um die Kosten der Erfüllung der gemeinwirtschaftlichen Verpflichtung unter Berücksichtigung der dabei erzielten Einnahmen und eines angemessenen Gewinns aus der Erfüllung dieser Verpflichtung ganz oder teilweise zu decken.

(4) Die Höhe des erforderlichen Ausgleichs ist, wenn die Wahl des Unternehmens, das mit der Erfüllung der gemeinwirtschaftlichen Verpflich-

---

[840] EuGH (Urteil v. 22.11.2001), Rs. C-53/00 (Ferring), Slg. 2001, I-9067.
[841] EuGH (Urteil v. 24.07.2003), Rs. C-208/00 (Altmark), Slg. 2003, I-7747.

tung betraut werden soll, nicht im Rahmen eines Vergabeverfahrens erfolgt, auf der Grundlage einer Analyse der Kosten zu bestimmen, die ein durchschnittlich und gut geführtes Unternehmen, bei der Erfüllung der betreffenden Verpflichtung hätte.

Auf diese Weise wird einmal ein Merkmal des Art. 86 Abs. 2 EG („Betrauung") in die Prüfung der Qualität einer Maßnahme als Beihilfe eingeführt. Außerdem verschärfen die aufgestellten Voraussetzungen das Ferring-Urteil, da es jetzt für die Ablehnung einer Beihilfe nicht mehr ausreicht, wenn der gewährte staatliche Vorteil einen bloßen Ausgleich darstellt. Dies wird wohl dazu führen, dass auch bei Vorliegen einer bloßen Ausgleichszahlung, in der Regel das Vorliegen einer Beihilfe anzunehmen sein wird.

10. Kommunale Unternehmen sind in ein Spannungsfeld zwischen Daseinsvorsorge und europäischem Wettbewerbsrecht geraten. Dies liegt daran, dass die Freistellung des Bereichs der Daseinsvorsorge von der Anwendung des gemeinschaftlichen Wettbewerbsrechts immer mehr abgebaut wird. Die Marktliberalisierung, verbunden mit der verstärkten Durchdringung des nationalen Rechtsraums mit dem Gemeinschaftsrecht und insbesondere der Auswirkungen auf die Kommunen, führt die kommunalen Unternehmen in ein Spannungsfeld, weil die Tätigkeit der kommunalen Unternehmen im Bereich der Daseinsvorsorge in der Regel nicht gewinnorientiert, sondern an einer flächendeckenden Versorgung aller Bürger zu einem bezahlbaren Preis ausgerichtet ist, was der marktwirtschaftlich orientierten Ausrichtung des Gemeinschaftsrechts zunächst einmal als Gegensatz gegenübersteht.

11. Bedingt durch dieses Spannungsfeld stellen die kommunalen Unternehmen – größtenteils unter Berufung auf das Gemeinschaftsrecht - eine Reihe von Forderungen, bezüglich einer Änderung ihrer rechtlichen Situation. Die in dieser Arbeit geprüften Forderungen lassen sich jedoch sämtlich nicht auf Gemeinschaftsrecht stützen.

12. Das Gemeinschaftsrecht gebietet nicht die Schaffung einer Bereichsausnahme für die Daseinsvorsorge. Die Einführung von Art.16 EG in das Vertragswerk der Gemeinschaft gibt keinen Anhaltspunkt für eine generelle Befreiung der kommunalen Unternehmen im Bereich der Daseinsvorsorge von den Wettbewerbsregeln, denn die Vorschrift ist trägerneutral formuliert und kann somit nur zu einer Befreiung daseinsvorsorgenden Unternehmen führen – unabhängig davon, ob dies kommunale oder private Unternehmen sind. Eine generelle Bereichsausnahme für daseinsvorsorgende Unternehmen kann durch Art. 16 EG aber auch nicht erfolgen, da die Vorschrift

nur „unbeschadet der Artikel 73, 86 und 87" EG gilt. Außerdem hat die Einführung von Art. 16 EG nichts daran geändert, dass die Regelung des Art. 86 Abs. 2 EG eine eng auszulegende Ausnahme ist, die keinesfalls im Sinne einer Bereichsausnahme verstanden werden kann.

Dies führt jedoch nicht zu einer Bedeutungslosigkeit von Art. 16 EG insgesamt. Die Vorschrift hat zu einer Stärkung der Dienste von allgemeinem wirtschaftlichen Interesse geführt und ist als Funktionsgarantie zugunsten der Daseinsvorsorgeleistungen zu verstehen.

13. Auch eine Festschreibung der Aufgaben von Kommunen und Gemeinschaft im Bereich der Daseinsvorsorge ist nicht erforderlich. Wie sich aus den Erklärungen der Kommission in ihren Mitteilungen und ihrem Grünbuch zur Daseinsvorsorge ergibt, achtet die Gemeinschaft die Kompetenzen der Mitgliedstaaten. Dies ergibt sich auch aus der Tatsache, dass die Kommission diese Aufgabenabgrenzung in ihrem Grünbuch zur Diskussion stellt.

14. Aus dem Gemeinschaftsrecht ergibt sich nicht, dass die kommunalen Unternehmen im Wettbewerb den privaten Unternehmen durch Abschaffung der nationalen Restriktionen gleichgestellt werden müssen. Das Gleichbehandlungsgebot des Art. 86 Abs. 1 EG gebietet lediglich eine Gleichstellung in Gestalt eines Verbots der Schlechterstellung kommunaler Unternehmen, steht jedoch einer staatlichen Selbstbeschränkung nicht entgegen.

15. Auch aus Art. 16 EG ergibt sich kein Gleichstellungsgebot im Sinne eines umgekehrten Diskriminierungsverbotes zugunsten der kommunalen Unternehmen. Die Vorschrift dient zwar als Sicherungs- und Bestandsgarantie der Dienste von allgemeinem wirtschaftlichen Interesse. Da das gemeinschaftsrechtliche Verständnis der Daseinsvorsorge jedoch trägerneutral ist, kann sich aus dieser Vorschrift keine Abschaffung der nationalen Beschränkungen, denen die kommunalen Unternehmen unterliegen, herleiten.

16. Ein Gebot der Abschaffung der nationalen Restriktionen kann sich aus dem Gemeinschaftsrecht auch gar nicht ergeben, da ein derartiges Gebot in die Regelung der nationalen Wirtschaftpolitik eingreifen würden, was der Gemeinschaft mangels Kompetenzgrundlage nicht gestattet ist. Im Übrigen stünde die in Art. 295 EG festgelegte Neutralität der Gemeinschaft gegenüber der Eigentumsordnung der Mitgliedstaaten einem gemeinschaftsrechtlichen Gebot der Abschaffung nationaler Beschränkungen für kommunale Unternehmen entgegen.

17. Diesem Ergebnis steht nicht entgegen, dass eine Inländerdiskriminierung (sog. discrimination à rebours) vorliegt, da es sich bei der Beschränkung der kommunalen Unternehmen um einen rein innerstaatlichen Sachverhalt handelt. Das Gemeinschaftsrecht betrachtet die Mitgliedstaaten als Einheit, zu der auch die Kommunen bzw. kommunalen Unternehmen zählen und schützt sie nicht vor sich selbst.

18. Auch die privaten Unternehmen stellen in der neuen Situation der Konkurrenz mit kommunalen Unternehmen im Bereich der Daseinsvorsorge eine Reihe von Forderungen in Bezug auf eine Änderung der Situation der kommunalen Unternehmen. Auch diese Forderungen lassen sich allesamt nicht auf Gemeinschaftsrecht stützen.

19. Das Gemeinschaftsrecht gebietet keinen Ausschluss der kommunalen Unternehmen von der Erbringung der Leistungen der Daseinsvorsorge, da es weder eine formelle noch eine materielle Privatisierung fordert. Das Gemeinschaftsrecht lässt die Teilnahme öffentlicher Unternehmen am Wettbewerb ausdrücklich zu. Ausgehend vom trägerneutralen und funktionsgerichteten Verständnis der Daseinsvorsorge ist eine qualitativ möglichst hochwertige Leistung zu einem möglichst günstigen Preis wünschenswert – unabhängig ob diese Erbringung durch ein kommunales oder privates Unternehmen erfolgt. Die Kommunen sind deshalb nicht darauf beschränkt, die Bedingung für ein reibungsloses Funktionieren der Daseinsvorsorge zu schaffen, sondern können sich aktiv an der Leistungserbringung beteiligen. Da nach dem Gemeinschaftsrecht grundsätzlich möglichst viele Wettbewerber wünschenswert sind und sich die gemeinschaftsrechtlichen Ziele der Verwirklichung eines Binnenmarktes und der Errichtung eines Systems des unverfälschten Wettbewerbs gem. Art. 3 Abs. 1 lit. c), g) auch unter Beteiligung kommunaler Unternehmen am Wettbewerb erreichen lassen, strebt das Gemeinschaftsrecht keine Beschränkung der Kommunen auf die Gewährleistung der Daseinsvorsorge an. Das Gemeinschaftsrecht will lediglich die Schaffung von chancengleichen Wettbewerbsbedingungen für staatliche und private Unternehmen ermöglichen.

20. Das Gemeinschaftsrecht verlangt auch nicht, dass die kommunalen Unternehmen bei der Erbringung von Leistungen der Daseinsvorsorge an die nationalen Restriktionen gebunden bleiben. Das Gemeinschaftsrecht behandelt kommunale und private Unternehmen gleich und lässt eine Teilnahme kommunaler Unternehmen am Wettbewerb – solange sie sich an die Regeln des Vertrages halten – genauso voraussetzungslos zu, wie eine Teilnahme privater Unternehmen. Insbesondere enthält das Gemeinschaftsrecht keine Regelung im Sinne eines Ausgleichs pauschaler Vorteile durch pauschale

Nachteile, indem es die Vorteile, die kommunale Unternehmen durch ihre Nähe zum Staat haben, durch die Auferlegung bestimmter Restriktionen, die nur für kommunale und nicht für private Unternehmen gelten, ausgleicht.

21. Da Wettbewerb und Daseinsvorsorge sich nicht widersprechen, sondern vielmehr der Wettbewerb grundsätzlich die Qualität der Leistungen der Daseinsvorsorge optimiert und die Preise senkt, soll die Erbringung von Leistungen der Daseinsvorsorge so weit wie möglich unter Wettbewerbsbedingungen erfolgen. Nur wenn eine Leistungserbringung im Wettbewerb nicht möglich ist, soll es Ausnahmen von der Anwendung der Wettbewerbsregeln geben.

22. Soweit eine Leistungserbringung im Wettbewerb nicht möglich ist, richtet sich die Möglichkeit der Beschränkung des Wettbewerbs nach Art. 86 Abs. 2 EG. Im Rahmen der Anwendbarkeit der Vorschrift sind drei Prinzipien von Bedeutung: Neutralität, Gestaltungsfreiheit und Verhältnismäßigkeit.

23. Neutralität bedeutet, dass die Gemeinschaft den kommunalen wie den privaten Unternehmen neutral gegenübersteht und beide gleich behandelt. Im Gemeinschaftsrecht existiert weder eine Privilegierung der kommunalen Unternehmen noch ein grundsätzlicher Vorrang der privaten Unternehmen im Wettbewerb.
Kommunale Unternehmen und die Erbringung von Leistungen der Daseinsvorsorge müssen getrennt betrachtet, das heißt nicht als grundsätzliche Einheit angesehen werden. Es muss unterschieden werden zwischen Unternehmen und Dienstleistungen von allgemeinem wirtschaftlichen Interesse, bei deren Wahrnehmung Sonderrechte eingeräumt werden können. Zu unterscheiden ist nur zwischen daseinsvorsorgenden und sonstigen, jedoch nicht zwischen kommunalen und privaten Unternehmen.

24. Gestaltungsfreiheit bedeutet, dass die Mitgliedstaaten dafür zuständig sind zu definieren, was ausgehend von den spezifischen Merkmalen einer Tätigkeit als Dienstleistung von allgemeinem wirtschaftlichen Interesse zu gelten hat. Sie verfügen über einen Beurteilungs- und Gestaltungsspielraum. Auch die Entscheidung darüber, wer diese Aufgaben wahrnehmen und inwieweit derjenige privilegiert werden soll, fällt in die Kompetenz der Mitgliedstaaten. Das bedeutet, dass die Kommunen grundsätzlich frei entscheiden können, ob sie eine bestimmte Leistung selbst (durch eigene Unternehmen) erbringen wollen oder die Leistung an Private übertragen wollen. Außerdem kann der Staat konkrete Leistungs- und Qualitätsanforderungen festlegen, damit der

nötige Bedarf durch eine Dienstleistung mit Gemeinwohlverpflichtung befriedigt wird.

Die Gemeinschaft hat hinsichtlich der Bestimmung des Inhalts der Dienstleistungen von allgemeinem wirtschaftlichen Interesse keine Kompetenz, auch nicht zur Festlegung eines bestimmten Mindeststandards. Die mitgliedstaatliche Definition ist auf Gemeinschaftsebene nur einer Kontrolle auf offenkundige Fehler unterworfen, in deren Rahmen die Kommission aber die in den Mitgliedstaaten getroffenen Wertentscheidungen (v.a. Definition der Gemeinwohlanforderungen) grundsätzlich zu respektieren hat.

25. Außer bei der Festlegung des Inhalts der Daseinsvorsorge verfügen die Mitgliedstaaten auch über Gestaltungsfreiheit hinsichtlich der Ausgestaltung der konkreten Leistungserbringung. Dazu gehört auch die Entscheidung über die Art der Finanzierung der Dienstleistungen von allgemeinem Interesse. Das bedeutet, dass die Mitgliedstaaten finanzielle Vorteile gewähren können, insbesondere können sie Ausgleichszahlungen gewähren, die für das Funktionieren der jeweiligen Leistung der Daseinsvorsorge unerlässlich sind.

26. Die Gestaltungsfreiheit der Mitgliedstaaten im Bereich der Daseinsvorsorge findet ihre Grenze im Verhältnismäßigkeitsgrundsatz. Das bedeutet, dass die Mittel, die zur Erfüllung des Versorgungsauftrags eingesetzt werden, keine unnötigen Handelshemmnisse erzeugen dürfen. Konkret ist sicherzustellen, dass Einschränkungen gegenüber den EG-Vertragbestimmungen und insbesondere Einschränkungen des Wettbewerbs oder der Binnenmarktfreiheiten nicht über das zur tatsächlichen Erfüllung des Auftrags erforderliche Maß hinausgehen.

Der Verhältnismäßigkeitsgrundsatz gebietet Abstufungen bei der Einschränkung des Wettbewerbs. Diese ist jeweils nur zulässig, wenn sie nötig ist für die Erbringung der Leistung der Daseinsvorsorge und dann auch nur soweit nötig. Unter Beachtung des Verhältnismäßigkeitsgrundsatzes können die Mitgliedstaaten wählen, ob sie die Erbringung einer bestimmten Daseinsvorsorgeleistung durch Regulierung, Betrauung oder die Einräumung von besonderen oder ausschließlichen Rechten, das heißt den Ausschluss von Wettbewerb auf dem Markt sicherstellen. Soweit ein Ausschluss des Wettbewerbs auf dem Markt notwendig ist, ist die Ausschreibung eine geeignete Methode zur Ermittlung des besten Anbieters, da so zumindest Wettbewerb um den Markt möglich ist. Eine Ausschreibung ist jedoch nicht zwingend. Solange die Vergabe aufgrund offener, transparenter und diskriminierungsfreier Regeln ermittelt wird, können die Mitgliedstaaten ein Verfahren wählen. Aus Gründen der Verhältnismäßigkeit sollte jedoch in regelmäßigen Abständen eine Neuvergabe der Aufgabe, in Verbindung mit dem ausschließlichen bzw. besonderen Recht, stattfinden.

27. Auch die Finanzierung der Leistung unterliegt dem Verhältnismäßigkeitsgrundsatz. Das bedeutet, dass der Wert der Vorteile nicht die Mehrkosten der betreffenden Unternehmen, die diesen durch die Erbringung einer Dienstleistung von allgemeinem wirtschaftlichen Interesse entstehen, überschreiten darf, wie dies beispielsweise bei einer Überentschädigung der Fall wäre.
Nach der jetzigen Lage in der Rechtsprechung ist unklar, ob Zahlungen an ein nicht effektiv arbeitendes Unternehmen, die zwar nur einen Ausgleich für die durch die Erbringung der Daseinsvorsorge entstandenen Mehrkosten sind, jedoch den Betrag überschreiten, den ein effektiv arbeitendes Unternehmen benötigt hätte, als Beihilfe einzustufen sind und wenn ja, ob diese über Art. 86 Abs. 2 EG gerechtfertigt sein könnten. In jedem Fall ist damit zu rechnen, dass der Gerichtshof der Effektivität eines Unternehmens zugunsten der zahlenden Verbraucher in Zukunft eine stärkere Bedeutung zumessen wird.

28. Die Sorge um den Bestand der kommunalen Daseinsvorsorge ist unbegründet. Die Sorge um den Bestand bestimmter (das heißt kommunaler) Unternehmen, die nicht zwangsläufig mit der Erbringung von Leistungen der Daseinsvorsorge zusammenhängen, darf nicht mit der Sorge um den Bestand der kommunalen Daseinsvorsorge an sich verwechselt werden.

Nach dem Gemeinschaftsrecht dürfen die Mitgliedstaaten im Rahmen der Gestaltungsfreiheit bei der Festlegung der Leistungen der Daseinsvorsorge auch nicht wettbewerbsmäßige Ziele, wie beispielsweise die Verbesserung der Situation auf dem Arbeitsmarkt verfolgen. Soweit der freie Wettbewerb die Leistung der Daseinsvorsorge unter Berücksichtigung der angestrebten Ziele nicht mehr wie angestrebt erbringen kann, bietet das Gemeinschaftsrecht den Kommunen die Möglichkeit, den Wettbewerb zu regulieren und so die Verfolgung ihrer Ziele sicherzustellen. Nach dem Gemeinschaftsrecht geht es nicht um Wettbewerb im Bereich der Daseinsvorsorge um jeden Preis, sondern eine Leistungsoptimierung durch den Wettbewerb zugunsten der Verbraucher.

Außerdem müssen sich die kommunalen Unternehmen nicht aus dem Wettbewerb zurückziehen, sondern können in der Leistungserbringung verbleiben. Auch wenn im Gemeinschaftsrecht die Daseinsvorsorge nicht zwangsläufig mit kommunalen Unternehmen verbunden ist, hält doch der

EG-Vertrag alle Möglichkeiten bereit, um zugunsten des Verbrauchers die Vorteile des Wettbewerbs und des Binnenmarktes mit einer sicheren Erbringung von Daseinsvorsorgeleistungen zu verbinden.

Schriften zum Europa- und Völkerrecht
und zur Rechtsvergleichung

Herausgegeben von Prof. Dr. Manfred Zuleeg

Band 1 Mathias Mühlhans: Internationales Wassernutzungsrecht und Spieltheorie. Die Bedeutung der neueren völkerrechtlichen Vertragspraxis und der wirtschaftswissenschaftlichen Spieltheorie für das Prinzip der angemessenen Nutzung internationaler Binnengewässer. 1998.

Band 2 Michael Grüb: Europäische Niederlassungs- und Dienstleistungsfreiheit für Private mit hoheitlichen Befugnissen. 1999.

Band 3 Kathrin Bremer: Nationale Strafverfolgung internationaler Verbrechen gegen das humanitäre Völkerrecht. Am Beispiel einer Rechtsvergleichung Deutschlands, der Schweiz, Belgiens und Großbritanniens. 1999.

Band 4 Jon Marcus Meese: Das Petitionsrecht beim Europäischen Parlament und das Beschwerderecht beim Bürgerbeauftragten der Europäischen Union. 2000.

Band 5 Christoph Schalast: Umweltschutz und Wettbewerb als Wertwiderspruch im deregulierten deutschen und europäischen Elektrizitätsmarkt. 2001.

Band 6 Ralf Bauer: Das Recht auf eine gute Verwaltung im Europäischen Gemeinschaftsrecht. Inhalt, Anwendungsbereich und Einschränkungsvoraussetzungen des Grundrechts auf eine gute Verwaltung in Artikel 41 der Charta der Grundrechte der Europäischen Union. 2002.

Band 7 Kerstin Estler: Zur Effektivität des einstweiligen Rechtsschutzes im Gemeinschaftsrecht. 2003.

Band 8 Ali Hahin: Der Vertrag von Amsterdam: Vergemeinschaftetes Asylrecht. 2003.

Band 9 Amina Dammann: Die Beschwerdekammern der europäischen Agenturen. 2004.

Band 10 Nina Nolte: Deregulierung von Monopolen und Dienstleistungen von allgemeinem wirtschaftlichen Interesse. Zur Bedeutung des Art. 86. Abs. 2 EGV. Insbesondere in den Bereichen der Elektrizitätswirtschaft, der Bodendienstleistungen auf Flughäfen und der Abfallwirtschaft. 2004.

Band 11 Izumi Kazuhara: Einfluss der Marktintegration auf die Auslegung und Anwendung des europäischen Wettbewerbsrechts. 2004.

Band 12 Olesia Engelbutzeder: EU Anti-Dumping Measures Against Russian Exporters. In View of Russian Accession to the WTO and the EU Enlargement 2004. 2004.

Band 13 Magnus Noll-Ehlers: Produzentenverantwortung im Europäischen Umweltrecht. 2004.

Band 14 Walter Seubert: Die Brüsseler „Verständigung" zu Anstaltslast und Gewährträgerhaftung. Eine Betrachtung aus europarechtlicher und mitgliedstaatlicher Sicht. 2005.

Band 15 Vera Korrell: Europol. Polizei ohne rechtsstaatliche Bindungen? 2005.

Band 16 Tina Sandmann: Kommunale Unternehmen im Spannungsfeld von Daseinsvorsorge und europäischem Wettbewerbsrecht. 2005.

www.peterlang.de

Christian Linder

Daseinsvorsorge in der Verfassungsordnung der Europäischen Union

Primärrechtliche Grundzüge eines Rechts der Dienste von allgemeinem wirtschaftlichem Interesse

Frankfurt am Main, Berlin, Bern, Bruxelles, New York, Oxford, Wien, 2004. 285 S.
Europäische Hochschulschriften: Reihe 2, Rechtswissenschaft. Bd. 4044
ISBN 3-631-52935-X · br. € 51.50*

Die Stellung der Daseinsvorsorge im europäischen Einigungsprozess ist seit Jahren umstritten. Grundlegende Bedeutung kommt dem durch den Amsterdamer Vertrag eingeführten Artikel 16 EG über die Dienste von allgemeinem wirtschaftlichem Interesse zu. Wie er sich auf den Stellenwert der Daseinsvorsorge in der Wirtschafts- und Sozialordnung der EU auswirkt und wie er insbesondere die Anwendung des Wettbewerbsrechts beeinflusst, beleuchtet diese Arbeit. Sie zeichnet darüber hinaus die politische Debatte bis zum Verfassungskonvent nach, definiert den missverständlichen Begriff der *Dienste von allgemeinem wirtschaftlichem Interesse* und arbeitet die mit ihm verbundenen Prinzipien heraus. Ferner stellt sie die Frage nach europäischen Diensten von allgemeinem wirtschaftlichem Interesse.

Aus dem Inhalt: Daseinsvorsorge auf der europäischen Agenda: Von der Regierungskonferenz bis zum Verfassungskonvent · Definition, Grundsätze und Bedingungen der Dienste von allgemeinem wirtschaftlichem Interesse · Europäische Dienste von allgemeinem wirtschaftlichem Interesse · Ziele und Zielkonflikte im Gemeinschaftsrecht · Daseinsvorsorge als Schlüsselelement des europäischen Sozialmodells · Artikel 16 EG als bedingter Gestaltungsauftrag · Rahmenrichtlinie zur Daseinsvorsorge · Artikel 16 und 86 II EG · Daseinsvorsorge, Beihilfen und Vergaberecht

Frankfurt am Main · Berlin · Bern · Bruxelles · New York · Oxford · Wien
Auslieferung: Verlag Peter Lang AG
Moosstr. 1, CH-2542 Pieterlen
Telefax 00 41 (0) 32 / 376 17 27

*inklusive der in Deutschland gültigen Mehrwertsteuer
Preisänderungen vorbehalten

Homepage http://www.peterlang.de

42,50 €